中国石油天然气集团有限公司统编培训教材

工程技术业务分册

石油天然气钻井
相关专业井控技术

《石油天然气钻井相关专业井控技术》编委会　编

石油工业出版社

内 容 提 要

本书主要内容包括井控基础知识、录井作业井控、测井作业井控、欠平衡作业井控、固井作业井控、定向井作业井控、取心作业井控、中途测试作业井控等几部分，并配有相关案例。

本书可作为录井、测井、欠平衡、固井、定向井（水平井）、取心、中途测试等专业人员的培训教材，钻井专业的管理人员、技术人员也可参考使用。

图书在版编目（CIP）数据

石油天然气钻井相关专业井控技术/《石油天然气钻井相关专业井控技术》编委会编.—北京：石油工业出版社，2019.6

中国石油天然气集团有限公司统编培训教材

ISBN 978-7-5183-3381-3

Ⅰ.①石… Ⅱ.①石… Ⅲ.①油气钻井-井控技术-技术培训-教材 Ⅳ.①TE242

中国版本图书馆 CIP 数据核字（2019）第 085411 号

出版发行：石油工业出版社
　　　　（北京安定门外安华里2区1号　100011）
　　　网　　址：www.petropub.com
　　　编辑部：（010）64269289
　　　图书营销中心：（010）64523633
经　　销：全国新华书店
印　　刷：北京中石油彩色印刷有限责任公司

2019年6月第1版　2019年6月第1次印刷
710×1000毫米　　开本：1/16　　印张：16.75
字数：350千字

定价：58.00元
（如出现印装质量问题，我社图书营销中心负责调换）
版权所有，翻印必究

《中国石油天然气集团有限公司统编培训教材》
编审委员会

主任委员：刘志华

副主任委员：张卫国　黄　革

委　　员：　　　　张品先　翁兴波　王　跃

　　　　　　马晓峰　闫宝东　杨大新　吴苏江

　　　　　　张建军　刘顺春　梅长江　于开敏

　　　　　　张书文　雷　平　郑新权　邢颖春

　　　　　　张　宏　梁　鹏　王立昕　李国顺

　　　　　　杨时榜　张　镇

《工程技术业务分册》
编审委员会

主 任 委 员：秦永和

副主任委员：喻著成　李国顺　芦文生

委　　　员：刘玉贵　石德勤　王增年　翟尚江

　　　　　　王悦军　王　鹏　孙玉玺　王计平

　　　　　　刘应忠　安　涛　刘欣欣　胡守林

　　　　　　张卫军　李德鸿　刘梅全　邹　辉

《石油天然气钻井相关专业井控技术》编审人员

主　　编：张　勇

副 主 编：李爱忠　黄守国　董　峰　郝凤亮
　　　　　徐开杰　郝立军

编写人员：黄博华　陈延秋　陈信明　齐金豹
　　　　　郑爱军　汪　鸿　李英斌　孙文庆
　　　　　于　辉　赵聪会　杨　钰　陈国栋
　　　　　马　龙　王振杰　张振波　伍仟新
　　　　　谢正森　朱昌胜　曾　勇　江泽帮
　　　　　贾巍然　赵　鑫　周雪菡　雷齐松
　　　　　杨　波　杜小毛　刘国臣　杨　桓

审定人员：王增年　李德鸿　王建新　赵英杰
　　　　　高志和　马金山　齐金涛　张　磊
　　　　　吴应凯　张向前　杨　伟　白仙丽
　　　　　熊正祥　王　松　崔国娟　王　新
　　　　　谭　超　刘　刚　刘尊文　赵振华

序

　　企业发展靠人才，人才发展靠培训。当前，中国石油天然气集团有限公司（以下简称集团公司）正处在加快转变增长方式，调整产业结构，全面建设综合性国际能源公司的关键时期。做好"发展""转变""和谐"三件大事，更深更广参与全球竞争，实现全面协调可持续，特别是海外油气作业产量"半壁江山"的目标，人才是根本。培训工作作为影响集团公司人才发展水平和实力的重要因素，肩负着艰巨而繁重的战略任务和历史使命，面临着前所未有的发展机遇。健全和完善员工培训教材体系，是加强培训基础建设，推进培训战略性和国际化转型升级的重要举措，是提升公司人力资源开发整体能力的一项重要基础工作。

　　集团公司始终高度重视培训教材开发等人力资源开发基础建设工作，明确提出要"由专家制定大纲、按大纲选编教材、按教材开展培训"的目标和要求。2009年以来，由人事部牵头，各部门和专业分公司参与，在分析优化公司现有部分专业培训教材、职业资格培训教材和培训课件的基础上，经反复研究论证，形成了比较系统、科学的教材编审目录、方案和编写计划，全面启动了《中国石油天然气集团有限公司统编培训教材》（以下简称"统编培训教材"）的开发和编审工作。"统编培训教材"以国内外知名专家学者、集团公司两级专家、现场管理技术骨干等力量为主体，充分发挥地区公司、研究院所、培训机构的作用，瞄准世界前沿及集团公司技术发展的最新进展，突出现场应用和实际操作，精心组织编写，由集团公司"统编培训教材"编审委员会审定，集团公司统一出版和发行。

　　根据集团公司员工队伍专业构成及业务布局，"统编培训教材"按"综合管理类、专业技术类、操作技能类、国际业务类"四类组织编写。综合管理类侧重中高级综合管理岗位员工的培训，具有石油石化管理特色的教材，以自编方式为主，行业适用或社会通用教材，可从社会选购，作为指定培训教材；专业技术类侧重中高级专业技术岗位员工的培训，是教材编审的主体，按照《专业培训教材开发目录及编审规划》逐套编审，循序推进，计划编审300余门；操作技能类以国家制定的操作工种技能鉴定培训教材为基础，侧重主体专业（主要工种）骨干岗位的培训；国际业务类侧重海外项目中外员工的培训。

"统编培训教材"具有以下特点：

一是前瞻性。教材充分吸收各业务领域当前及今后一个时期世界前沿理论、先进技术和领先标准，以及集团公司技术发展的最新进展，并将其转化为员工培训的知识和技能要求，具有较强的前瞻性。

二是系统性。教材由"统编培训教材"编审委员会统一编制开发规划，统一确定专业目录，统一组织编写与审定，避免内容交叉重叠，具有较强的系统性、规范性和科学性。

三是实用性。教材内容侧重现场应用和实际操作，既有应用理论，又有实际案例和操作规程要求，具有较高的实用价值。

四是权威性。由集团公司总部组织各个领域的技术和管理权威，集中编写教材，体现了教材的权威性。

五是专业性。不仅教材的组织按照业务领域，根据专业目录进行开发，且教材的内容更加注重专业特色，强调各业务领域自身发展的特色技术、特色经验和做法，也是对公司各业务领域知识和经验的一次集中梳理，符合知识管理的要求和方向。

经过多方共同努力，集团公司"统编培训教材"已按计划陆续编审出版，与各企事业单位和广大员工见面了，将成为集团公司统一组织开发和编审的中高级管理、技术、技能骨干人员培训的基本教材。"统编培训教材"的出版发行，对于完善建立起与综合性国际能源公司形象和任务相适应的系列培训教材，推进集团公司培训的标准化、国际化建设，具有划时代意义。希望各企事业单位和广大石油员工用好、用活本套教材，为持续推进人才培训工程，激发员工创新活力和创造智慧，加快建设综合性国际能源公司发挥更大作用。

《中国石油天然气集团有限公司统编培训教材》
编审委员会

前言

井控工作是石油与天然气勘探开发过程中的重要环节，是安全生产工作的重中之重。钻井作业过程中涉及了诸多的作业或工艺工序，如录井、测井、欠平衡、定向井、固井等，这些作业与井控工作也息息相关，近几年国内外也发生多起与钻井相关作业有关的溢流险情或井喷事件。为落实《中国石油天然气集团公司石油与天然气钻井井控规定》《中国石油天然气集团公司井控培训管理办法》，按照《中国石油天然气集团公司井控培训矩阵》对不同培训对象"分层次、分专业、分岗位"进行井控培训的要求，集团公司组织编写了本书，成立了以渤海钻探工程公司为主编单位、其他石油钻探企业共同参与的编写组。

本书主要包括五部分。通用部分是常规钻井井控的内容，内容简洁、通俗、实用，符合钻井相关专业人员的井控知识需求；录井作业、测井作业、欠平衡作业与其他作业（固井、定向井、取心、中途测试等）四部分，体现专业性，主要包括井控要求、井控职责、专用设备设施工具、各专业在每个工序作业时的井控风险与控制等井控相关内容。本书适用于钻井相关专业人员的井控培训，也可用于钻井管理人员、技术人员的井控培训。

本书的通用部分内容由华北油田分公司编写，录井作业和欠平衡作业内容由渤海钻探工程公司编写，测井作业内容由测井有限公司、长城钻探工程公司编写，其他作业内容由西部钻探工程公司编写。

在编写过程中渤海钻探工程公司职工教育培训中心为本书的编审工作做出突出贡献，期间也得到集团公司油田技术服务有限公司（工程技术分公司）领导、专家的大力支持和帮助，在此一并表示感谢。

由于本书涵盖专业较多，不同企业之间也存在一定差异，编写难度较大，且编者水平有限，书中难免有不足和疏漏之处，敬请读者提出宝贵意见和建议。

说 明

本教材可作为中国石油天然气集团有限公司所属各井控培训中心的专用教材。根据《中国石油天然气集团公司石油与天然气钻井井控管理规定》《中国石油天然气集团公司井控培训管理办法》及《中国石油天然气集团公司井控培训矩阵》的要求，井控培训应"分层次、分专业、分岗位"培训。本教材主要是对从事围绕石油钻井的录井、测井、欠平衡、定向井、固井等钻井相关专业人员进行有针对性的井控培训。本教材也可作为钻井专业的管理人员、技术人员和操作人员在进行钻井井控培训时的补充教材。为便于正确使用本教材，在此对教材内容适用的培训人员进行了划分，并规定了各类人员应该掌握或了解的主要内容。

教材主要适用人员：

录井、测井、欠平衡、固井、定向井（水平井）、取心、中途测试等专业的人员。

各类人员应该掌握或了解的主要内容：

1. 录井专业人员，要求掌握通用部分的全部内容，专业部分中"录井作业"的内容。了解专业部分中的其他内容。

2. 测井专业人员，要求掌握通用部分的全部内容，专业部分中"测井作业"的内容。

3. 欠平衡专业人员，要求掌握通用部分的全部内容，专业部分中"欠平衡作业"的内容。了解专业部分中"其他作业"的内容。欠平衡技术人员属于石油钻井井控中的专业技术人员，专业部分中"欠平衡作业"的内容是对其进行井控培训的补充内容。

4. 固井专业人员，要求掌握通用部分的全部内容，专业部分中"其他作业"的"固井作业井控"内容。

5. 定向井专业人员，要求掌握通用部分的全部内容，专业部分中"其他作业"的"定向井（水平井）井控"内容。

6. 取心专业人员，要求掌握通用部分的全部内容，专业部分中"其他作业"的"取心作业井控"内容。

7. 中途测试专业人员，要求掌握通用部分的全部内容，专业部分中"其他作业"的"中途测试作业井控"内容。

8. 其他专业人员，要求掌握通用部分的全部内容，根据专业了解专业部分中相关内容。

各单位在教学中要密切联系生产实际，在以课堂教学为主的基础上，还应增加现场的实习、实践环节。建议根据教材内容，进一步收集和整理施工过程照片或视频，以进行辅助教学，从而提高教学效果。

目　录

第一部分　通用部分

第一章　井控基本知识 …………………………………………… 3
　第一节　井控概念 ………………………………………………… 3
　第二节　井喷失控的原因及危害 ………………………………… 8
　第三节　井控设备概述 …………………………………………… 11

第二章　压力的概念及相互关系 ………………………………… 21
　第一节　压力基本概念 …………………………………………… 21
　第二节　井内压力的相互关系 …………………………………… 30

第三章　溢流的原因及控制 ……………………………………… 32
　第一节　溢流原因、显示及处理 ………………………………… 32
　第二节　关井方法及关井程序 …………………………………… 41
　第三节　压井基本介绍 …………………………………………… 44

第四章　防火防爆防硫化氢 ……………………………………… 54
　第一节　防火防爆 ………………………………………………… 54
　第二节　硫化氢防护 ……………………………………………… 58

第二部分　录井作业

第五章　录井作业井控 …………………………………………… 75
　第一节　录井井控工作要求 ……………………………………… 75
　第二节　地质录井井控风险及防控 ……………………………… 76
　第三节　气测录井井控风险及防控 ……………………………… 79

第四节　综合录井井控风险及防控 ………………………………… 83
　　第五节　常见钻井施工复杂情况录井参数综合分析判断 …………… 91
　　第六节　录井井控应急处置 …………………………………………… 96
　　第七节　实际操作 ……………………………………………………… 98

第三部分　测井作业

第六章　测井作业井控风险及防控 …………………………………… 107
　　第一节　测井井控工作要求 …………………………………………… 107
　　第二节　测井、射孔作业过程中的井控风险及防控 ………………… 111
第七章　测井电缆防喷装置 …………………………………………… 118
　　第一节　电缆防喷装置概述 …………………………………………… 118
　　第二节　电缆防喷装置的维护保养 …………………………………… 136
　　第三节　电缆防喷装置检测 …………………………………………… 139
　　第四节　测井电缆防喷装置安装使用及异常情况处理 ……………… 142
第八章　测井井控应急 ………………………………………………… 153
　　第一节　测井时发生井喷突发事件的应急处置 ……………………… 153
　　第二节　测井井控应急设备设施及使用 ……………………………… 156
第九章　测井井控案例及实用操作 …………………………………… 159
　　第一节　相关井控案例 ………………………………………………… 159
　　第二节　实际操作 ……………………………………………………… 160

第四部分　欠平衡作业

第十章　欠平衡钻井井控风险及防控 ………………………………… 167
　　第一节　欠平衡钻井基本知识 ………………………………………… 167
　　第二节　欠平衡钻井岗位人员井控职责及井控要求 ………………… 179
　　第三节　欠平衡钻井井控风险及防控 ………………………………… 182
　　第四节　欠平衡钻井井控应急 ………………………………………… 185
　　第五节　欠平衡钻井井控案例及实用操作 …………………………… 187
　　第六节　精细控压钻井相关知识 ……………………………………… 191

第五部分　其他作业

第十一章　固井作业井控 ⋯⋯⋯⋯⋯⋯⋯⋯⋯⋯⋯⋯⋯⋯⋯⋯⋯⋯⋯⋯⋯⋯⋯ 203
　第一节　固井作业简介 ⋯⋯⋯⋯⋯⋯⋯⋯⋯⋯⋯⋯⋯⋯⋯⋯⋯⋯⋯⋯⋯⋯⋯⋯ 203
　第二节　固井作业井控工作要求 ⋯⋯⋯⋯⋯⋯⋯⋯⋯⋯⋯⋯⋯⋯⋯⋯⋯⋯⋯⋯ 205
　第三节　固井作业过程井控风险及防控措施 ⋯⋯⋯⋯⋯⋯⋯⋯⋯⋯⋯⋯⋯⋯⋯ 207
　第四节　相关井控案例 ⋯⋯⋯⋯⋯⋯⋯⋯⋯⋯⋯⋯⋯⋯⋯⋯⋯⋯⋯⋯⋯⋯⋯⋯ 214
第十二章　定向井（水平井）井控 ⋯⋯⋯⋯⋯⋯⋯⋯⋯⋯⋯⋯⋯⋯⋯⋯⋯⋯⋯ 216
　第一节　定向井（水平井）工艺简介 ⋯⋯⋯⋯⋯⋯⋯⋯⋯⋯⋯⋯⋯⋯⋯⋯⋯⋯ 216
　第二节　定向井（水平井）井控风险及防控措施 ⋯⋯⋯⋯⋯⋯⋯⋯⋯⋯⋯⋯⋯ 217
　第三节　相关井控案例 ⋯⋯⋯⋯⋯⋯⋯⋯⋯⋯⋯⋯⋯⋯⋯⋯⋯⋯⋯⋯⋯⋯⋯⋯ 223
第十三章　取心作业井控 ⋯⋯⋯⋯⋯⋯⋯⋯⋯⋯⋯⋯⋯⋯⋯⋯⋯⋯⋯⋯⋯⋯⋯ 225
　第一节　取心基本知识 ⋯⋯⋯⋯⋯⋯⋯⋯⋯⋯⋯⋯⋯⋯⋯⋯⋯⋯⋯⋯⋯⋯⋯⋯ 225
　第二节　取心作业井控风险及防控 ⋯⋯⋯⋯⋯⋯⋯⋯⋯⋯⋯⋯⋯⋯⋯⋯⋯⋯⋯ 227
　第三节　相关井控案例 ⋯⋯⋯⋯⋯⋯⋯⋯⋯⋯⋯⋯⋯⋯⋯⋯⋯⋯⋯⋯⋯⋯⋯⋯ 229
第十四章　中途测试作业井控 ⋯⋯⋯⋯⋯⋯⋯⋯⋯⋯⋯⋯⋯⋯⋯⋯⋯⋯⋯⋯⋯ 231
　第一节　中途测试基本知识 ⋯⋯⋯⋯⋯⋯⋯⋯⋯⋯⋯⋯⋯⋯⋯⋯⋯⋯⋯⋯⋯⋯ 231
　第二节　裸眼井中途测试的井控要求 ⋯⋯⋯⋯⋯⋯⋯⋯⋯⋯⋯⋯⋯⋯⋯⋯⋯⋯ 234
　第三节　中途测试井控风险及防控措施 ⋯⋯⋯⋯⋯⋯⋯⋯⋯⋯⋯⋯⋯⋯⋯⋯⋯ 235
　第四节　中途测试作业溢流的发现、控制与处置 ⋯⋯⋯⋯⋯⋯⋯⋯⋯⋯⋯⋯⋯ 239
　第五节　相关井控案例 ⋯⋯⋯⋯⋯⋯⋯⋯⋯⋯⋯⋯⋯⋯⋯⋯⋯⋯⋯⋯⋯⋯⋯⋯ 240
第十五章　其他作业井控 ⋯⋯⋯⋯⋯⋯⋯⋯⋯⋯⋯⋯⋯⋯⋯⋯⋯⋯⋯⋯⋯⋯⋯ 242
　第一节　更换井口作业井控风险及防控措施 ⋯⋯⋯⋯⋯⋯⋯⋯⋯⋯⋯⋯⋯⋯⋯ 242
　第二节　钻井井下事故处理井控风险及防控措施 ⋯⋯⋯⋯⋯⋯⋯⋯⋯⋯⋯⋯⋯ 245
　第三节　相关井控案例 ⋯⋯⋯⋯⋯⋯⋯⋯⋯⋯⋯⋯⋯⋯⋯⋯⋯⋯⋯⋯⋯⋯⋯⋯ 247
参考文献 ⋯⋯⋯⋯⋯⋯⋯⋯⋯⋯⋯⋯⋯⋯⋯⋯⋯⋯⋯⋯⋯⋯⋯⋯⋯⋯⋯⋯⋯⋯ 249

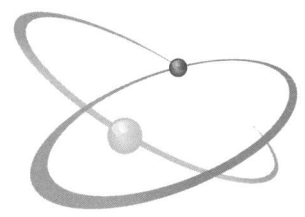

第一部分 通用部分

第一章　井控基本知识

在钻井作业过程中，井下的不确定因素很多，情况十分复杂，无论油（气、水）层的压力高低，都有发生井喷的风险。随着油气勘探开发领域的不断延伸和扩大，钻井难度越来越大，井喷失控的风险越来越高，对井控技术和钻井相关人员的要求也越来越高。只有油气井的控制技术发展了，人们的井控意识增强了，井控知识丰富了，井控技能提高了，才能高效钻井，最大限度地发现油气层、保护油气层，抵御井控风险及实施近平衡钻井和欠平衡钻井。也就是说，井控技术是实施钻井作业的关键和保障。

第一节　井控概念

一、井控的定义

井控，是采取一定的方法控制地层孔隙压力。简单地说，即实施油气井压力控制。在国外也称为压力控制。井控工作要从钻井的目的和一口井今后整个生产年限来考虑，既要完整地取得地下各种地质资料，又要有利于保护油气层，有利于发现油气田、提高采收率、延长油气井的寿命。因此，井控技术已从单纯的防止井喷发展成为保护油气层、防止资源破坏、防止环境污染的重要技术保障，已成为钻井技术的重要组成部分和实施近平衡（或欠平衡）压力钻井的重要保证。

二、与井控相关的概念

1. 井侵

当地层孔隙压力大于井底压力时，地层孔隙中的流体（油、气、水）将侵入井内，通常称之为井侵（Influx），如图1-1所示。

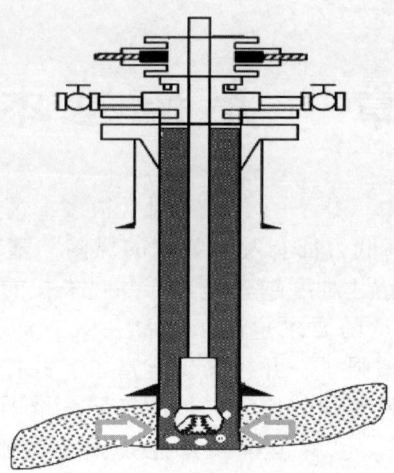

图 1-1　井侵

2. 溢流

井口返出的钻井液的量大于泵入液量,停泵后井口钻井液自动外溢,这种现象称为溢流(Overflow),如图 1-2 所示。

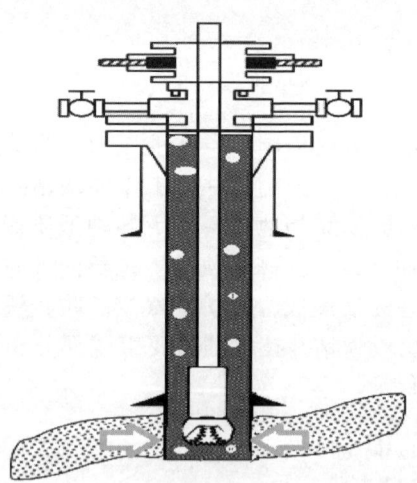

图 1-2　溢流

3. 井涌

溢流进一步发展,钻井液涌出井口的现象称为井涌(Well Kick),如图 1-3

所示。

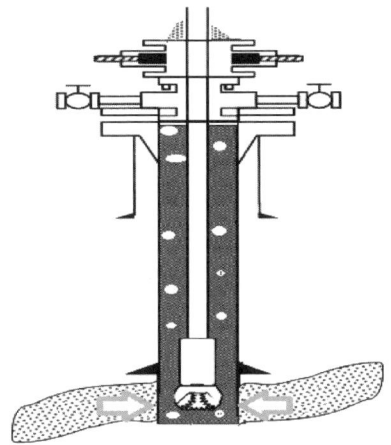

图1-3 井涌

4. 井喷

地层流体（油、气、水）无控制地涌入井筒，喷出地面的现象称为井喷（Well Blowout & Blowout）。根据井喷流体喷出位置的不同，井喷分为地面井喷和地下井喷。

（1）地面井喷：井喷流体自地层经井筒喷出地面，如图1-4所示。

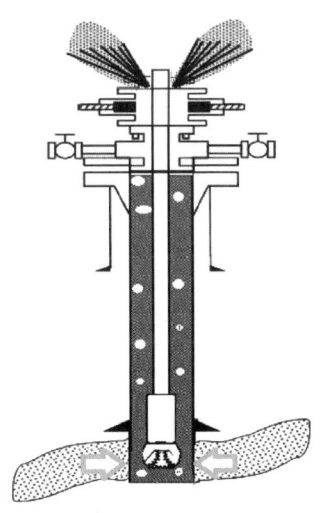

图1-4 地面井喷

（2）地下井喷：井下高压层的地层流体把井内某一薄弱层压破，流体由高压层大量流入被压破的地层。

5. 井喷失控

井喷发生后，无法用常规方法和装备控制而出现敞喷的现象称为井喷失控（Out of Control for Blowout），如图1-5所示。井喷失控是钻井工程中性质严重、损失巨大的灾难性事故。

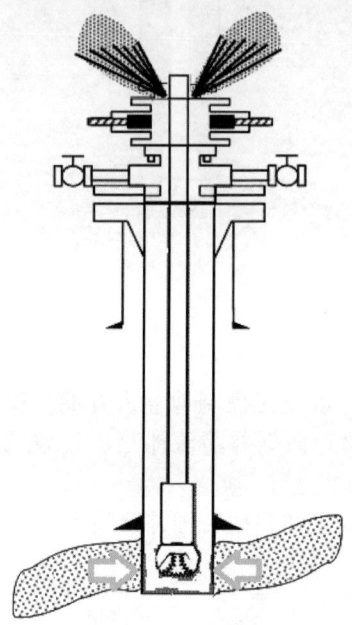

图1-5 井喷失控

井侵、溢流、井涌、井喷、井喷失控反映了地层压力与井底压力失去平衡后，随着时间的推移，井下和井口所出现的各种现象及事故发展变化的各种不同严重程度。

三、井控的分级

根据所采取控制方法的不同，把井控作业分为一次井控、二次井控、三次井控。

1. 一次井控

一次井控（一级井控），是依靠井内适当的钻井液密度来控制地层孔隙

第一章　井控基本知识

压力，使得没有地层流体进入井内，溢流量为零。做好一次井控，关键在于钻前要准确地预测地层压力和地层破裂压力，从而确定合理的钻井液密度和完善的井身结构。在钻井过程中，要根据地层压力的监测结果及时对钻井液密度进行调整，并结合地层的实际承压能力，进一步完善井身结构，见图1-6(a)。

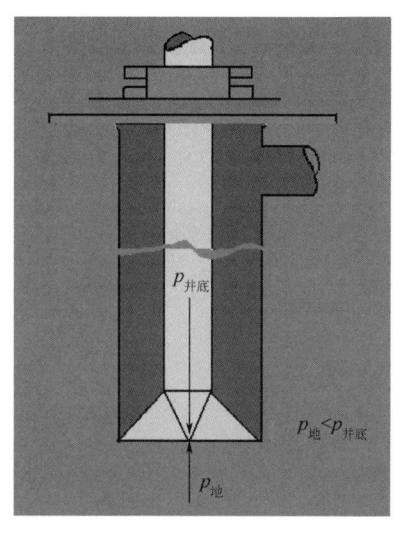
(a)

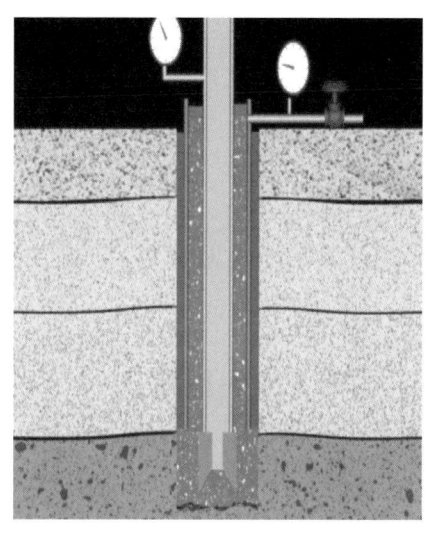
(b)

图1-6　井内压力平衡示意图

2. 二次井控

二次井控（二级井控），是指井内正在使用的钻井液密度不能平衡地层压力，地层流体流入井内，地面出现溢流，这时要依靠地面设备和适当的井控技术来排除油气侵钻井液，使井重新恢复压力平衡。这是目前井控技术培训的重点内容。施工现场的井控工作也主要是围绕二次井控的内容开展的，其核心就是要及时发现溢流，然后及时正确地关井，见图1-6(b)。

3. 三次井控

三次井控（三级井控），是指二次井控失败，井涌量增大，终于失去控制，发生了井喷（地面或地下），这时要使用适当的技术和设备重新恢复对井的控制，达到一次井控状态。这就是平常所说的井喷抢险。

通常情况下，要求尽量保持一口井处于一次井控状态，同时做好一切应急准备，一旦发生井涌或井喷能迅速作出反应，加以处理，恢复正常钻井作业，如图1-7所示。

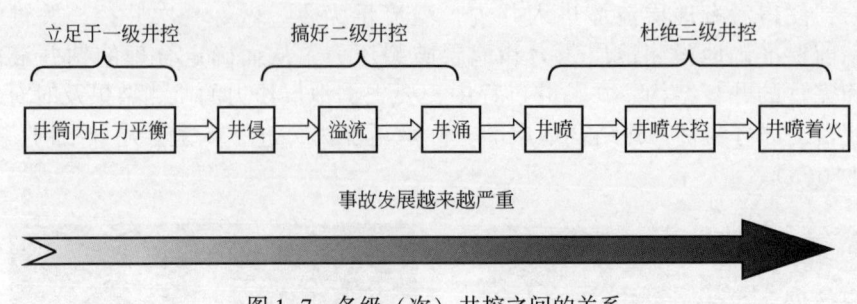

图 1-7　各级（次）井控之间的关系

第二节　井喷失控的原因及危害

一、井喷失控的原因

据不完全统计，1949—1988 年间，我国累计发生井喷失控事故的井有 230 口，其中井喷失控后又着火的井 78 口，占井喷失控井的 34%，因井喷失控着火烧毁和井喷后地层塌陷埋掉的钻机有 59 台。其中 1978—1988 年的 11 年间发生井喷失控事故的井有 133 口，因井喷失控导致死亡 5 人，伤 41 人。

1994—2004 年发生 16 次严重井喷失控事故，尤其是罗家 16H 井，在社会上造成严重的影响。根据各油气田发生井喷失控事故的实例，分析井喷失控的直接原因，大致可归纳为以下几个方面。

1. 地质设计与工程设计缺陷

（1）地质设计未能提供准确的地层孔隙压力资料，导致钻井液密度低于地层压力当量钻井液密度。

（2）井身结构设计不合理。表层套管下的深度不够，技术套管下的深度又靠后，当钻到下部地层遇有异常压力而关井时，在表层套管鞋处憋漏，钻井液窜至地表，无法实施有效关井。还有的井设计不下技术套管，长裸眼钻进，增加了井控工作的难度。

2. 井控装置安装、使用及维护不符合要求

井口不安装防喷器或者防喷器的安装及试压不符合相关标准和规程的要

求；防喷器橡胶件老化，不能承受其额定压力；控制系统蓄能器至防喷器的液压油管线安装不规范，漏油；防喷器及节流管汇各部件没有按规定的标准试压，放喷管线不用水泥基墩固定或固定间隔太远，放喷管线没有接出井场，管线长度不够；控制系统摆放位置不符合要求等。

3. 井控技术措施不完善或未落实

（1）起钻不灌钻井液或未按规定灌钻井液。

（2）对浅气层的危害性缺乏足够的认识。许多人认为浅气层井浅，最多几百米深，地层压力低，风险不高。而实际上，井越浅，平衡地层压力的钻井液液柱压力也越小，一旦失去平衡，浅层的油气上窜速度很快，时间很短就能到达井口，很容易让人措手不及，来不及采取措施关井。而且浅气层发生井涌井喷多是在没有下技术套管的井，即使关上井，很容易在上部浅层或表层套管鞋处憋漏。所以，浅气层的危害性必须引起人们的重视，要从井身结构和一次井控上下功夫。

（3）长时间空井，又无人坐岗观察井口。空井时间过长一般都是由起钻后修理设备或是等技术措施造成的。由于长时间不循环钻井液，导致气体有足够的时间向上滑脱运移，当气体运移到接近井口时迅速膨胀，引发井喷，并且往往会造成井喷失控。

（4）钻遇漏失层段发生井漏未能及时处理或处理措施不当。发生井漏以后，钻井液液柱压力降低，当液柱压力低于地层孔隙压力时就会发生井侵、溢流乃至井喷。

（5）相邻注水井不停注或未泄压。这种情况多发生在老油田、老油区打调整井的情况。由于油田经过多年的开发注水，地层压力已不是原始的地层压力，尤其是遇到高压封闭区块，它的压力往往大大高于原始的地层压力。如果采油厂考虑原油产量，不愿意停掉相邻的注水井，或是停注但不泄压，往往造成钻井的复杂情况出现。

（6）钻井液中混油过量或混油不均匀，造成井内液柱压力低于地层孔隙压力。

4. 未及时关井，关井后复杂情况处置失误

（1）不能及时准确地发现溢流。

（2）发现溢流后处理措施不当。例如，有的井队发现溢流后不是及时正确地关井，而是继续循环观察，致使气侵段钻井液或气柱迅速上移，再想关井为时已晚。

5. 作业过程中违章操作

由于思想麻痹、违章操作而导致的井喷失控事故也占一定的比例，解决

这个问题主要从严格管理和技术培训两个方面入手，做好基础工作。

二、井喷失控的危害

大量的实例告诉我们，井喷失控是钻井工程中性质严重、损失巨大的灾难性事故，其危害可概括为以下 6 个方面。

1. 打乱全面的正常工作秩序，影响全局生产

一旦发生井喷失控事故，应立即启动井控应急预案，成立相应的指挥组、技术组、保障组等应急机构全面组织、指挥抢险工作。油气田的主要领导需进行组织、指挥工作。必要时还需在兄弟油田和地方政府的支持下动用消防车辆，组织抢险队伍等。

2. 使钻井事故复杂化

井喷失控事故发生后，井下平衡关系被彻底打破，井眼压力状况发生了显著变化，井壁被冲刷失去稳定，导致井眼扩大，易造成卡钻。井喷流体既会喷出地面，又会漏入低压地层，造成喷、漏、卡的复杂局面等。

3. 井喷失控极易造成环境污染

影响井场周围居民的生命安全，影响农田水利、渔场、牧场、林场建设。例如，温泉 4 井钻到 1869m 时发生溢流，因没考虑封隔煤层，关井后在准备压井和用钻井液堵漏过程中，造成地下井喷，使含硫化氢的天然气通过煤层裂隙窜入附近的矿井里，导致两个煤窑及一个煤窑风洞着火，致使在煤矿内作业的采煤工人死亡 11 人，中毒 13 人，烧伤 1 人。

4. 伤害油气层、破坏地下油气资源

井喷失控事故将造成油气储量的损失，严重的能导致储量枯竭或产层生产能力破坏，使油气层不再具有开采价值。例如，长垣坝长 1 井发生井喷失控事故，日喷天然气 $1000 \times 10^4 m^3$，损失天然气 $4.61 \times 10^8 m^3$，占该气田总储量的 62%，致使该气田几乎失去了开采价值。

5. 造成机毁人亡和油气井报废，带来巨大的经济损失

钻井设备可能毁于大火，也可能被陷坑吞没。例如，孤东试 7 井起钻时发生强烈井喷失控事故，20min 后井架底座开始下沉，使大部分设备陷入半径 30 多米的大坑内。

6. 涉及面广，在国内外造成不良的社会影响

罗家 16H 井发生的特大井喷失控事故，震惊中外。失控的有毒气体随空气迅速向四周弥漫，事故导致 243 人因硫化氢中毒死亡，2100 多人因硫化氢

第一章 井控基本知识

中毒住院治疗，约65000人被紧急疏散安置，直接经济损失6432万元。

多年来，在不断积累经验、吸取教训的过程中，井控工作有了很大进步。但是，随着勘探开发风险的增加，井控工作又面临着越来越严峻的考验。为此，必须牢固树立全员井控意识，深刻认识井喷失控的危害，把杜绝井喷失控作为头等大事来抓。只有全面提高钻井人员的素质，培养高素质的井控技术队伍，才能安全、成功地控制井喷，保障钻井作业的顺利进行。

第三节　井控设备概述

井控设备是指实施油气井压力控制技术所需的专用设备、管汇、专用工具和仪器、仪表。在钻井过程中，为了防止地层流体侵入井内，始终要保持井筒内的钻井液静液柱压力略大于地层压力，这就是所谓对地层压力的初级控制。但在实际施工中，常因各种因素的影响，使井内压力平衡遭到破坏而导致出现溢流，甚至井喷，这时就需要依靠井控设备实施关井和压井作业，重新恢复对油气井的压力控制。井控设备示意图如图1-8所示。

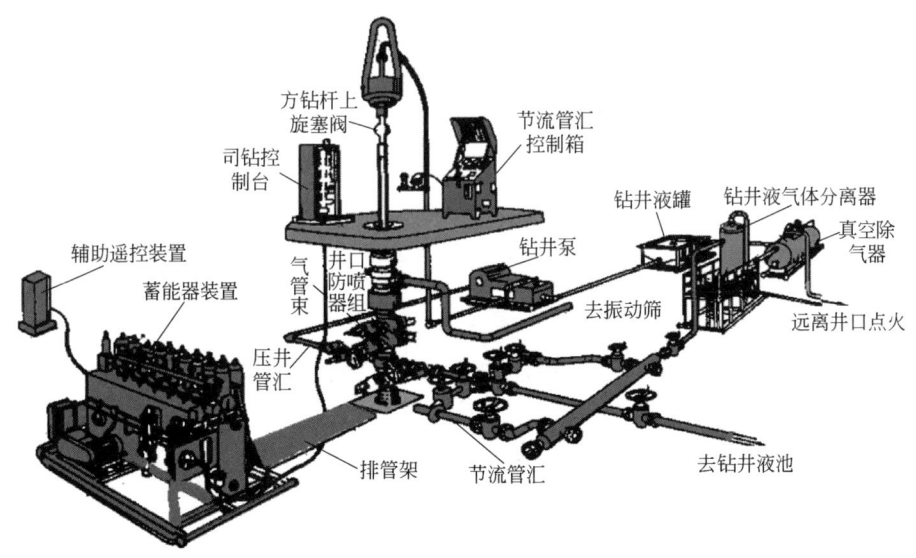

图1-8　井控设备示意图

一、井口装置

1. 井口装置的组成

在钻井过程中,井口所安装的部件自下而上的顺次通常为:套管头、四通、闸板防喷器、环形防喷器、防溢管。套管头安装在套管上,用以承受井口防喷器组件的全部重量。四通两翼连接节流与压井管汇。防溢管则导引自井筒返出的钻井液流入振动筛。详细情况如图1-9所示。

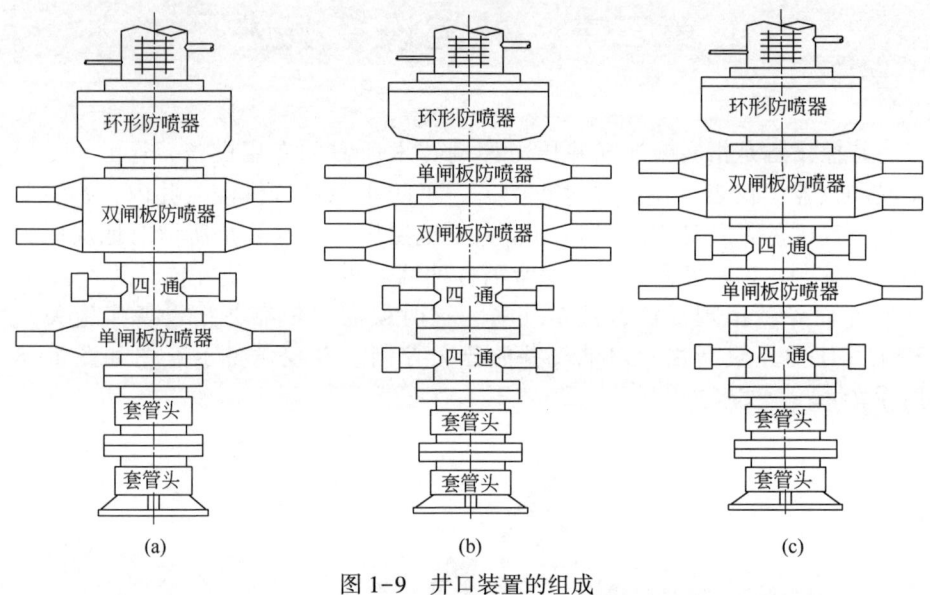

图1-9 井口装置的组成

我国液压防喷器采用型号命名。型号的字头由汉语拼音字母组成。公称通径的单位为cm并取其圆整值。最大工作压力的单位则以MPa表示。

液压防喷器的型号表示如下:

单闸板防喷器:FZ 公称通径-最大工作压力;
双闸板防喷器:2FZ 公称通径-最大工作压力;
三闸板防喷器:3FZ 公称通径-最大工作压力;
环形防喷器:FH 公称通径-最大工作压力;
旋转防喷器:FX 公称通径-最大工作压力。

例如,公称通径230mm,最大工作压力21MPa的单闸板防喷器,型号为FZ23-21;公称通径346mm,最大工作压力35MPa的双闸板防喷器,型号为

2FZ35-35；公称通径 280mm，最大工作压力 35MPa 的环形防喷器，型号为 FH28-35。

2. 环形防喷器

环形防喷器俗称多效能防喷器、万能防喷器。它具有承压高、密封可靠、操作方便、开关迅速等优点，特别适用于密封各种形状和不同尺寸的管柱，也可全封闭井口，如图 1-10 所示。环形防喷器根据胶芯的不同可分为球形胶芯环形防喷器、锥形胶芯环形防喷器及组合胶芯环形防喷器。

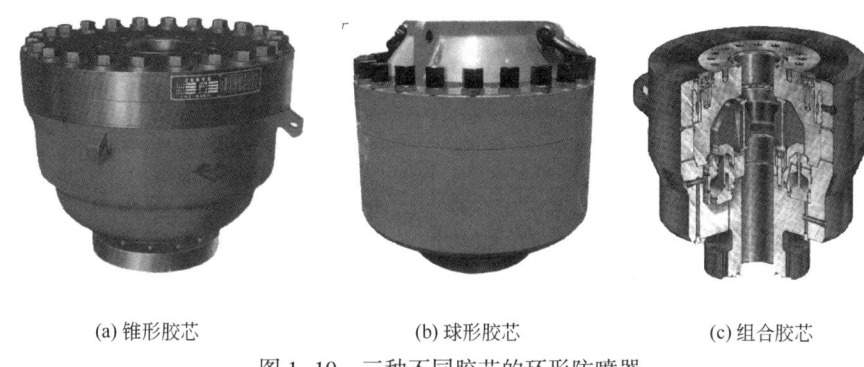

(a) 锥形胶芯　　　　(b) 球形胶芯　　　　(c) 组合胶芯

图 1-10　三种不同胶芯的环形防喷器

环形防喷器的正确使用方法如下：

（1）在井内有钻具时发生溢流，可先用环形防喷器控制井口，但尽量不用作长时间封闭。非特殊情况，不用它封闭空井。

（2）用环形防喷器可以进行不压井起下钻作业。必须使用带 18°斜坡的钻具，过接头时起、下钻速度要慢，所有钻具不能带有防磨套或防磨带。

（3）环形防喷器处于关闭状态时，允许上下活动钻具，不许旋转和悬挂钻具。

（4）严禁用打开环形防喷器的办法来泄井内压力，以防刺坏胶芯。

（5）每次开井后必须检查胶芯是否全开，以防钻具刮坏胶芯。

（6）进入目的层时，要求环形防喷器做到开关灵活、密封良好。每起下钻具一次，要试开关环形防喷器一次，检查封闭效果，发现胶芯失效，要立即更换。

（7）固井、堵漏等作业后，要将环形防喷器内腔冲洗干净，保持开关灵活。

（8）环形防喷器的液控油压不允许超过 10.5MPa。环形防喷器关闭后，在进行不压井起下钻作业或活动钻具时，应合理调节降低其液控油压。现场只做封闭钻杆试压，不做封闭空井试压。

3. 闸板防喷器

闸板防喷器是井口防喷器组的重要组成部分。关井或开井时利用液压同时推动左右两侧闸板封闭或打开井口。闸板防喷器根据所能配置的闸板数量可分为单闸板防喷器、双闸板防喷器、三闸板防喷器，如图 1-11 所示。

(a) 单闸板防喷器

(b) 双闸板防喷器

(c) 三闸板防喷器

图 1-11 闸板防喷器

闸板防喷器的正确使用：

（1）半封闸板的尺寸应与所用钻杆、套管等管柱尺寸相对应，井中有钻具时切忌用全封闸板封井。

（2）长期封井时应手动锁紧闸板。长期封井后，在开井以前应首先将闸板解锁，然后再用液压开井，未解锁不许液压开井。

（3）闸板在手动锁紧或手动解锁操作时，两手轮必须旋转足够的圈数，确保锁紧轴到位，液压开井操作完毕后应到井口检查闸板是否全部打开到位。

（4）半封闸板封井后不能转动钻具，进入油气层后，每次起下钻前应对闸板防喷器开关活动一次。

（5）防喷器处于"待命"工况时应卸下活塞杆二次密封装置观察孔处的螺塞。防喷器处于关井工况时应有专人负责注意观察孔是否有液体流出现象。

4. 套管头

套管头是套管与井口装置之间的重要连接件。它的下端通过螺纹与表层套管相连，上端通过法兰或卡箍与钻井井口装置或完井井口装置相连。套管头按悬挂的套管层数分为单级套管头、双级套管头和三级套管头，见图 1-12。

套管头的作用：

（1）通过悬挂器支撑除表层套管之外的各层套管的重量。

第一章　井控基本知识

（2）承受井口装置的重量，快速而又可靠地连接套管柱。
（3）可在内外层套管柱之间形成环空可靠的密封；控制套管空间的压力。
（4）为可能蓄积在两层套管柱之间的环空压力提供了一个出口。

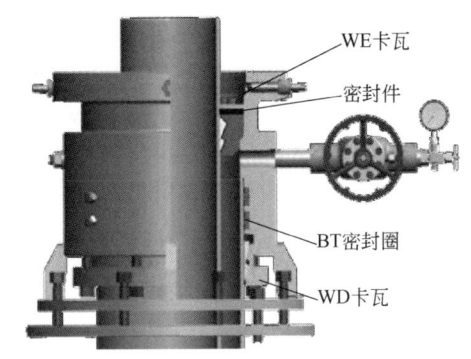

(a) 单级套管头

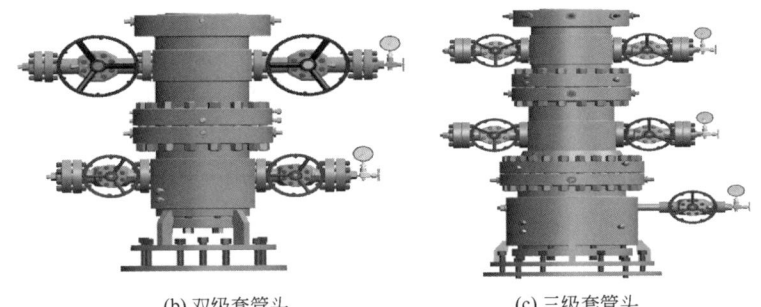

(b) 双级套管头　　　　　(c) 三级套管头

图 1-12　套管头

套管头较底法兰能支撑更大的套管重量，使井口装置具有更大的稳定性；且能承受更大的井口压力，因而其工作压力与防喷器的工作压力一致，便于井口装置的系列化；它由工厂大批量生产，避免了安装底法兰衬套所必需的焊接，所以具有更好的性能与强度。因此，目前钻井施工中广泛使用套管头，以使整个井口装置具有更大的安全性和可靠性。

二、内防喷工具

在钻井过程中，当地层压力超过钻井液静液柱压力时，为了防止地层压力推动钻井液沿钻柱水眼向上喷出，防止水龙带因高压憋坏，需使用内防喷工具。钻具内防喷工具主要有方钻杆上旋塞阀、方钻杆下旋塞阀、钻具回压阀等，如图 1-13 所示。

图 1-13 内防喷工具

内防喷工具不仅能防止钻井液从钻具水眼喷出，避免发生更严重的事故，而且可以起到节约钻井液、保持钻台清洁、减少环境污染的作用，给钻井工人创造一个安全的、良好的工作环境。

三、控制装置

液压防喷器都必须配备控制装置。防喷器的开关是通过操纵控制装置实现的，防喷器动作所需压力油由控制装置提供。

1. 控制装置型号表示

控制装置型号表示如下：

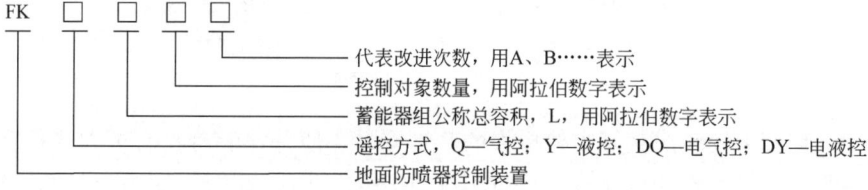

2. 控制装置的功用

控制装置的功用就是预先制备与储存足量的压力油并控制压力油的流动方向，使防喷器和液动平板阀得以迅速开关。当液压油由于使用消耗，油量减少，油压降低到一定程度时，控制装置将自动补充储油量，使液压油始终保持在一定的高压范围内。控制装置由油泵、蓄能器、控制阀件、输油管线、油箱等元件组成。通过操作换向阀可以控制压力油输入防喷器油腔，直接使井口防喷器实现开关。

3. 控制装置的组成

控制装置由蓄能器装置（又称远程控制台或远程台）、遥控装置（又称司钻控

第一章 井控基本知识

制台或司钻台）以及辅助遥控装置（称辅助控制台）组成，如图1-14、图1-15、图1-16所示。

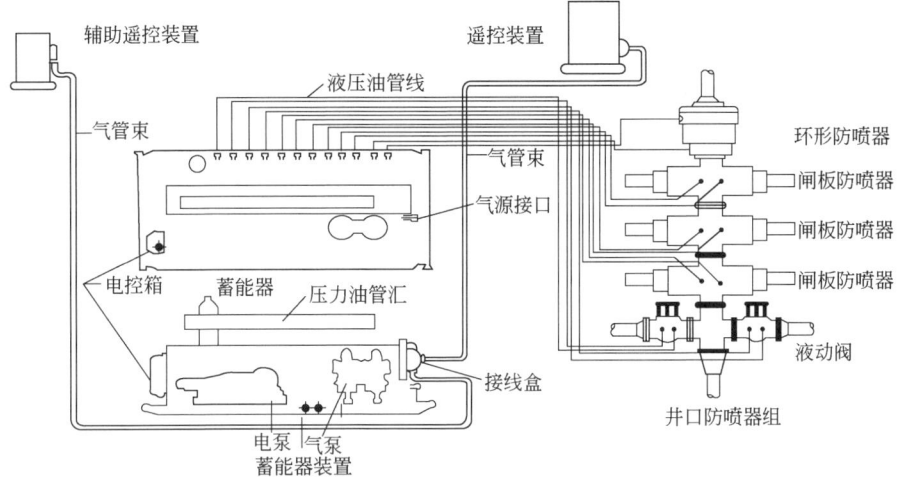

图1-14 防喷器控制装置组成示意图

图1-15 蓄能器装置

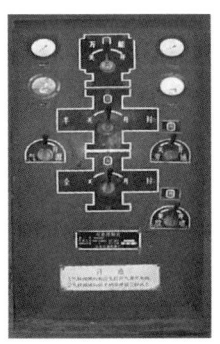

图1-16 遥控装置

四、节流、压井管汇

1. 节流管汇

节流管汇是控制井内流体和井口压力、实施油气井压力控制技术的可靠而必要的设备。在油气井钻进中，井筒中的钻井液一旦被流体所污染，就可能会使钻井液静液柱压力和地层压力之间的平衡关系遭到破坏，导致溢流。在防喷器关闭的条件下，当需循环出被污染的钻井液，或泵入高密度钻井液压井、重建井内压力平衡关系时，可利用节流管汇中的节流阀控制一定的回压，来维持稳定的井底压力，避免地层流体的进一步流入。节流管汇如图1-17所示。

图1-17 节流管汇

节流管汇的型号表示如下：

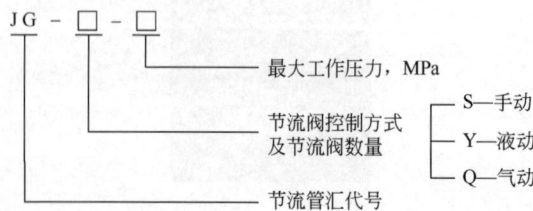

第一章 井控基本知识

如 JG-S2-35 表示最大工作压力为 35MPa 有两个手动节流阀的节流管汇。

2. 压井管汇

压井管汇是井控装置中必不可少的组成部分,它的功用是:当不能通过钻柱进行正常循环或在某些特定条件下必须实施反循环压井时,可通过压井管汇向井中泵入钻井液,以达到控制油气井压力的目的。同时还可以通过它向井口注入清水和灭火剂,以便在井喷或失控着火时用来防止爆炸着火或协助灭火。压井管汇如图 1-18 所示。

图 1-18 压井管汇

压井管汇的型号表示如下:

3. 节流管汇、压井管汇的正确使用

(1) 选用节流管汇、压井管汇必须考虑预期控制的最高井口压力、控制流量以及防腐等工作条件。

(2) 选用的节流管汇、压井管汇的额定工作压力应与最后一次开钻所配置的钻井井口装置工作压力值相同。

(3) 节流管汇前的液动平板阀平常处于关闭状态,当发生溢流需要关井时再打开。

(4)节流管汇、压井管汇上的平板阀阀板处于浮动状态才能密封,因此开关到底后必须再回转1/4~1/2圈。

(5)平板阀是一种截止阀,不能用来泄压或节流。

(6)节流管汇上的节流阀一般只能节流不能断流,如要断流必须关闭其上游的平板阀。

第二章 压力的概念及相互关系

第一节 压力基本概念

一、压力定义及表示方式

1. 压力的定义

压力是指物体单位面积上所受的垂直方向的力。

2. 压力的表示方式

$$p = F/S \tag{2-1}$$

式中　　F——物体所受的垂直方向的力，N；

　　　　S——物体受力面积，m^2；

　　　　p——压力，Pa，英制单位为 psi，$1psi = 6.895kPa = 6.895 \times 10^{-3} MPa$；在不需要精确换算的时候，为换算方便，经常按 $1000psi \approx 7MPa$ 来进行换算。

二、静液压力

1. 静液压力的定义

静液压力是由静止液体的重力产生的压力，其大小取决于液体的密度和液体的垂直高度，与液柱的横向尺寸和形状无关。

2. 静液压力的计算

$$p = \rho g H \tag{2-2}$$

式中　　p——静液压力，MPa；

　　　　ρ——液体密度，g/cm^3；

g——重力加速度，0.00981m/s^2；

H——液柱的垂直高度，m。

在陆上钻井作业中，H 为井眼的垂直深度，起始点从转盘面算起，液体的密度为钻井液的密度。

例1：如图 2-1 所示，井内钻井液密度为 1.2g/cm^3，3000m 处静液柱压力及地层压力为多少？

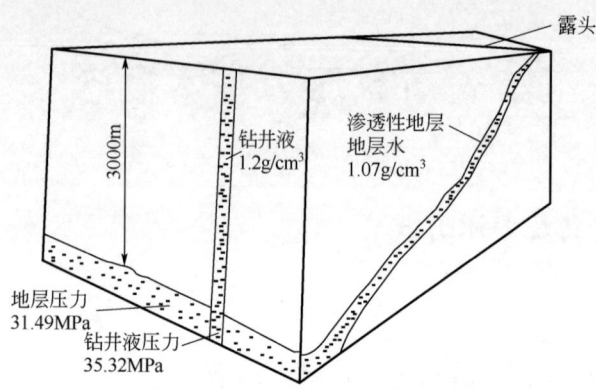

图 2-1　钻井液静液压力和地层压力

解：3000m 处静液柱压力为：

$p = \rho g H = 1.20 \times 0.00981 \times 3000 = 35.32$ MPa。

地层孔隙内流体（水）的压力为：

$p = \rho g H = 1.07 \times 0.00981 \times 3000 = 31.49$ MPa。

三、压力梯度

1. 压力梯度的定义

压力梯度是指每增加单位垂直深度静液压力的变化量。压力梯度受液体密度、含盐浓度、气体浓度以及温度梯度的影响。含盐浓度高会使静液压力梯度增大，溶解气体量增加和温度增高则会使静液压力梯度减小。

2. 压力梯度的计算

根据压力梯度的定义可知，其计算公式为：

$$G = p/h = \rho g \tag{2-3}$$

式中　G——压力梯度，MPa/m；

　　　p——静液压力，MPa；

H——液柱的垂直高度，m；
ρ——液体密度，g/cm^3；
g——重力加速度，0.00981m/s^2。

由于以 MPa/m 为单位的压力梯度数值有时较小，因此经常换算为 kPa/m。
根据压力梯度的定义，静液压力的公式也可写成：

$$p = GH \text{（静液压力＝压力梯度×垂深）} \tag{2-4}$$

例2：××井钻至井深3600m处，所用钻井液密度为1.5g/cm^3，计算井内静液压力梯度。

解：$G = \rho g = 1.5 \times 0.00981 = 0.0147\text{MPa/m} = 14.7\text{kPa/m}$。

四、当量钻井液密度

1. 当量钻井液密度的定义

将井内某一位置所受各种压力之和（静液压力、回压、环空压力损失等）折算成钻井液密度，称为这一点的当量钻井液密度。

如果把地层压力、地层破裂压力、循环压力折算成钻井液密度，则分别称为地层压力当量钻井液密度、地层破裂压力当量钻井液密度、循环压力当量钻井液密度。

2. 当量钻井液密度的计算

$$\rho_e = \frac{p}{0.00981H} \tag{2-5}$$

式中 ρ_e——当量钻井液密度，g/cm^3；
p——压力，MPa；
H——井深，m。

例3：井深2800m，钻井液密度1.24g/cm^3，下钻时存在一个1.76MPa的激动压力作用于井底，计算井底压力及当量钻井液密度。

解：井底压力 $p = 1.24 \times 0.00981 \times 2800 + 1.76 = 35.82\text{MPa}$。

当量钻井液密度：$\rho_e = \dfrac{35.82}{0.00981 \times 2800} = 1.30\text{g/cm}^3$。

五、上覆岩层压力

1. 上覆岩层压力的定义

上覆岩层压力是指某深度以上的地层岩石基质和孔隙中流体的总重量对

该深度所形成的压力。地下岩石平均密度为 2.16~2.64g/cm³，于是平均上覆岩层压力梯度大约为 22.62kPa/m。

2. 上覆岩层压力与地层压力的关系

上覆岩层压力与地层压力的关系是：

$$p_o = s + p_p \tag{2-6}$$

式中　p_o——上覆岩层压力，MPa；

　　　s——岩石颗粒应力，MPa；

　　　p_p——孔隙压力，MPa。

上覆岩层的重力由岩石基质（骨架）和岩石孔隙中的流体共同组成，当骨架应力降低时，孔隙压力就增大，当孔隙压力等于上覆岩层压力时，骨架应力等于零，而骨架应力等于零时可能会产生重力滑移。骨架应力是造成地层沉积压实的动力，因此只要异常高压带中的基岩应力存在，压实过程就会进行（尽管速率很慢）。上覆岩层压力、地层孔隙压力和骨架应力之间的关系如图 2-2 所示。

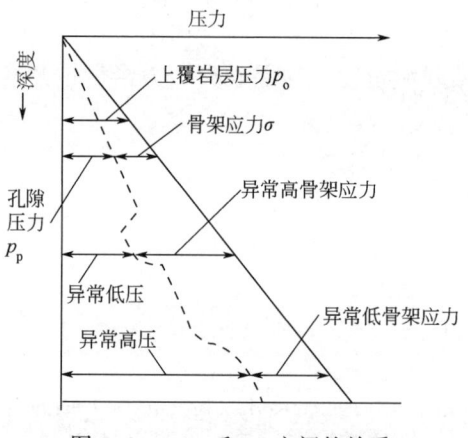

图 2-2　p_o，s 和 p_p 之间的关系

六、地层漏失压力

地层漏失压力是指某一深度的地层发生钻井液漏失时的压力。

对于正常压力的高渗透性砂岩、裂缝性地层以及断层破碎带、不整合面等处，往往地层漏失压力比地层破裂压力小得多，而且对钻井安全作业危害很大。

七、地层破裂压力

1. 地层破裂压力的定义

地层破裂压力是指某一深度的地层发生破碎或产生裂缝时所能承受的压力。破裂压力一般随井深增加而增大。

在钻井时，钻井液液柱压力的下限要保持与地层压力相平衡，既不伤害油气层，又能提高钻速，实现压力控制。而其上限则不应超过地层的破裂压力，以避免压裂地层造成井漏。

2. 地层破裂压力的计算方法

$$p_f = p_L + \rho_m g H_f \tag{2-7}$$

式中　p_f——地层破裂压力，MPa；
　　　p_L——漏失压力，MPa；
　　　ρ_m——钻井液的密度，g/cm³；
　　　H_f——套管鞋处垂深，m。

例4：套管鞋深度为2000m，钻井液密度为1.2g/cm³，漏失压力为10MPa，求套管鞋处的地层破裂压力。

解：$p_f = p_L + \rho_m g h = 10 + 1.2 \times 0.00981 \times 2000 = 33.54$ MPa。

八、地层坍塌压力

1. 地层坍塌压力的定义

地层坍塌压力是指井眼形成后井壁周围的岩石应力集中，当井壁周围的岩石所受的切向应力和径向应力的差达到一定数值后，将形成剪切破坏，造成井眼坍塌，此时钻井液液柱压力即为地层坍塌压力。

2. 地层坍塌压力大小的确定因素

对于塑性地层，岩石的剪切破坏表现为井眼缩径；对于硬脆性地层，岩石的剪切破坏表现为井壁坍塌、井径扩大。因此，井径的变化反映了井壁坍塌压力的大小，从而可以确定地层的坍塌压力。

地层坍塌压力的大小与岩石本身特性及其所处的应力状态等因素有关。在钻井过程中，通常采用物理支撑的原理，配制合理的钻井液密度以平衡地层坍塌压力，防止地层失稳。

九、循环压力损失和环空压耗

循环压力损失是指泵送钻井液通过地面高压管汇、水龙带、方钻杆、井下钻柱、钻头喷嘴,经环形空间向上返到地面循环系统,及其他所经过的物体,因摩擦所引起的压力损失。在数值上等于钻井液循环泵压。该压力损失大小取决于钻柱长度和钻井液密度、黏度、切力、排量和流通面积。任何时候钻井液通过管汇、喷嘴或节流管汇均要产生压力损失。通常,大部分压力损失发生在钻井液通过钻头喷嘴时。循环排量的变化也会引起泵压较大的变化。

在钻井过程中,钻井液沿环空向上流动时所产生的压力损失称为环空压耗。在钻井泵克服这个流动阻力推动钻井液向上流动时,井壁和井底也承受了该流动阻力,因此,井底压力增加。当停泵钻井液停止循环时,流动阻力消失,井底压力又恢复为静液压力。钻井液在环空中上返速度越大、井越深、井眼越不规则、环空间隙越小,且钻井液密度、切力越高,则环空流动阻力越大;反之,环空流动阻力越小。

十、抽汲压力和激动压力

抽汲压力和激动压力是两个类似的概念。激动压力是正值,即向井眼下方向的力,抽汲压力是负值,即向井口方向的力。

1. 抽汲压力

抽汲压力发生在井内起钻时,由于钻柱上提,会引起钻井液向下流动,以填充钻柱下端因上升而空出来的井眼空间。这部分钻井液流动时受到流动阻力的影响,使得井内钻井液不能及时充满这部分井眼空间,这样,在钻头下方形成一个抽汲空间,其结果是降低了有效的井底压力。

抽汲压力就是由于上提钻柱而使井底压力减小的压力,其数值就是阻挠钻井液向下流动的流动阻力值。根据计算可知,一般情况下抽汲压力当量钻井液密度为 $0.03 \sim 0.13 \text{g/cm}^3$。

2. 激动压力

激动压力产生于下钻和下套管时,因为钻柱下行,挤压其下方的钻井液,使其产生向上的流动。由于钻井液向上流动时要克服流动阻力的影响,结果导致井壁与井底也承受了该流动阻力,使得井底压力增加。

激动压力是由于下放钻柱而使井底压力增加的压力,其数值就是阻挠钻井液向上流动的流动阻力值。

第二章　压力的概念及相互关系

3. 影响因素

激动压力和抽汲压力主要受以下因素影响：
（1）管柱结构、尺寸以及管柱在井内的实际长度；
（2）井身结构与井眼直径；
（3）起下钻速度；
（4）钻井液密度、黏度、静切力；
（5）钻头或扶正器泥包程度。

因此，在起下钻和下套管时，要控制起下速度，不要过快，在钻开高压油气层时或钻井液性能不好时，更应注意。

十一、圈闭压力

1. 圈闭压力的定义

圈闭压力是指在立管压力表或套管压力表上记录的超过平衡地层压力的压力值。

2. 产生原因

产生圈闭压力的原因主要有两点，一是停泵前关井；二是关井后天然气溢流滑脱上升。显然，用含有圈闭压力的关井立管压力值所计算出来的地层压力是不准确的。

3. 检查或消除方法

通过节流管汇，从环空放出少量钻井液，每次放出钻井液40～80L，然后关闭节流阀和平板阀，观察立管压力的变化：

（1）如果立管压力下降，说明有圈闭压力。应再打开节流阀和平板阀放40～80L钻井液，然后关井。

（2）如果立管压力仍有下降，重复以上操作，直到立管压力停止下降为止。此时的立管压力才是真实的关井立管压力。

（3）如果放出钻井液后，立管压力没有变化，而套管压力有所增加，说明没有圈闭压力。套管压力升高是由于环空静液压力减小所引起的。

十二、地层压力

1. 地层压力的定义

地层压力是指地下岩石孔隙内流体的压力，也称孔隙压力。

2. 地层压力的表示方法

1) 用压力表示

用压力表示是一种直接表示法。

2) 用压力梯度表示

例5：已知地层压力当量钻井液密度为 1.24g/cm³，计算地层压力梯度。

解：$G = \rho g = 0.00981 \times 1.24 = 0.012164 \text{MPa/m} = 12.164 \text{kPa/m}$。

例6：已知地层压力是 30MPa，地层深度为 2000m，计算地层压力梯度。

解：$G = 30/2000 = 0.015 \text{MPa/m} = 15 \text{kPa/m}$。

3) 用当量钻井液密度表示

例7：某井 2000m 处的地层压力为 24MPa，求地层压力当量钻井液密度。

解：$\rho_e = \dfrac{p}{0.00981 H} = \dfrac{24}{0.00981 \times 2000} = 1.22 \text{g/cm}^3$。

4) 用压力系数表示

压力系数是某点压力与该点水柱压力之比，无因次，其数值等于该点的当量钻井液密度。

3. 地层压力分类

1) 正常地层压力

在各种沉积物中，正常地层压力等于从地表到地下某处连续地层水的静液柱压力。其数值的大小与沉积环境有关，一类是淡水和淡盐水盆地，淡水密度是 1g/cm³，形成的压力梯度为 9.8kPa/m；而另一类是盐水盆地，其密度随含盐量的不同而变化，一般为 1.07g/cm³，形成的压力梯度为 10.5kPa/m，这相当于总含盐量为 80g/L 的盐水柱在 25℃ 时的压力梯度。按习惯，把压力梯度在 9.8~10.5kPa/m 之间的地层称为正常压力地层。

2) 异常高压

地层压力梯度大于正常压力梯度时，称为异常高压。若地层压力正常或者接近正常，则地层流体必须一直与地面连通，而在异常高压地层中，这种通道常常被封闭层或隔层截断。在这种情况下，隔层下部的地层流体必须支撑上部岩层，岩石重于地层流体，所以地层压力可能超过静液压力，形成异常高压地层。

3) 异常低压

地层压力梯度小于正常压力梯度时，称为异常低压。这种情况多发生于衰竭产层和大孔隙的老地层。

第二章　压力的概念及相互关系

十三、井底压力

在钻井作业中，始终有压力作用于井底，主要是钻井液的静液压力。同时，将钻井液沿环空向上泵送时所消耗的泵压也作用于井底，即循环钻井液时的环空压耗。其他还有侵入井内的地层流体的压力、激动压力、抽汲压力、地面回压等。

井底压力就是指地面和井内各种压力作用在井底的总压力。在不同作业情况下，井底压力是不一样的。

十四、井底压差

井底压力和地层压力之差称为压差，按此方法可将井眼压力状况分为过平衡、欠平衡和平衡三种情况。过平衡（又称正压差），是指井底压力大于地层压力；欠平衡（又称负压差），是指井底压力小于地层压力；平衡，是指井底压力等于地层压力的情况。通常所说的近平衡压力钻井是指压差值在规定范围内的过平衡压力钻井。

钻井液对油气层的伤害，不能单纯以钻井液密度的高低来衡量，而应以压差的大小和钻井液滤液的化学成分是否与油气层匹配来确定。

十五、安全附加值

在近平衡压力钻井中，钻井液密度的确定是以地层压力为基准，再增加一个安全附加值，以保证作业安全。因为在起钻时，由于抽汲压力的影响会使井底压力降低，而降低上提钻柱的速度等措施只能减小抽汲压力，但不能消除抽汲压力。因此，需要给钻井液密度附加一个安全值来抵消抽汲压力等因素对井底压力的影响，附加方式主要有两种：

（1）按密度附加，其安全附加值为：
油水井为 $0.05 \sim 0.10 \text{g/cm}^3$；气井为 $0.07 \sim 0.15 \text{g/cm}^3$。

（2）按压力附加，其安全附加值为：
油水井为 $1.5 \sim 3.5 \text{MPa}$；气井为 $3.0 \sim 5.0 \text{MPa}$。

具体选择安全附加值时，应根据实际情况综合考虑地层压力预测精度、地层的埋藏深度、地层流体中硫化氢的含量、地应力和地层破裂压力、井控装置配套情况等因素，在规定范围内合理选择。

石油天然气钻井相关专业井控技术

第二节 井内压力的相互关系

一、静止状态井底压力

静止状态下，井底压力主要由钻井液的静液压力构成（井底压力＝静液压力），钻井液的静液压力主要受钻井液密度和井内液柱高度的影响。油气活跃的井，要注意井内流体长期静止时，地层中气体的扩散效应对井内流体密度影响，最终有可能影响井底压力。另外，静止状态下，要监测井口液面，防止液柱高度下降影响井底压力。

二、循环时井底压力

井内流体循环时，环空压耗会使井底压力增加（井底压力＝静液压力＋环空压耗），过大的循环压耗可能引起漏失；一旦停止循环，循环压耗突然消失会使井底压力下降，同样影响井内的压力平衡。

三、起钻时井底压力

由于抽汲压力的影响，起钻时井底压力会下降（井底压力＝静液压力－抽汲压力），很多在正常钻进时井底压力能够平衡地层压力的井，因抽汲压力的影响，在起钻时可能发生溢流。因此，起钻时要判断并注意减小抽汲压力的影响。

四、下钻时井底压力

由于激动压力的产生，使得下钻时的井底压力增大（井底压力＝静液压力＋激动压力），虽不至于直接引发井控问题，但过大的激动压力可能导致漏失，致使静液压力下降，从而引发井控问题。所以，下钻时同样要做好井控工作。

五、关井时井底压力

1. 静态下井底压力

发生溢流后需及时关井，形成足够的地面回压，使井底压力重新能够平衡地层压力（井底压力=静液压力+地面回压）。地面回压作用于井口设备和整个井筒，因此要求井口设备具有足够的承压能力和密封性，地面回压过高会破坏井筒的完好性，所以关井地面回压并不是越大越好，必须控制在最大允许关井压力值以内。

2. 动态下井底压力

1）压井时井底压力

压井循环过程中，通过调节节流阀的不同开关程度，形成一定的井口回压，保持井底压力平衡地层压力（井底压力=静液压力+环空压耗+节流阀回压）。

2）欠平衡钻井井底压力

欠平衡钻井过程中，由旋转防喷器控制井口，通过调节节流阀形成一定的地面回压，此时钻井液的静液压力、地面回压和循环钻井液时的环空压耗共同作用于井底（井底压力=静液压力+地面回压+环空压耗）。欠平衡钻井时，井底压力小于地层压力，地层的流体有控制地进入井筒并且循环到地面。

第三章 溢流的原因及控制

第一节 溢流原因、显示及处理

一、溢流的原因与预防

发生溢流时，地层流体大量进入井眼，为了保证井眼的安全，必须立即停止正常作业，采取关井的办法来控制地层流体的流动。在正常钻进或起下钻作业中，地层流体向井眼内流动必须具备下面两个条件：

(1) 井底压力小于地层流体压力。
(2) 地层具有允许流体流动的条件。

当井底压力比地层流体压力小时，就存在着负压差值，这种负压差值在遇到高孔隙度、高渗透率或裂缝连通性好的地层，就可能发生溢流。所以要维持一口井处于有控状态，就必须保证适当的井底压力。而在不同工况下，井底压力是一种或多种压力的合力。因此，任何一个或多个引起井底压力降低的因素，都有可能最终导致溢流发生。其中最主要的原因是：

(1) 起钻时井内未灌满钻井液。
(2) 井眼漏失。
(3) 钻井液密度低。
(4) 抽汲。
(5) 地层压力异常。

其中，钻井液密度偏低，是造成溢流最常见原因。根据统计，溢流和井喷多发生在起下钻作业过程中。

1. 起钻时井内未灌满钻井液

起钻过程中，由于钻柱的起出，钻柱在井内的体积减小，井内的钻井液液面下降，从而使静液压力下降。在裸眼井段，只要静液压力低于地层压力，溢流就可能发生。

第三章 溢流的原因及控制

起钻过程中,需要及时准确地向井内灌满钻井液以维持足够的静液压力。灌入的钻井液体积应等于起出的钻具体积,也就是钻具的排替量,即钻具本身体积所代换的等量钻井液体积。

钻具的体积取决于每段钻具的长度、外径、内径,由于受钻杆接箍和内外加厚等因素的影响,计算结果与实际有一定的误差。

由于某种原因造成钻头水眼堵或钻具水眼堵,这种情况下灌入的钻井液体积应等于所提出钻具的排替量与内容积之和。

现场起钻时,常用钻井液补充罐来补充钻井液。钻井液补充罐是最可靠的测量设备。钻井液补充罐容积通常为 $1.6\sim6.4m^3$,刻度一般为80L/格(0.5bbl/格)左右。当补充罐内钻井液灌入井内后,再从循环罐内向其补充钻井液。

灌入的钻井液量必须与起出的钻具体积进行比较,要保证其数值相等。如果二者数据不相等,要立即停止起钻作业,查找原因,并视具体情况采取相应措施。为保证起钻灌入钻井液工作及时准确地执行,必须指定专人在起下钻时专门负责这项工作。同时,要遵循以下灌钻井液的基本原则:

(1) 连续灌入钻井液或至少每起出 3~5 个立柱的钻杆,起出一个立柱的钻铤时,应检查一次灌入的钻井液量。

(2) 应当通过灌钻井液的管线向井内灌钻井液,不能用压井管线代替。

(3) 钻井液灌注管线在防溢管上的位置不能与井口钻井液返出管线在同一高度。如果两管线在同一高度则经灌注管线灌入的钻井液可能直接从出口管流出,从而误认为井筒已灌满。

2. 井眼漏失

由于钻井液密度过高或下钻时的压力激动,使得作用于地层上的压力超过地层的破裂压力或漏失压力而发生漏失。在深井、小井眼里使用高黏度的钻井液钻进时,环空压耗过高也可能引起循环漏失。另外,在压力衰竭的砂层、疏松的砂岩以及天然裂缝的碳酸盐岩中漏失也是很普遍的。由于大量钻井液漏入地层,会引起井内液柱高度下降,从而使静液压力和井底压力降低,由此导致溢流发生。

减少漏失的一般原则是:

(1) 设计好井身结构,正确确定套管下深。

(2) 做地层破裂压力试验和地层承压能力试验,提高地层承压能力。地层承压能力试验一般是在即将钻开目的层之前进行的,其目的就是检验上部裸眼井段的地层承压能力,保证钻开目的层提高钻井液密度后不会出现井漏。若地层承压能力过低,可通过堵漏来提高地层承压能力,直到满足钻开油气层所需的承压能力要求。

（3）在下钻时控制下钻速度，将激动压力减至最小，并分段循环，缓慢开泵，降低由于钻井液由静止到流动所引起的过高循环压力损失。

（4）保持好钻井液性能，使其黏度和静切力维持在最佳值上，同时提高钻井液对岩屑的悬浮携带能力。

3. 钻井液密度低

钻井液密度下降是导致溢流的一个最常见的原因。钻井液密度下降通常是由以下几种原因引起的：

（1）钻开异常高压油气层时，油气侵入钻井液，引起钻井液密度下降，致使静液压力降低。发现此情况时，应及时除气，不要把气侵钻井液再重复循环到井内，同时调整钻井液密度，平衡产层压力，防止发生溢流。

（2）处理事故时，向井内泵入原油或柴油，造成静液压力减小。因此，在处理事故向井内注油时，应进行压力校核，若原油不能平衡产层压力时，应注解卡剂。

（3）钻井液混油造成静液压力下降。向井内钻井液混油以减小摩阻时，要控制混油速度，并校核压力是否平衡。

（4）钻井液性能做大处理时，未能做好压力平衡计算并按设计程序处理，造成钻井液密度下降。

（5）岗位人员责任心不强，未及时发现清水或胶液混入钻井液罐内等。

4. 起钻抽汲

起钻抽汲作用会降低井底压力，当井底压力低于地层压力时，就会造成溢流。这是由于钻井液黏附在钻具外壁上并随钻具上移，同时，钻井液要向下流动，填补钻具上提后的下部空间，由于钻井液的流动没有钻具上提得快，这样就在钻头下方造成一个抽汲空间并产生压力降，从而产生抽汲压力。

抽汲压力主要受管柱结构、井身结构和井眼尺寸、起钻速度、钻井液性能、钻头或扶正器泥包等因素的影响。起钻时抽汲压力很可能造成井底压力小于地层压力，并引起溢流。所以，起钻前应检查井底压力能否平衡地层压力，判断是否会发生抽汲溢流。

1）短程起下钻法

短程起下钻有两种基本做法：

（1）一般情况下试起10~15柱钻具，再下入井底循环一周以上，观察并测量返出的钻井液，若钻井液无油气侵，或根据油气上窜时间判断能满足起钻要求，则可正式起钻；否则，应循环排除油气侵，并适当提高钻井液密度，以达到起钻过程中不发生抽汲溢流的目的。

第三章 溢流的原因及控制

（2）特殊情况时（需长时间停止循环或井下复杂时），将钻具起至套管鞋内或安全井段，停泵检查一个起下钻周期或需停泵工作时间，若井口无外溢，则再下入井底循环一周以上，正常后起钻。

2) 核对灌入井内的钻井液量

在整个起钻过程中，均要坚持坐岗观察核对钻井液灌入量与提出钻具体积之间的关系。如果灌入井内的钻井液小于起出钻具的排替量时，则说明由于抽汲发生了溢流。这时应立即关井，排除溢流，或是关井强行下钻到底排除溢流，然后适当提高钻井液密度。

为减小起钻因抽汲作用对井底压力的影响，保证井下安全，应遵循以下原则：

（1）钻井液有合适的安全附加值，尽量维持钻井液静液压力稍微高于地层压力。

（2）降低起钻速度，减小抽汲压力的影响。

（3）使钻井液黏度、静切力保持在最佳水平，同时防止钻头泥包。

（4）用钻井液补充罐、泵冲数计数器、流量计或钻井液罐液面指示器来计量灌液量，及时判断是否出现抽汲溢流。

5. 地层压力异常

钻遇异常压力地层并不一定会直接引起溢流。如果钻井液密度低或其他原因造成井底压力小于地层压力，则会引起溢流发生。

因此，在钻井过程中，特别是在探井的钻井过程中，要做好随钻压力监测，准确判断地层压力。现场可根据监测结果，及时调整钻井液密度。

另外，现场的作业人员要具备进行二级井控的技术能力，严格执行坐岗制度，以保证能及时发现溢流；通过平时的防喷演习熟练掌握关井程序，确保在发现溢流后能正确地关井；掌握基本的常规压井方法，保证关井后能及时恢复井内的压力平衡。

二、气侵及气侵溢流的特点

1. 气体的特性

由于天然气具有密度小，扩散性大，其体积随压力和温度变化而变化的特性。因此，天然气侵入井内后，会对井内压力造成影响，同时也给井控作业带来一定的复杂性。

（1）天然气的压缩性与膨胀性。天然气是可压缩流体，其体积大小取决于所加的压力及温度。对一定量的气体来说，当温度不变时，压力增加，体积减小；压力降低，则体积增大。

（2）天然气的密度低。天然气的密度与钻井液、地层水、原油相比要低得多，在常温下清水的密度是天然气密度的1000倍以上。由于天然气的密度低，与钻井液有强烈的置换性，不论是开井还是关井、是循环还是静止，气体向井口的运移总是要产生的。

（3）天然气具有易扩散、易燃、易爆的特点。天然气与空气的混合浓度达到5%~15%（体积分数）时，遇到火源会发生爆炸；低于5%既不爆炸也不燃烧；高于15%不会爆炸，但会燃烧。天然气的这一特点导致大部分天然气井井喷失控后都会引发着火。因此，天然气井的井场设备布置要充分考虑防火要求。

（4）含H_2S的天然气具有更大的危害性。H_2S有剧毒，对人员、设备和环境等都会造成严重伤害。

（5）天然气对密封性的要求更高。天然气侵入井筒后，在钻井液中会自动向上滑脱运移。气体的渗透性比液体要高得多，对套管、油管、井控装置等密封性能提出了更高的要求。

2. 天然气侵入井内的方式

1）岩屑气侵

在钻开气层的过程中，随着井底岩石的破碎，岩石孔隙中的天然气被释放而侵入钻井液。侵入量与岩石的孔隙度、井径、机械钻速和气层的厚度成正比。

2）置换气侵

钻遇大裂缝或溶洞时，由于钻井液的密度比天然气的密度大，产生重力置换，天然气被钻井液从裂缝或溶洞中置换出来，进入井内，并在井内聚积成气柱。

3）扩散气侵

气层中的天然气会通过滤饼向井内扩散，侵入钻井液。侵入井内的天然气数量取决于钻开气层的表面积、滤饼的质量等因素。一般通过滤饼扩散而侵入井内的气体量并不大。但当滤饼由于压力波动等原因受到破坏或停止循环时间很长时，侵入到井内的天然气量会增大。

上述三种侵入方式，即使在井底压力大于地层压力时也会侵入井内。

4）气体溢流

井底压力小于地层压力时，天然气大量进入井内。井底的负压差越大，进入井内的天然气就越多，而且很容易在井内积成气柱。

3. 气侵对井内压力影响

1）开井状态下气体运移

开井状态下，侵入井内的天然气靠密度差滑脱上升，逐渐形成气泡、段

第三章 溢流的原因及控制

塞。随着气体上升其所受到的钻井液液柱压力降低,气体发生膨胀,并逐渐将其上方的钻井液排出地面。当井底压力小于地层压力,气侵加剧,严重时会造成井喷。

因此,起钻过程中,少量气侵不易被发现,随着钻具起出,气体不断运移,经过几个小时后,气体上升膨胀到一定程度,表现出极微弱的溢流。最终,气体膨胀将会降低静液柱压力,并且地层内的流体大量侵入井内。

2) 关井状态下气体的运移

当天然气进入井内后,井处于关闭状态。天然气在井内上升时会对井底、井口以及整个井筒内的压力产生影响。

进入井内的天然气,在关井状态下是不稳定的,由于其密度比钻井液密度小,在钻井液中要滑脱上升,其上升趋势与钻井液性能有关,如钻井液的黏度、切力越小,滑脱越易产生。

由于井是关闭的,天然气不能膨胀,在上升过程中其体积不发生变化,始终保持其在井底时的体积。这使得天然气的压力在上升过程中也不发生变化,仍然保持着原来在井底时的压力值,即地层压力值。因此,井底、井口和井内各深度所受的压力是随天然气的上升而变化的。当天然气上升到井口时,天然气的压力就加到钻井液液柱上,作用于整个井筒,使井底、井口和井筒各处的压力达到最大。其特点为:

(1) 在关井状态下,气体在带压滑脱上升过程中,关井立管压力、套管压力不断上升,作用在井眼各处的压力均在不断增大,在地面的显示是,关井立管压力和套管压力等量增加。

(2) 关井时,井口要承受很高的压力,要求井口防喷装置有足够高的工作压力。

(3) 气体滑脱上升引起井口压力不断升高,不能认为地层压力也在增大,不能录取这时的井口压力计算地层压力。

(4) 发生气体溢流不应长时间关井,避免超过最大关井套管压力,造成井口、套管损坏或套管鞋以下地层破裂,天然气窜通至地面。要尽快组织压井或通过节流阀有控制地释放部分压力。

三、溢流显示

有溢流必定有溢流显示,在钻井现场可观察到一些由井下反映到地面的信号,识别这些信号对及时发现溢流十分重要。有些显示并不能确切证明是溢流,但它却可警告可能发生了溢流。现根据一些现象信号对监测溢流的重要性和可靠性,分为间接显示和直接显示两类。

1. 间接显示

1) 钻速突然加快或放空

这是可能钻遇到异常高压油气层的征兆。当钻遇异常高压地层过渡带时，地层孔隙度增大，破碎单位体积岩石所需能量减小，同时井底正压差减小也有利于井底清岩，此时钻速会突然加快。钻遇碳酸盐岩裂缝发育层段或钻遇溶洞时，往往发生蹩跳钻或钻进放空现象。所以，钻速突然加快或放空是可能发生溢流的前奏，但钻速突快也可能是所钻地层岩性发生变化导致的，因此并不能肯定要发生溢流。

一般情况下，钻时比正常钻时快 1/3 时，即为钻速突快。钻遇到钻速突快地层，进尺不能超过 1m，地质录井人员应及时通知司钻停钻观察，监测是否发生溢流。如放空到底后，停钻上提钻柱，监测是否发生溢流。

2) 泵压下降，泵速增加

发生这种现象，应立即检查出口流量和钻井泵，如泵无问题，出口流量增加则是溢流顶替井内钻井液上返；如果返出量正常则可能是钻具刺坏。

井内发生溢流后，若溢流物密度小于钻井液密度，钻柱内液柱压力就会大于环空液柱压力，由于 U 形管效应使钻具内的钻井液向环空流动，故泵压下降。气体沿环空上返时体积膨胀，有助于克服环空压耗，也会使泵压下降。泵压下降后，泵负荷减小，则泵速增加。

3) 钻具悬重发生变化

天然气侵入井内后，使环空钻井液平均密度下降，钻具所受浮力减小而悬重增加。若溢流物为盐水时，其密度小于钻井液密度则悬重增加，其密度大于钻井液密度则悬重减小。油气溢流通常会使钻井液密度减小，因而悬重增加。

4) 钻井液性能发生变化

井口返出的钻井液性能发生变化，有可能发生了溢流。油或气侵入钻井液，会使钻井液密度下降，黏度升高；地层水侵入钻井液，会使钻井液密度和黏度都下降。钻井液中还有油花、气泡、油味或硫化氢味等。但应注意，有时钻井泵吸入了空气，或加水处理钻井液，也会使井内钻井液密度下降。

5) 气测烃类含量升高或氯离子含量增高

在钻井过程中，气测烃类含量升高，说明有油气进入井内；如氯离子含量增高，可能是地层水进入井筒。

6) dc 指数减小

正常情况下，随着井深的增加，dc 指数越来越大。如果 dc 指数减小，则可能是钻遇到异常高压地层的显示。

7）岩屑尺寸加大

随着正压差减少，大块页岩将开始坍塌，这些坍塌造成的岩屑比正常岩屑大一些，多呈长条状，带棱角。

2. 直接显示

1）出口管线内钻井液流速增加，返出量增加

地层压力大于井底压力时，地层流体流入井内，增加了环空钻井液上返速度。天然气临近井口时因压力降低而快速膨胀，使出口管线内的钻井液流速加快，流量增加。

2）停泵后井口钻井液外溢

停止循环后，井口钻井液外溢，说明发生了溢流。但应注意井筒中钻柱内外钻井液密度不一致，钻柱内钻井液密度比环空钻井液密度高时，停泵时钻井液也会外溢。

3）钻井液罐液面上升

钻井液罐液面升高是发现溢流的一个可靠信号。罐内钻井液的增量，就是井内已侵入的地层流体量，即溢流量，其大小取决于地层的渗透率、孔隙度和井底压差。地层渗透性高、孔隙度大，地层流体向井内流动快；反之流动慢。井底欠平衡量越大，溢流越严重。地层流体进入井内的条件不同，钻井液罐液面升高的速度也不同。

4）起钻时灌入的钻井液量小于起出钻具体积

起钻时，井内钻井液液面会随起出钻具而相应地下降。如果经计量发现应灌入量减小，说明地层流体也进入井筒，填补了部分起出钻具的空间，当进入井内的流体使全井液柱压力小于地层压力时就会出现溢流。

5）下钻时返出的钻井液体积大于下入钻具的体积

进入井筒内的气体，在井眼深部时体积增加较小，或受钻井液性能等因素的影响，滑脱上升速度较慢，因此起钻时有可能并未注意到它的影响。到了下钻时，气体有可能已经逐渐上升到井眼上部，其体积膨胀得越来越快，导致溢流现象越来越明显。

对溢流显示的监测应贯穿在井的整个施工过程中。切记，判断溢流一个最明显的信号是：停泵的情况下井口钻井液自动外溢。

四、溢流的及早发现与处理

尽可能早地发现溢流显示，并迅速实现控制，是做好井控工作的关键

环节。

1. 及早发现溢流的重要性

1) 及时发现溢流并迅速控制井口是防止井喷的关键

井喷或井喷失控事故大多是溢流发现不及时或井口控制失误造成的。在钻遇气层时，由于天然气密度小、可膨胀、易滑脱等物理特性，从溢流到井喷的时间间隔短。若发现不及时或控制不正确，就容易造成井喷，甚至失控着火。

2) 及早发现溢流可减少关井和压井作业的复杂情况

溢流发现的越早，关井时进入井筒的地层流体越少，关井套管压力和压井最高套管压力就越低，越不易在关井和压井过程中发生复杂情况，有利于关井及压井安全，使二次井控处于主动位置。进入井筒的地层流体越少，对钻井液性能破坏越小，井壁越不易失稳，压井作业越简单。所以及早发现溢流，直接关系到排除溢流、恢复和重建井内压力平衡时能否处于主动位置。

3) 防止有毒气体的释放

在钻遇含硫化氢、二氧化碳的地层时，及时处理溢流可以防止这类气体造成更大的危害。

4) 防止造成更大的污染

溢流发生后，为了不使井口承受过高的压力，必要时要通过放喷管线放喷，这样就会使施工场地附近的环境严重污染，危及农田水利、渔场、牧场、林场等。

因此，及早发现溢流就可防止造成更大的污染。

2. 及早发现溢流的基本措施

1) 严格执行坐岗制度

坐岗人员负有监测溢流的岗位职责，要充分认识及早发现溢流的重要性，它关系到溢流是否会发展成为井喷、井喷失控或着火事故。因此，在一口井的各个施工环节，都要坚持坐岗，严密注意钻井液出口流量变化、循环罐液面变化、钻井液性能变化、起钻钻井液的灌入量及录井全烃值的变化等。

2) 做好地层压力监测工作

当 dc 指数偏离正常趋势线时，要及时校核井底压力能否平衡地层压力，调整钻井液密度，特别是在探井的钻井过程中。

3) 做好起下钻作业时的溢流监测工作

起钻前要进行短程起下钻，测油气上窜速度，并判断抽汲压力的影响。起钻过程中要适时停止起钻作业，进行溢流监测。

4) 钻进过程中要密切观察参数的变化

遇到钻速突快、放空、悬重和泵压等发生变化，都要及时停钻，根据情

第三章 溢流的原因及控制

况判断是否是发生了溢流。

第二节 关井方法及关井程序

一旦发现溢流显示，正确无误地关井，这是防止发生井喷的唯一正确处理措施。在紧张和危急时刻，钻台上应强化控制，加强纪律。制定合理的关井程序，经常性地进行防喷演习，以及强有力的监督是井控成功的关键。一旦发现溢流，应当尽可能快地关井，理由在于：

（1）防止井喷的发生，保护地面设备和人员；
（2）制止地层流体继续进入井内；
（3）保持井内有较多的钻井液，减小关井后的套管压力值；
（4）求得关井压力，为组织压井做准备。

不能因为溢流量小而疏忽，它可能会迅速发展而成为井喷。所有井内不正常的流动均应视为潜在的风险。一旦确认发生了溢流就应立即关井。

发生溢流后有两种关井方法，一是硬关井，二是软关井。

一、硬关井

硬关井是指一旦发现溢流或井涌，立即关闭防喷器的操作程序。硬关井时，由于关井动作比软关井少，所以关井快，但井控装置受到"水击效应"的作用，特别是高速油气冲向井口时，对井口装置作用力很大，存在一定的危险性。

二、软关井

软关井是指发现溢流关井时，先打开节流阀一侧的通道，再关防喷器，最后关闭节流阀的操作程序。软关井的关井时间长，但它防止了水击效应作用于井口，还可以在关井过程中试关井。

若能做到尽早地发现溢流显示，则硬关井产生的"水击效应"就较弱，按硬关井制定的关井程序比按软关井制定的关井程序简单，控制井口的时间短。

三、关井程序

具体的关井程序由于各油田的规定不同而略有差别。但有一点是共通的：必须关闭防喷器以阻止井内流体的流动。由于油气藏的特点不同，或钻机类型不同而制定的关井程序应当经过深思熟虑，人人理解而且实用。

1. 常规的关井程序

在钻井作业现场，一般把关井程序称为"四·七动作"（把钻井作业分为四种常见的工况，每种工况通过七个主要动作完成软关井的过程）。常见的"四·七动作"关井程序如下。

1) 钻进工况

（1）发信号。发信号的目的是通报井上发生了溢流，井处在潜在的危险中，指令各岗位人员迅速到位，执行其井控职责，迅速实现对井口的控制。发信号的方式是一长鸣信号。

（2）停止钻进。发现溢流，立即停止钻进作业。

（3）把钻具上提至合适位置，停泵。也有部分油田规定把钻具提到合适位置之后再停泵，这样可延长环空流动阻力施加于井底的时间，减小抽汲，从而抑制溢流，减少溢流量，保持井内有尽可能多的钻井液。但是开泵上提钻具，加速溢流物的上返，存在诱发井喷的风险，特别是在溢流发现得比较晚的情况下。

上提钻具至合适位置是指把方钻杆下的第一个单根母接头提出转盘面0.4~0.5m，为防喷器关井创造条件；为扣吊卡或卡卡瓦创造条件，防止刹车失灵造成顿钻；为防止井下出现复杂情况、地面循环系统出现故障后采取补救措施创造条件。

（4）开平板阀，适当打开节流阀。若节流阀平时就已处于半开位置，此时就不需要再继续开了。若节流阀的待命工况是关位，此时只需将其打开到半开位置即可。这样既可减弱水击现象，又能缩短关井时间。

（5）关防喷器。在满足要求时只关环形防喷器即可；如需要关闸板防喷器，可先关环形防喷器，再关闸板防喷器，这样可以防止闸板防喷器刺坏。

（6）关节流阀试关井，再关闭节流阀前的平板阀。关闭节流阀时，应注意观察套管压力变化，防止关井套管压力超过最大允许关井套管压力。在将要达到最大允许关井套管压力时，不能再继续关节流阀，应在控制接近最大允许关井套管压力的情况下，节流放喷，并以钻进排量迅速向井内泵入储备加重钻井液，采用低节流法压井，控制溢流，重建井内压力平衡。

第三章 溢流的原因及控制

(7) 录取关井立管压力，关井套管压力及钻井液增量。一般关井 10～15min 后录取立管压力、套管压力及钻井液增量。此时从立管压力表上读到压力值，即是地层压力与钻柱内钻井液静液柱压力之差。迅速向队长或技术人员及甲方监督汇报。

2) 起下钻杆工况

(1) 发信号。

(2) 停止作业，将钻杆坐在转盘上。

(3) 抢装钻具内防喷工具并关闭。起下钻时发生溢流，应先控制钻具水眼，要抢装开启状态的内防喷工具，然后再将其关闭；将钻具提离转盘。

(4) 开平板阀，适当打开节流阀。

(5) 关防喷器。

(6) 关节流阀试关井，再关闭节流阀前的平板阀。

(7) 录取套管压力及钻井液增量；迅速向队长或技术人员及甲方监督汇报。

3) 起下钻铤工况

(1) 发信号。

(2) 停止起下钻铤作业，将钻铤坐在转盘上。

(3) 抢接防喷单根并关闭其连接的内防喷工具。

(4) 开平板阀，适当打开节流阀。

(5) 关防喷器。

(6) 关节流阀试关井，再关闭平板阀。

(7) 录取套管压力及钻井液增量；迅速向队长或技术人员及甲方监督汇报。

4) 空井工况

(1) 发信号。

(2) 停止作业。

(3) 开平板阀，适当打开节流阀。

(4) 关防喷器。空井工况下关井，可以直接关全封闸板防喷器。

(5) 关节流阀试关井，再关闭平板阀。

(6) 录取套管压力及钻井液增量；迅速向队长或技术人员及甲方监督汇报。

空井发生溢流时，若井内情况允许，也可在发出信号后抢下几柱钻杆，然后按起下钻杆的关井程序关井。

2.特殊作业时关井程序

1) 测井工况

测井作业时发生溢流，若溢流不严重，则争取把电缆起出，然后按空井工况去完成关井操作程序；如果喷势强烈，来不及起出电缆，则切断电缆，迅速按空井工况完成关井操作程序。因此，电测队需要事先准备好剪断电缆的工具。另外，测井作业实施前，测井公司可与生产经营单位、钻井队共同制定一个应急措施，明确各方的井控职责，特别要明确在什么情况下必须剪断电缆，以及由何人作出这一决策。需要注意的是，无论是强起电缆后关井，还是剪断电缆关井，关井过程都需要钻井队与测井队共同完成，因此，现场的协调指挥是非常重要的。

2）下套管和尾管工况

下套管之前应先更换闸板，并进行试压。同时在钻台上备用转换接头。万一发生溢流，而浮箍又失效，在关井时可将转换接头立即接上。另外，下套管之前也可以用钻杆和转换接头做一个防喷钻杆。一旦发生溢流，可以将防喷钻杆抢接在套管上，下入井内，然后用封闭钻杆的闸板防喷器关井。

下尾管时发生溢流，通常的处理方法与起下钻杆时发生溢流一样。如果尾管已快接近井底，在没有卡钻之前，应尽力强行下到预定的位置。如果尾管不能强行下到预定位置，则考虑强行起到套管内。具体的控制程序需要在井控设计中明确或在下尾管之前制定好。

第三节　压井基本介绍

一、压井原理

1. 压井的概念

压井是向失去压力平衡的井内泵入高密度的压井液，并始终控制井底压力略大于地层压力，以重建和恢复压力平衡的作业。压井过程中，控制井底压力略大于地层压力是借助节流管汇，控制一定的井口回压来实现的。

2. 压井原理

（1）压井是以 U 形管原理为依据进行的。把井眼循环系统想象成一个 U 形管，钻柱水眼是 U 形管的一侧，环空是 U 形管的另一侧管柱，井底则相当于 U 形管的底部。U 形管的基本原理是 U 形管底部是一个压力平衡点，左右两侧管内压力在此达到平衡。应用在井控作业中，即井底压力的大小可以通过分析管柱内压力或环空压力而获得，并且通过改变环空压力或节流阀回压

第三章　溢流的原因及控制

可以控制井底压力，同时影响立管压力使之产生同样大小的变化。

在压井循环时，井内存在如下平衡关系。

$$p_T - p_{cd} + p_{md} = p_b = p_a + p_{ma} + p_{bp} \tag{3-1}$$

式中　p_T——循环时立管总压力，MPa；

p_{cd}——管柱内压力降，MPa；

p_{md}——管柱内静液压力，MPa；

p_b——井底压力，MPa；

p_a——环空回压，MPa；

p_{ma}——环空静液压力，MPa；

p_{bp}——环空流动阻力，MPa。

压井循环时，随着压井液的逐渐泵入，管柱内静液压力 p_{md} 逐渐增大，要维持井底压力略大于地层压力并保持不变，就可以通过控制循环立管压力 p_T 逐渐降低实现，而循环立管总压力又是通过调节节流阀的开启程度控制的。可见，压井循环时的总压力可作为判断井底压力的压力计使用。

压井是要保持压井排量不变，管柱内压力降 p_{cd} 才不变，才能实现作用于井底的压力不变。另外，环空流动阻力 p_{bp} 数值比较小，又是增加井底压力，压井时有利于平衡地层压力，通常可以忽略不计。

当井底压力与地层压力相等时，关井将会停止流体的进一步侵入。由于钻柱水眼与环形空间是一个连通体系。因此，压井是以 U 形管原理为依据。利用地面节流阀产生的阻力和井内压井液液柱压力所形成的井底压力来平衡地层压力。在压井过程中始终保持井底压力等于或稍大于地层压力并保持井底压力不变。

根据 U 形管的平衡原理（图 3-1）可求得关井立管压力和套管压力。反之，可根据关井后的立管压力或套管压力求得地层压力。

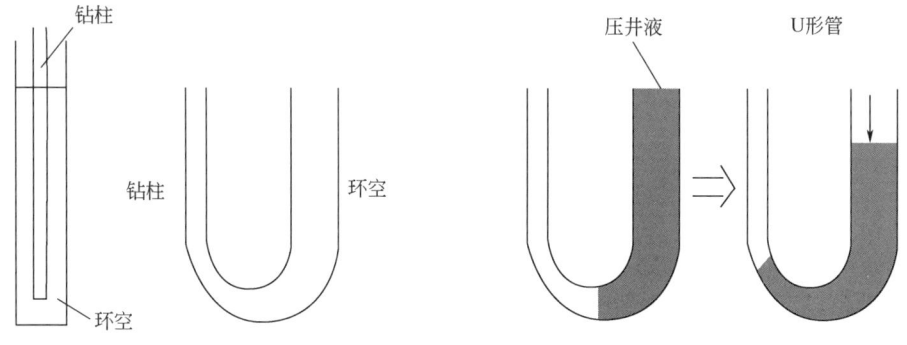

图 3-1　U 形管原理示意图

(2) 通过节流阀保持一定的回压，在保证井底压力等于或略高于地层压力的情况下循环出溢流。

(3) 钻具底部必须处于溢流的层位或井底，从而有效地压住井中溢流，并恢复正常作业。

二、压井方法选择

根据井自身所具备的条件及溢流、井喷态势，压井方法可分为常规压井方法和特殊压井方法两类。所谓常规压井方法，就是溢流、井喷发生后，能正常关井，在泵入压井液过程中始终遵循井底压力略大于地层压力的原则完成压井作业的方法，如图3-2所示。常规压井方法主要有二次循环法（司钻法）、一次循环法（工程师法）、边循环边加重等方法。所谓特殊压井方法，就是溢流、井喷井不具备常规压井方法的条件而采用的压井方法，如井内钻井液喷空后的天然气井压井、井内无钻具的压井、又喷又漏的压井等。

几种常规压井方法也各有其优缺点。譬如在相同条件下就施工时间而言，发现溢流关井后等候压井的时间，二次循环法和边循环边加重法较短，而一

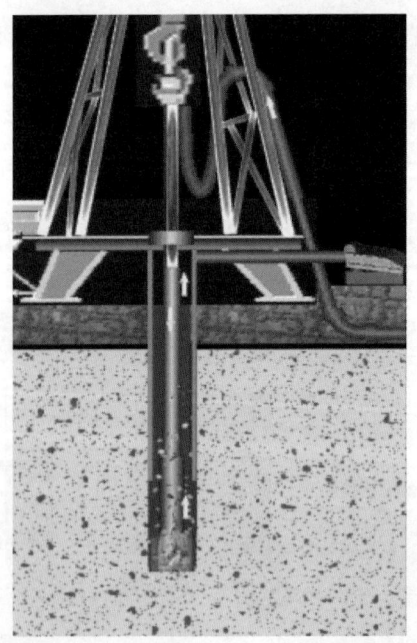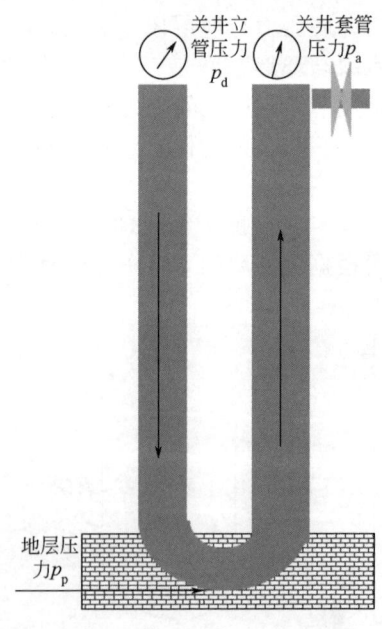

图 3-2　压井循环示意图

第三章 溢流的原因及控制

次循环法较长。但总体压井作业时间，一次循环法较短，二次循环法和边循环边加重法较长。压井过程中出现的套管压力峰值，二次循环法较大，边循环边加重法次之，一次循环法最小。压井过程中给地层施加的应力，尤其是给浅部地层施加的应力峰值，二次循环法较大，边循环边加重法次之，一次循环法最小。几种方法中，边循环边加重法施工难度最大。

在面临常规压井作业需选择压井方法时，不仅按几种方法的优缺点进行选择，还要根据本井的具体条件，如溢流类型、压井液和加重剂的储备情况、设备的加重能力、地层是否易卡易垮、井口装置的额定工作压力、井队的技术水平等来选择。

在压井时，不论采用什么方法压井，均应达到以下要求：

（1）压井时的井底压力必须等于或稍大于地层压力，并保持不变，使地层流体在压井过程中和压井结束后不能再进入井内。

（2）在压井过程中，不应发生溢流失控造成井喷。

（3）在压井时不能使井筒受压力过大，要保证不压漏地层，避免出现井下复杂情况和地下井喷。

（4）保护好油、气层，防止伤害油、气层的生产能力。

三、常规压井方法

1. 关井立管压力为零时的压井

这种情况表明，用钻井液的静液压力足以平衡地层压力，溢流发生是因为抽汲、井壁扩散气、钻屑气等原因进入井内的气体膨胀所致，其处理方法如下：

（1）当关井套管压力也为零时，保持钻进时的排量和泵压，以原钻井液敞开井口循环就可排除溢流。

（2）当关井套管压力不为零时，用原钻井液通过节流阀节流循环，在循环过程中，应控制循环立管压力不变，循环一周，停泵观察则套管压力应为零。

上述两种情况循环排污后，应再用短程起下钻检验，判断是否需要调整钻井液密度，然后恢复正常作业。

2. 关井立管压力和套管压力不为零时的压井

关井立管压力和套管压力都不为零时，就需要用常规压井方法进行压井。具体实施步骤如下。

1）司钻法压井（二次循环法）

司钻法是发生溢流关井求压后，第一循环周用原密度钻井液循环以排出环空中被侵污的钻井液,待压井液配制好后,第二循环周泵入井内压井的方法,如图3-3所示。用两个循环周完成压井,压井过程中保持井底压力不变。

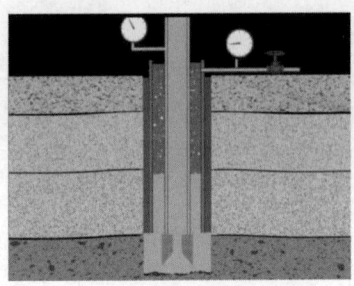
(a)原钻井液排除溢流

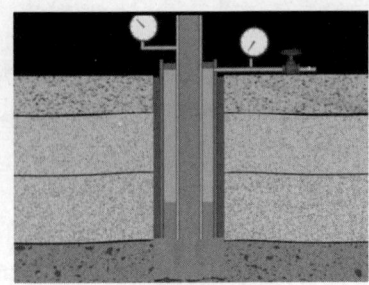
(b)压井液压井

图3-3 司钻法压井

(1) 压井步骤。

① 录取关井资料,计算压井所需数据,填写压井施工单,绘出压力控制进度表,作为压井施工的依据。

② 第一步用原钻井液循环排除溢流。

(a) 缓慢开泵,逐渐打开节流阀和上游平板阀,调节节流阀使套管压力等于关井套管压力不变,直到排量达到选定的压井排量。

(b) 保持压井排量不变,调节节流阀使立管压力等于初始循环压力 p_{Ti},并在整个循环周保持不变。

(c) 溢流排完,停泵关井,关井立压应等于关井套管压力。

在排除溢流的过程中,应配制加重压井液,准备压井。

③ 第二步泵入压井钻井液压井,重建井内压力平衡。

(a) 缓慢开泵,迅速开节流阀和上游平板阀,调节节流阀,保持关井套管压力不变。

(b) 排量逐渐达到压井排量并保持不变。在压井液从井口到钻头这段时间内,调节节流阀,控制套管压力等于关井套管压力不变(也可以控制立管压力由初始循环压力逐渐下降到终了循环压力)。

(c) 压井液出钻头沿环空上返,调节节流阀,控制立管压力等于终了循环压力 p_{Tf},并保持不变。当压井液返出井口后,停泵关井,关井立管压力、套管压力应皆为零;然后开井,井口无外溢;则说明压井成功。

(2) 司钻法压井过程中立管压力及套管压力的变化规律。

① 立管压力变化规律。

第三章 溢流的原因及控制

立管压力变化规律,如图3-4所示。

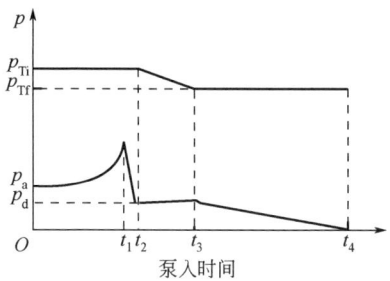

图3-4 司钻法压井排除气体溢流时立管压力及套管压力变化趋势

第一循环周 $0 \sim t_2$ 时间内,立管压力保持初始循环压力 p_{Ti} 不变;第二循环周 $t_2 \sim t_3$ 时间内,压井液由井口至钻头,立管压力由 p_{Ti} 下降到 p_{Tf};$t_3 \sim t_4$ 时间内,压井液由井底返出井口,立管压力保持终了循环压力 p_{Tf} 不变。

② 套管压力变化规律。

气体溢流套管压力变化规律,如图3-4所示。$0 \sim t_1$ 时间内,溢流物上返到井口,套管压力逐渐上升并达到最大值;$t_1 \sim t_2$ 时间内,溢流物返出井口,套管压力下降到关井立管压力值;$t_2 \sim t_3$ 时间内,加重压井液由井口到井底,套管压力不变,其值等于关井立管压力值;$t_3 \sim t_4$ 时间内,加重压井液由井底沿环空返至井口,套管压力逐渐下降到零。

油及盐水溢流套管压力变化规律,如图3-5所示。$0 \sim t_1$ 时间内,溢流物沿环空上返到井口,套管压力等于关井套管压力不变;$t_1 \sim t_2$ 时间内,溢流物返出井口,套管压力由关井套管压力下降到关井立管压力;$t_2 \sim t_3$ 时间内,压井液由井口到井底,套管压力不变,其数值等于关井立管压力;$t_3 \sim t_4$ 时间内,压井液由井底沿环空返至井口,套管压力逐渐下降到零。

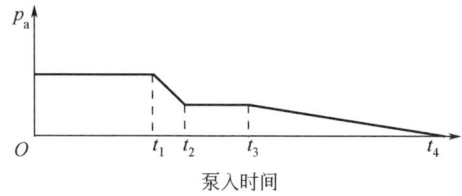

图3-5 司钻法压井排除液体溢流时套管压力变化趋势

2) 工程师法压井(一次循环法或等待加重法)

工程师法压井是指发现溢流关井后,先配制压井液,然后将配制好的压井液直接泵入井内,在一个循环周内将溢流排除并压住井的方法,如图3-6所示。在压井过程中保持井底压力不变。

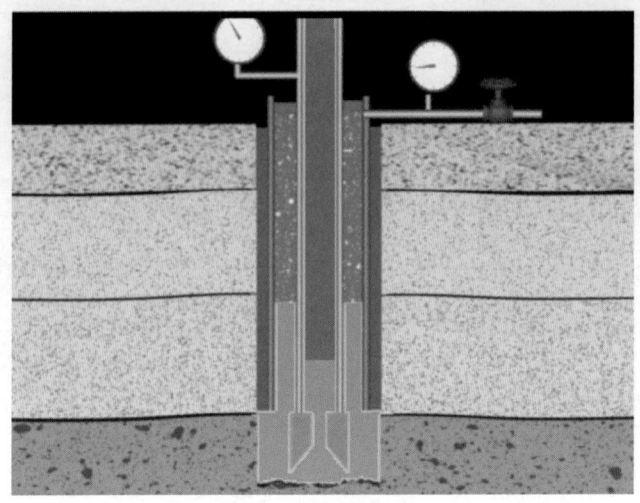

图3-6 工程师法压井

(1) 压井步骤。

① 录取关井资料,计算压井数据,填写压井施工单。压井施工单与司钻法压井施工单略有不同,主要区别是立管压力控制进度表不同。

② 配制压井液。压井液密度要均匀,其他性能尽量与井内钻井液保持一致。

③ 将压井液泵入井内,开始压井施工。

(a) 缓慢开泵,逐渐打开节流阀,调节节流阀,使套管压力等于关井套管压力不变,直到排量达到选定的压井排量。

(b) 保持压井排量不变,在压井液由地面到达钻头这段时间内,调节节流阀,控制立管压力按照立管压力控制进度表变化,由初始循环压力逐渐下降到终了循环压力。

(c) 压井液返出钻头,在环空上返过程中,调节节流阀,使立管压力等于终了循环压力不变。直到压井液返出井口,停泵关井,检查关井套管压力、关井立管压力是否为零,如为零则开井,开井无外溢说明压井成功。

(2) 工程师法压井过程中立管压力及套管压力的变化规律。

① 立管压力变化规律。

立管压力变化规律如图3-7所示。$0 \sim t_1$时间内,压井液从地面到钻头,立管压力由初始循环压力p_{Ti}下降到终了循环压力p_{Tf};$t_1 \sim t_4$时间内,压井液由井底返至井口，立管压力保持终了循环压力不变。

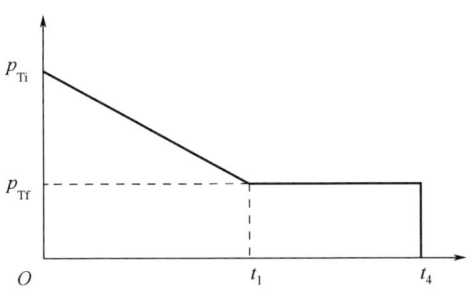

图 3-7　工程师法压井立管压力控制曲线

② 套管压力变化规律。

溢流为油或盐水时套管压力变化如图 3-8 曲线②所示。$0 \sim t_1$ 时间内，压井液由地面到钻头，套管压力不变，其值等于初始关井套管压力；$t_1 \sim t_2$ 时间内，压井液进入环空，溢流物逐渐到达井口，套管压力缓慢下降；$t_2 \sim t_3$ 时间内，溢流排出井口，套管压力迅速下降；$t_3 \sim t_4$ 时间内，压井液排替环空内原来密度的钻井液，套管压力逐渐降低。

溢流为气体时套管压力变化如图 3-8 曲线①所示。$0 \sim t_1$ 时间内，压井液从地面到钻头，气体在环空上升膨胀，套管压力逐渐升高到第一个峰值；$t_1 \sim t_2$ 时间内，套管压力的变化受压井液液柱和气体膨胀的影响，一般是压井液在环空开始上升时，套管压力稍有下降，然后有一段套管压力平稳，变化不大，然后逐渐升高，气体接近井口时套管压力迅速升高，达到第二个峰值（两个峰值哪个为极值，取决于溢流井深、压井液与原钻井液密度差、井眼环空容积系数及压井排量等因素，多数第二个峰值为极值）；$t_2 \sim t_3$ 时间内，气体排出，套管压力迅速下降；$t_3 \sim t_4$ 时间内，压井液排替原钻井液，套管压力逐渐下降；压井液返至井口时套管压力下降为零，压井结束。

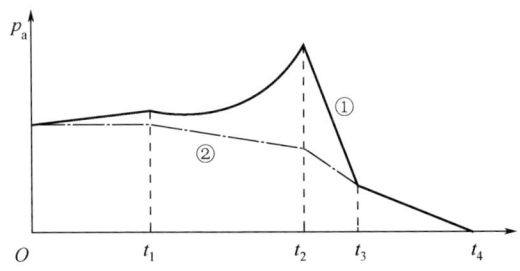

图 3-8　工程师法压井套管压力变化曲线

四、非常规压井方法

非常规压井方法是溢流井、井喷井不具备常规压井条件时采用的压井方法，如遇空井井喷、钻井液喷空时的压井等。

1. 平衡点法

平衡点法适用于井内钻井液喷空后的天然气井压井，该压井法要求井口条件为防喷器关闭，钻柱在井底，天然气经过放喷管线放喷。这种压井方法是一次循环法在特殊情况下压井的具体应用。

此方法的基本原理是：设钻井液喷空后的天然气井在压井过程中，环空存在一个平衡点。所谓平衡点，即压井液返至该点时，井口控制的套管压力与平衡点以下压井液静液柱压力之和刚好能够平衡地层压力。压井时，当压井液未返至平衡点前，为了尽快在环空中建立起液柱压力，压井排量应以在用缸套下的最大泵压求算，保持套管压力等于最大允许套管压力；当压井液返至平衡点后，为了减小设备负荷，可采用压井排量循环，控制立管总压力等于终了循环压力，直至压井液返出井口，套管压力降至零。

2. 置换法

当井内钻井液已大部分喷空，同时井内无钻具或仅有少量钻具，不能进行循环压井，但井口装置可以将井关闭，钻井液可以通过压井管汇注入井内，这种条件下可以采用置换法压井。通常情况下，由于起钻抽汲，灌浆不够或不及时，电测时井内静止时间过长导致气侵严重引起的溢流，经常采用此方法压井。

具体做法是：向井内泵入定量钻井液，关井一段时间，使泵入的钻井液穿过气顶下落，然后放掉一定量的套管压力。套管压力降低值与泵入的钻井液产生的液柱压力相等，即：

$$\Delta p_a = 0.0098 \rho_K \frac{\Delta V}{\Delta V_h} \tag{3-2}$$

式中　Δp_a——套管压力每次降低值，MPa；
　　　ΔV——每次泵入钻井液量，m^3；
　　　ΔV_h——井眼单位内容积，m^3/m；
　　　ρ_K——钻井液密度，g/cm^3。

重复上述过程就可以逐步降低套管压力。一旦泵入的钻井液量等于井涌、井喷关井时钻井液罐的增量，溢流就全部排除了。置换法进行到一定程度后，置换的速度将因释放套管压力、挤钻井液的间隔时间变长而趋缓慢，此时可

第三章　溢流的原因及控制

强行下钻到井底，采用常规压井方法压井。强行下钻时，钻具应装有回压阀，灌满钻井液。当钻具进入井筒钻井液中时，还应排掉与进入钻具之体积相等的钻井液量。

置换法压井时，泵入的重钻井液性应能有助于天然气滑脱。

3. 压回法

所谓压回法，就是从环空泵入压井液把井筒中的溢流压回地层。此法适用于空井溢流，井涌初期天然气溢流滑脱上升不是很高、套管下得较深、裸眼段短，只有一个产层且渗透性很好的情况，特别是含硫化氢的溢流井。

具体施工方法是：以最大允许关井套管压力作为施工的最高工作压力，挤入压井液，挤入的压井液可以是钻进用钻井液或稍重一点的钻井液，挤入的量至少等于关井时钻井液罐的增量，直到井内压力平衡得到恢复为止。使用压回法要慎重，不具备上述条件的溢流情况最好不要采用此方法。

4. 低节流压井法

如果发生溢流后不能关井，若关井，套管压力就会超过最大允许关井套管压力，因此不能完全关住井，只能控制在接近最大允许关井套管压力的情况下节流放喷。

低节流压井法就是在井不完全关闭的情况下，通过节流阀控制套管压力，使套管压力在不越过极限套管压力的条件下进行压井。当加重压井液在环空上返到一定高度后，可在最大允许关井套管压力范围内试行关井，关井后，求得关井立管压力和压井液密度，然后再用常规法压井。

第四章 防火防爆防硫化氢

第一节 防火防爆

一、燃烧爆炸的基本概念

1. 燃烧的概念

燃烧是可燃物质（气体、液体、固体）与助燃物（氧或氧化剂）发生的伴有放热和发光的一种激烈的化学反应。

1）燃烧的条件

燃烧必须同时具备下述三个条件：可燃性物质、助燃性物质、点火源。

可燃物指凡是能与空气中的氧或氧化剂起燃烧化学反应的物质。可燃物包括可燃固体、可燃液体和可燃气体。

助燃物指凡是能帮助和维持燃烧的物质。常见的助燃物有空气、氧气以及氯气、氯酸钾等氧化剂。

点火源指凡是能引起可燃物燃烧的能源。如明火、电气火花、静电、雷电、摩擦与撞击、高温物体、辐射热等。

2）燃烧的类型

根据燃烧发生瞬间的特点，燃烧分为闪燃、着火和自燃三种形式。

(1) 闪燃和闪点。

闪燃是指在一定温度下，可燃性液体蒸气与空气混合后，达到一定的浓度时，遇点火源产生的瞬间火苗或闪光的现象。

液体发生闪燃的最低温度，称为闪点。液体的闪点越低，发生火灾的危险性越大。几种常见液体的闪点分类见表4-1。

(2) 着火和燃点。

着火是指可燃物质在空气中受着火源的作用而发生持续燃烧的现象。

可燃物质开始持续燃烧所需要的最低温度叫燃点（着火点）。

第四章　防火防爆防硫化氢

表 4-1　几种常见液体的闪点分类

类别	闪点（℃）	常见液体
甲类	$T<28$	汽油、甲醇、乙醇、乙醚、苯、甲苯
乙类	$28 \leqslant T<60$	煤油
丙类	$T \geqslant 60$	柴油、润滑油

（3）自燃与自燃点。

自燃是指可燃物受热升温而不需明火作用就能自行燃烧的现象。

物质发生自燃的最低温度叫自燃点。自燃点越低，发生火灾的危险性越大。液体比重越大，闪点越高，而自燃点越低。

2. 爆炸的概念

爆炸是物质自一种状态迅速转变成另一种状态，并在瞬间放出大量能量的现象。

1）爆炸的分类

按照爆炸能量的来源分类，爆炸可分为物理爆炸和化学爆炸。

（1）物理爆炸：物质因状态或压力发生突变而形成的爆炸现象。如锅炉爆炸、压力容器因内部介质超压爆炸等。

（2）化学爆炸：物质在发生极迅速的化学反应过程中形成高温高压和新的反应产物而引起的爆炸。如炸药爆炸、瓦斯爆炸、粉体爆炸等。

化学爆炸又可分为简单分解爆炸（不一定发生燃烧反应）、复杂分解爆炸（伴有燃烧现象）和爆炸性混合物的爆炸。

2）爆炸极限及其影响因素

（1）爆炸极限。

可燃气体、粉尘或可燃液体的蒸气与空气形成的混合物遇火源发生爆炸的极限浓度称为爆炸极限。

可燃气体或蒸气在空气中刚刚达到足以使火焰蔓延的最低浓度，称为该气体或蒸气的爆炸下限。达到足以使火焰蔓延的最高浓度称为爆炸上限。在上限和下限之间的浓度范围称为爆炸范围。爆炸极限范围越宽，下限越低，爆炸危险性也就越大。

可燃气体的爆炸极限与气体所处的环境温度以及空气中的含氧量相关。

可燃液体的爆炸下限也是该液体的闪点。

(2) 爆炸极限的单位。

可燃气体或蒸气的爆炸极限的单位,是以其在混合物中所占体积的百分比(%)来表示的,如氢气与空气混合的爆炸极限为4%~75%。

可燃粉尘的爆炸极限的单位,是以其混合物中所占体积的质量比(g/m^3)来表示的,如铝粉的爆炸极限为$40g/m^3$。

(3) 影响爆炸极限的因素。

① 温度:温度越高,爆炸范围越大,即爆炸下限降低,上限增高,爆炸危险性增加。

② 压力:压力越大,爆炸范围越大(对下限的影响较小,对上限的影响较大),危险性增加。当压力降到某一数值时,上限与下限重合,这一压力称为临界压力。低于临界压力,混合气则无燃烧爆炸的危险。

③ 容器的尺寸和材料:容器、管柱的直径越小,爆炸范围越小。氯和氟在玻璃容器中混合,即使在液态空气的温度下(-180℃以下)于黑暗中也会发生爆炸。

④ 点火源:点火源的能量、热表面的面积、火源与混合物的接触时间等对爆炸极限均有影响。

⑤ 其他因素,如光的影响等。

(4) 爆炸极限在生产中的意义。

① 可以用来评定可燃气体(蒸气、粉尘)燃爆危险性的大小,并可作为可燃气体分级和确定其火灾危险性类别的依据。

② 可以作为设计的依据。

③ 可以作为制定安全生产操作规程的依据。

3) 爆炸的破坏作用

爆炸的破坏作用包括震荡作用、冲击波、碎片冲击、造成火灾、造成中毒和环境污染等。

二、现场防火防爆的基本要求

1. 井场布置与防火间距的要求

(1) 油气井井口距高压线及其他永久性设施不小于75m;距民宅不小于100m;距铁路、高速公路不小于200m;距学校、医院和大型油库等人口密集性、高危性场所不小于500m。

(2) 钻井现场设备、设施的布置应保持一定的防火间距。

① 钻井现场的生活区与井口的距离应不小于100m。

第四章 防火防爆防硫化氢

② 值班房、发电房、库房、化验室等井场工作房，以及油罐区、天然气储存处理装置距井口应不小于30m。

③ 发电房与油罐区、天然气储存处理装置相距应不小于20m。

④ 锅炉房距井口应不小于50m，距油罐区不小于30m。

⑤ 在草原、苇塘、林区钻井时，井场周围应有防火隔离墙或隔离带，宽度应不小于20m。

(3) 井场设备的布局应考虑风频、风向。井架大门宜朝向全年最小频率风向的上风侧。

(4) 井控装置的远程控制台应安装在面对井场左侧、距井口不小于25m的专用活动房内，并在周围保持2m以上的行人通道；放喷管线出口距井口应不小于75m。

(5) 欠平衡作业施工前，面对井场大门右侧距井口100m远处应挖一燃烧池，燃烧池应进行防渗和防垮塌处理，从井场到燃烧池铺设一条通道，便于架设燃烧管线。

(6) 井场应设置紧急集合点及两个以上的逃生出口，并有明显标示。

(7) 井场入口处设置进入井场须知和井场应急逃生路线图。

一般情况下井场布置与防火间距应满足以上要求，如因地形或井场条件不允许等特殊情况，应进行专项安全评价，并采取或增加相应的安全保障措施。

2. 钻井设备与设施的防火防爆要求

(1) 应在井场及周围有光照和照明的地方设置风向标，其中一个风向标应挂在钻井现场以及在其他临时安全区的人员都能看到的地方，如井场入口、井架上、钻台、循环系统等处。

(2) 在井场明显位置和有关的设施、设备处应设置安全警示标志。

(3) 钻机用柴油机排气管无破漏和积炭，并有冷却防火装置，出口不朝向油罐。在草原、苇塘等特殊区域内施工要加装防火帽。

(4) 钻台、机房、泵房、净化系统、井控装置的电气设备、照明灯具应分设开关控制，远程控制台、专用探照灯应设专线。

(5) 地质综合录井、测井等井场用电应设专线。

(6) 井场距井口30m以内的电气系统的所有电气设备如电动机、开关、照明灯具、仪器仪表、电气线路以及接插件、各种电动工具等应符合防爆要求，做到整体防爆。

(7) 在探井、高压油气井的施工中，供水管线上应装有消防管线接口，并备有消防水带和水枪。

3. 施工作业的防火防爆要求

（1）钻井队应严格执行钻井设计中有关防火防爆和井控的安全技术要求。

（2）钻台上下、机泵房周围禁止堆放杂物及易燃易爆物，钻台、机泵房下无积油。

（3）根据现场需要配备消防器材，并定岗、定人、定期维护保养和更换失效器材，悬挂检查记录标签。

（4）现场应备有可燃气体检测仪，可燃气体检测仪应定期校验和维护。

（5）井场内禁止吸烟，钻开油气层后应避免在井场使用电焊、气焊；如需动火，应履行动火审批程序。

（6）井场储存和使用易燃易爆物品的管理应符合国家有关危险化学品管理的规定。

（7）钻开油气层后，所有车辆应停放在距井口30m以外。因工作需要进入距离井口30m以内位置的车辆，应采取安装阻火器等相应的安全技术措施。

（8）在有可燃气体溢出的情况下，进行生产作业和紧急处理时，工作人员应身着防静电工作服，并采取防止工具摩擦和撞击产生火花的措施。

（9）在作业过程中，对原油、废液等易燃易爆物质泄漏物或外溢物应迅速处理。

（10）放喷天然气或中途测试打开测试阀有天然气喷出时，应立即点火燃烧。

第二节　硫化氢防护

一、硫化氢的危害

1. 硫化氢的物理化学性质

H_2S是一种无色、剧毒的酸性气体，在15℃（59℉）、0.10133MPa（1atm）下H_2S蒸气密度（相对密度）为1.189，比空气重，极易聚集在低凹处；H_2S沸点约为-60℃，燃点为260℃，完全燃烧时火焰呈蓝色，并生成SO_2气体；H_2S易溶于水和油，在20℃、1atm下，1体积的水可溶解2.9体积的H_2S，其溶解度随温度升高、压力降低而下降；H_2S在低浓度时可闻到臭鸡蛋味，当浓度高于6.9mg/m³时，人的嗅觉迅速钝化而感觉不出H_2S的存在。

第四章　防火防爆防硫化氢

2. 硫化氢的危害性

1) 可燃性

H_2S 燃点为 260℃，燃烧时为蓝色火焰，并生成危及人眼睛和肺部的 SO_2。

2) 易爆性

当 H_2S 在空气中浓度在 4.3%~46% 时，形成的混合气体遇火将产生强烈的爆炸。

3) 强烈的腐蚀性

H_2S 可致人眼、喉、呼吸道发炎；H_2S 及其水溶液对金属有强烈的腐蚀作用，如果溶液中同时含有 CO_2 或 O_2，其腐蚀作用更快；H_2S 及其水溶液加速橡胶、油浸石墨等非金属材料的老化。

4) 剧毒性

H_2S 的毒性比 CO 大 5~6 倍，可与氰化物相比，是一种致命的气体。不同浓度 H_2S 对身体的伤害见表 4-2。

表 4-2　不同浓度 H_2S 对身体的伤害

在空气中的浓度			暴露于硫化氢的典型特性
%（体积分数）	ppm	mg/m³	
0.000013	0.13	0.195	通常，在大气中含量为 0.195 mg/m³ 时，有明显和令人讨厌的气味，在大气中含量为 6.9mg/m³ 时气味就相当明显。随着浓度的增加，嗅觉就会疲劳，气体不再能通过气味来辨别
0.001	10	15	有令人讨厌的气味，眼睛可能受刺激，推荐的阈限值：8h 加权平均值
0.0015	15	22.5	推荐的阈限值：15min 短期暴露范围平均值
0.002	20	30	在暴露 1h 或更长时间后，眼睛有烧灼感，呼吸道受到刺激
0.005	50	75	暴露 15min 或 15min 以上的时间后嗅觉就会丧失；时间超过 1h，可能导致头痛、头晕和（或）摇晃；超过 75mg/m³ 将会出现肺浮肿，也会对人员的眼睛产生严重刺激或伤害
0.01	100	150	3~15min 就会咳嗽、眼睛受刺激和失去嗅觉；在 5~20min 过后，呼吸就会变样，眼睛就会疼痛并昏昏欲睡；在 1h 后就会刺激喉道；延长暴露时间将逐渐加重这些症状
0.03	300	450	明显的结膜炎和呼吸道刺激
0.05	500	750	短期暴露后就会不省人事，不迅速处理就会停止呼吸；头晕、失去理智和平衡感。需要对患者迅速进行人工呼吸和（或）心肺复苏
0.07	700	1050	意识快速丧失，不迅速营救，患者呼吸就会停止并死亡。必须立即进行人工呼吸和（或）心肺复苏
0.10+	1000+	1500+	立即丧失知觉，会产生永久性的脑伤害或脑死亡。必须迅速营救，应进行人工呼吸和（或）心肺复苏

当人暴露在 H_2S 环境中时，H_2S 被吸入人体，首先刺激呼吸道，使嗅觉钝化，使人咳嗽，严重时灼伤呼吸道；H_2S 还会使眼睛被刺痛，严重时会导致失明；刺激神经系统，导致头晕，丧失平衡感，呼吸困难；心脏跳动加速，严重时心脏缺氧而死亡。

3. 术语和定义

（1）阈限值：在硫化氢环境中未采取任何人身防护措施，不会对人身健康产生伤害的空气中硫化氢最大浓度值。SY/T 6277—2017《硫化氢环境人身防护规范》中规定的阈限值为 $15mg/m^3$。

（2）安全临界浓度：在硫化氢环境中 8h 内未采取任何人身防护措施，可接受的空气中硫化氢最大浓度值。SY/T 6277—2017《硫化氢环境人身防护规范》中规定的安全临界浓度为 $30mg/m^3$。

（3）危险临界浓度：在硫化氢环境中未采取任何人身防护措施，对人身健康会产生不可逆转或延迟性影响的空气中硫化氢最小浓度值。SY/T 6277—2017《硫化氢环境人身防护规范》中规定的危险临界浓度为 $150mg/m^3$。

（4）含硫油气井（sulfurous oil and gas well）：天然气的总压等于或大于 0.4MPa（60psi），而且该气体中硫化氢分压等于或大于 0.0003MPa 的井；或地层天然气中硫化氢含量大于 $75mg/m^3$ 的井。

（5）高含硫油气井（high sulfurous oil and gas well）：地层天然气中硫化氢含量等于或大于 $1500mg/m^3$ 的井。

二、硫化氢的监测

硫化氢检测仪器种类很多：按检测原理分类有电化学型、半导体型等；按使用分类有便携式和固定式；按使用场所分类有常规型和防爆型；按功能分类有气体检测仪、气体报警仪和气体检测报警仪；按采样方式分类有扩散式和泵吸式等。

现场广泛使用的电子式硫化氢监测仪可分为固定式和便携式两种，SY/T 6277—2017《硫化氢环境人身防护规范》规定：在已知含有硫化氢的陆上工作场所应至少配备探测范围为 $0\sim30mg/m^3$ 和 $0\sim150mg/m^3$ 的便携式硫化氢检测仪各 2 套；对预测含有硫化氢的陆上工作场所或探井井场应至少配备探测范围为 $0\sim30mg/m^3$ 和 $0\sim150mg/m^3$ 的便携式硫化氢检测仪各 1 套。硫化氢监测仪器和防护器具的功能是否正常关系到作业者的生命安全，作业者应该了解其结构、原理、性能和使用方法及注意事项。

1. 便携式硫化氢检测仪

在危险场所应佩戴便携式硫化氢监测仪（图 4-1），用来监测不固定场所

第四章　防火防爆防硫化氢

硫化氢的泄漏和浓度变化。这类检测器是根据控制电位电解法原理设计的。具有声光报警、浓度显示和远距离探测的功能。如腰带式电子检测器，具有体积小、重量轻、反应快、灵敏度高等优点。它有两个预警值，当浓度达到第一报警值时，仪器发出断续声光报警。当浓度达到第二预警值时，将连续声光报警。硫化氢浓度将由液晶数字屏显示出来。在夜间，可利用照明功能照明，强噪声条件下，可通过耳机监听声响报警。使用时应注意防碰击，超限时停用，注意调校和检查电池电压。对于不同的硫化氢检测仪使用前请仔细阅读说明书，为了保证测量精度，仪器在使用过程中应定期进行调校并严格记录。

图 4-1　便携式硫化氢检测仪

1）操作方法

（1）开启电源：按下电源"开机"键，此时电源指示灯发光，仪器将有显示。

（2）检查电源电压：电源接通后或在仪器工作过程中，如果蜂鸣器发出连续报警声，报警指示灯连续发光时，说明电压不足，应立即关机进行充电或更换电池，充电工作必须在安全场所进行。

（3）零点校正：开机后在新鲜清洁的空气中数字显示应为"000"；如果数字显示不为"000"，则应调整调零电位器旋钮，使显示为"000"；如果达不到，或数字跳动变化较大，则说明传感器可能有问题，更换传感器。为保证仪器测量精度，仪器在使用过程中应定期进行零点调校并严格记录。

（4）正常检测：开机并在空气中调节"000"显示后即可进行正常检测。此时检测气体是从仪器前面窗口扩散进去的仪器周围环境的硫化氢气体含量。

（5）受限空间检测：如果需要检测操作人员不能进入地区的硫化氢含量时，可将采样管接入吸气嘴，将采样管头伸到被测地点，按动"开泵"开关，泵开始工作时开泵指示灯发光,此时仪器检测气体是从吸入嘴吸入的硫化氢气体含量。为防止接头处漏气,不可将脏物和液体吸入仪器内。

(6) 关闭电源:仪器使用完后应关闭电源开关,按下电源"关机"键。

2) 报警值设定

(1) 第1级报警值设定在 15mg/m³,达到此浓度时启动报警,提示现场作业人员硫化氢浓度超过阈限值,应采取相应措施。

(2) 第2级报警值设定在 30mg/m³,达到此浓度时启动报警,提示现场作业人员硫化氢浓度超过安全临界浓度,应佩戴正压式空气呼吸器,并采取相应措施。

(3) 第3级报警值设定在 150mg/m³,达到此浓度时启动报警,报警信号应与第2级报警信号有明显区别,提示现场作业人员硫化氢浓度超过危险临界浓度,应立即组织现场人员撤离,并采取相应措施。

3) 使用注意事项

(1) 使用前应详细阅读使用说明书,严格遵守操作规程。

(2) 硫化氢检测仪为精密仪器,不能随意拆解,以免破坏防爆结构。

(3) 防止仪器进水,特别潮湿环境中应做好防潮措施。

(4) 防止从高处跌落,或受剧烈震动。

(5) 仪器长时间不用应定期对仪器进行充电(每月1次)。

(6) 仪器使用完毕后应关闭电源开关。

(7) 一般情况下,仪器校正电位器在出厂时已标定好,不得任意调整。

4) 校验和检定

(1) 便携式硫化氢气体检测仪应由有资质的机构定期进行校验和检定。

(2) 便携式硫化氢气体检测仪每年至少校验1次;在超过量程浓度的环境使用后,应重新校验。

(3) 检查、校验和检定应作好记录,并妥善保存,保存期至少1年。

(4) 在极端湿度、温度、灰尘和其他有害作业环境下,根据仪器实际使用情况,应缩短检查、校验和检定周期。

2. 固定式硫化氢检测仪

1) 安装

现场需要 24h 连续监测硫化氢浓度时,应采用固定式硫化氢监测仪(图4-2),用于监测井场中硫化氢容易泄漏和积聚场所的硫化氢浓度值。监测仪主机可安装在控制室内,探头置于现场硫化氢易泄漏区域,如方井、钻台、钻井液出口管、接收罐或振动筛、钻井液循环罐等位置。一旦探头接触硫化氢,将通过连接线传到中心控制室,显示硫化氢浓度,并有声光报警。

第四章　防火防爆防硫化氢

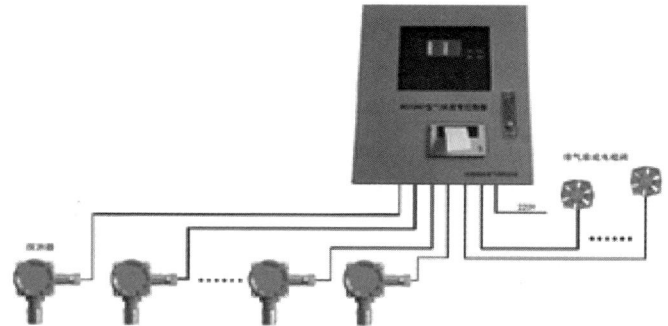

图 4-2　固定式硫化氢检测仪

探头一般安装在可能泄漏硫化氢气体地点处 1m 范围内，这样能保证及时、准确地检测到泄漏处的硫化氢气体浓度值。主机一般安装到有人坚守的值班室内。探头一般每 3 个月校正 1 次。

2）报警值设定

与便携式硫化氢气体检测仪的报警值设定相同。

3）使用维护及注意事项

（1）硫化氢检测仪属于精密安全仪器，不得随意拆动，以免破坏防爆结构。

（2）每月校准 1 次零点。

（3）保护好防爆部件的隔爆面，不得损伤。

（4）为保证传感器探头的检测精度，用户应根据要求定期进行标定（具体时间按说明书要求）。

（5）经常或定期清洗探头的防雨罩，用压缩空气吹扫防虫网，防止堵塞。

（6）在通电情况下严禁拆卸探头。

（7）在更换保险管时要关闭电源。

（8）固定式硫化氢气体检测仪应 1 年校验 1 次，在超过量程浓度的环境使用后，应重新校验。

三、硫化氢的防护

1. 硫化氢的防护设备

在硫化氢浓度较高或浓度不清的环境中作业，均应采用正压式空气呼吸器进行人身防护。SY/T 6277—2017《硫化氢环境人身防护规范》规定：已知含有硫化氢，且预测超过阈限值的场所，陆上按在岗人数 100% 配备，另配

20%备用气瓶。预测含有硫化氢的场所或探井井场，陆上按在岗人数100%配备。

正压式空气呼吸器主要由压缩空气瓶、背板、面罩、一些必要的配件（如高压减压阀、供气阀、夜光压力表）等组成。如图4-3所示。

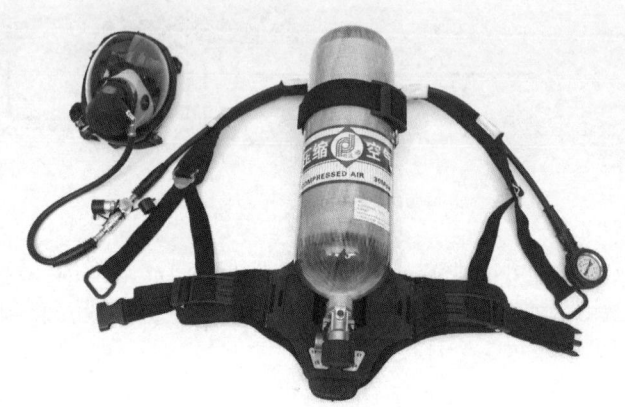

图4-3 正压式空气呼吸器示意图

正压式空气呼吸器属自给式开路循环呼吸器。气瓶中高压压缩空气被高压减压阀降为中压0.7MPa左右输出，经中压管送至需求阀，然后通过需求阀进入呼吸面罩，吸气时需求阀自动开启供使用者吸气，并保持一个可自由呼吸的压力。呼气时，需求阀关闭，呼气阀打开。在一个呼吸循环过程中，面罩上的呼气阀和口鼻上的吸气阀都为单方向开启，所以整个气流是沿着一个方向构成一个完整的呼吸循环过程。

1) 正压式空气呼吸器的检查

(1) 整体外观检查。检查高压管路、中压管路是否连接可靠，全面罩视窗有无破裂，固定是否可靠，面罩密封周边有无老化破裂现象，减压阀手轮与气瓶连接是否紧密，气瓶固定带固定是否牢靠，气瓶上的碳纤维或玻璃纤维是否有损坏。

(2) 测试气瓶的气体压力。至少松开气瓶阀1圈，等压力表的读数稳定后，检查一下气瓶中的气体是否装满，通常要求气瓶压力应在28~30MPa。如果气压低于80%的额定充气压力，必须更换一个充满空气的气瓶或重新充气。

(3) 连接管路的密封性测试。把气瓶的阀门拧紧，仔细观察气压表上的读数在1min之内的减小值不能超过2MPa，否则空气呼吸器就需要维修。

(4) 报警器的灵敏度测试。呼吸器配有一个专用报警器，当压力下降至(5.5±0.5)MPa时可以自动报警，提醒充气，在使用之前应检查呼吸器的报警装置是否完好。

第四章　防火防爆防硫化氢

2) 正压式空气呼吸器的佩戴

(1) 首先把需求阀放置待机状态，将气瓶阀打开（至少拧开 2 整圈以上），然后将空气呼吸器背在人身体后（气瓶阀在下方），根据身材调节好肩带、腰带，以合身牢靠、舒适为宜，如图 4-4 所示。

图 4-4　背空呼气瓶、紧肩带、系腰带

(2) 再将内面罩朝上，把面罩上的一条长脖带套在脖子上，使面罩挎在胸前，再由下向上戴上面罩。收紧面罩系带，使全面罩与面部贴合良好，无明显压痛为宜。立即用手掌堵住面罩进气口，用力吸气，面罩内产生负压，这时应没有气体进入面罩，表示面罩的气密性合格。

(3) 然后对好需求阀与面罩快速接口，并确保连接牢固，深呼吸 2~3 次，感觉舒畅为宜。屏气或呼气时供给阀应停止供气，无"咝咝"的响声。若呼吸器供气不均匀或其他一些有碍使用者正常呼吸时，应及时处理。

3) 正压式空气呼吸器使用的注意事项

(1) 一旦听到报警声，应准备结束在危险区工作，并尽快离开危险区。

(2) 压力表固定在空气呼吸器的肩带处，随时可以通过观察压力表读数来判断气瓶内的剩余空气。

(3) 拔开快速接头要等气瓶阀关闭后，管路的剩余空气释放完，再拔开快速接头。

2. 硫化氢的防护措施

在怀疑有硫化氢存在的地层作业时,应采取一定的防护措施做到防患于未然。这不仅涉及人员生命安全,同时对保护环境、防止污染、减少设备和钻具的腐蚀,都有十分重要的意义。

1) 地质及工程设计的要求

(1) 预告地层压力、流体类型、含硫地层及其深度,预计硫化氢含量。

(2) 根据对井场周边的地形、地貌、气象情况以及居民住宅、学校、厂矿(包括开采地下资源的矿业单位)、地下矿井坑道、国防设施、高压电线和水资源等的分布情况的实地勘察,作出地质灾害危险性及环境、安全评估。

(3) 在设计书中标明探井距井口 3000m、生产井距井口 2000m 范围内的居民住宅、学校、医院、厂矿、公路和铁路等的分布位置;并详查距井口 500m 范围内的居民和其他人员(学校、医院、地方政府、厂矿等)的分布情况。

(4) 井场应选在空旷的位置,在前后或左右方向应与当地季节的主要风向一致。

(5) 钻开硫化氢含量大于 $1.5g/m^3$ 地层的设计钻井液密度,其安全附加密度在规定的范围内(油井为 $0.05\sim0.10g/cm^3$,气井 $0.07\sim0.15g/cm^3$)时应取上限值;或附加井底压力在规定的范围内(油井为 $1.5\sim3.5MPa$,气井为 $3\sim5MPa$)时应取上限值。井深小于或等于 4000m 的井,应附加压力;井深大于 4000m 的井,应附加系数。

(6) 应储备不低于 1 倍井筒容积的加重钻井液,同时储备能配制不低于 0.5 倍井筒容积加重钻井液的加重材料和处理剂。预探井、区域探井,在地质情况不清楚的井段,应加大加重钻井液储备量。

(7) 气层应添加相应的除硫剂并控制钻井液 pH 值,在钻开硫化氢油气层前 50m,将钻井液的 pH 值调整到 9.5 以上直至完井,采用铝制钻具时,pH 值控制在 9.5~10.5。

(8) 含硫化氢层段不应开展欠平衡钻井作业和气体钻井作业。

2) 井场及钻井设备的布置

(1) 油气井井口距高压线及其他永久性设施不小于 75m,距民宅不小于 100m,距铁路、高速公路不小于 200m,距学校、医院和大型油库等人口密集性、高危性场所不小于 500m。

(2) 钻前工程施工前,应从气象资料中了解当地季节的主要风向。大门方向应面向当地季节的主要风向。

第四章　防火防爆防硫化氢

(3) 硫化氢含量大于 150mg/m³ 的油气井应明确修有一条备用应急通道，以便一旦出现硫化氢或二氧化硫泄漏的紧急情况，可根据风向选择从现场撤离。

(4) 钻井设备的安放位置应考虑当地的主要风向和钻开含硫油气层时的季节风风向。

(5) 井场电气设备、照明器具及输电线路的安装应按 SY 5225—2012《石油天然气钻井、开发、储运防火防爆安全生产技术规程》中的相应规定执行。

(6) 应将风向标设置在井场及周围的点上，保证井场所有人员在任何区域都能看得见一个风向标。

(7) 在钻台上、井架底座周围、振动筛、液体罐和其他可能聚集的地方应使用防爆通风设备（如鼓风机或风扇），以驱散工作场所弥散的硫化氢。

(8) 钻入含硫化氢油气层前，应将机泵房、循环系统及二层台等处设备的防风护套和其他类似的围布拆除。寒冷地区在冬季施工时，对保温设施可采取相应的通风措施，以保证工作场所空气流通。

(9) 在硫化氢环境的工作场所入口处应设置白天和夜晚都能看清的硫化氢警告标志。根据 SY/T 6277—2017《硫化氢环境人身防护规范》中的要求，应按空气中硫化氢浓度小于阈限值时、超过阈限值且小于安全临界浓度时、超过安全临界浓度且小于危险浓度时，以及超过危险临界浓度时4种情况，在白天分别挂出标有硫化氢字样的绿牌、黄牌、红牌和蓝牌；在晚上分别亮绿灯、黄灯、红灯和蓝灯。

3) 含硫井井用管材材质及设备、工具要求

(1) 含硫化氢油气井应选用规格化并经过回火的较低强度的管材及规格化并经回火的方钻杆。对于屈服强度大于 646.25MPa 的管材，应淬火和回火，洛氏硬度不大于 22HRC。在没有使用特种钻井液的情况下，屈服强度大于 784MPa 的管材（如 P110 油管和 S135 钻杆）不应用于含硫化氢的环境。非金属密封件，应能承受指定的压力、温度和硫化氢环境，同时应考虑化学元素或其他钻井液条件的影响。

(2) 钻井液回收管线、防喷管线和放喷管线应使用经探伤合格的管材。防喷管线应采用标准法兰连接。钻井井口和套管的连接及防喷管线、放喷管线在现场不允许焊接。

(3) 放喷管线至少应接2条，布局要考虑当地季节风向、居民区、道路、油罐区、电力线及各种设施等情况，其夹角为 90°~180°，保证当风向改变时至少有1条能安全使用；管线转弯处的弯头夹角不小于 120°；管线出口应接至距井口 100m 以上的安全地带。

（4）放喷管线出口不能正对井场附近的居民住宅，距各种设施不小于50m，具备放喷点火的条件。

（5）压井管线至少有1条在季节风的上风方向，以便必要时连接其他设备（如压裂车、水泥车等）作压井用。

（6）液气分离器排气管线通径不小于排气口通径，并接出距井口75m以上的安全地带，相距各种设施不小于50m，出口端安装防回火装置；真空除气器的排气管线应接出罐区，且出口距钻井液罐15m以上。

（7）井口、放喷管线出口、液气分离器及除气器的排气管线出口应位于可能的火源（如发电房、锅炉房等）和人员相对集中的区域（如值班房、生活区等）的下风位置。

（8）井控设备、井下管材和工具及其配件在储放时应注明钢级，严格分类保管并带有产品合格证和说明书，且在运输过程中须采取措施避免损伤。

（9）井控设备的大修工作应严格控制缺陷补焊，若进行了焊接、补焊、堆焊等工艺，则应在其后做大于620℃的高温回火处理，对设备修理前后做出正确的技术评定。

（10）含硫油气井测试作业设备及工具应满足以下要求：

① 地面设备至少应包括井口压力控制设备、紧急关闭系统、安全阀、分离器、数据采集系统、缓冲罐、远程自动点火装置、备用手动点火器具、燃烧器等；

② 地面测试流程应全部采用抗硫材料，测试管线严禁现场焊接，至少应安装一条应急放喷管线；

③ 油管的强度、线重及连接螺纹应满足测试安全要求；

④ 工作压力和温度等技术参数应满足测试安全要求。

（11）作业区应按要求配备空气呼吸器、充气泵、可燃气体监测报警仪、便携式硫化氢监测报警仪和固定式硫化氢监测报警仪。

4）作业过程中的安全作业及防护措施

（1）向现场作业人员进行技术交底，对含硫油气层及时作出地质预报，建立预警预报制度。

（2）在钻至距含硫油气层50m深时，将钻井液密度调整至设计上限，pH值调整至9.5以上，采用铝制钻具时，pH值控制在9.5~10.5之间。含硫油气层作业应按设计在钻井液中添加除硫剂。

（3）在含硫化氢地层中取心，当岩心筒到达距地面至少10个立柱长度处至出心作业完成阶段，应开启防爆通风设备，并持续监测大气中的硫化氢浓度。

（4）测井前应测量油气上窜速度，满足测井期间井内情况正常、稳定的要求，若测井时间长，应考虑中途通井循环再测井。

第四章　防火防爆防硫化氢

(5) 中途测试井和先期完成井,在进行作业前观察一个作业期时间;起、下钻杆或油管工作应在井口装置符合安装、试压要求的前提下进行。

(6) 在含硫地层中,一般情况下不宜使用常规式中途测试工具。若需进行时,应减少钻柱在硫化氢环境中的浸泡时间,并采取相应的措施。

(7) 应在保证人员安全的条件下,排放和燃烧所有产生的气体。对来自储存的测试液中的气体,也应安全地排放。

(8) 采集、处理和运输含硫化氢的样品时,应采取预防措施。样品容器应使用抗硫化氢的材料制成,并附上标签。

(9) 井口装卸作业人员应站在井口的上风位置,获取井壁取心岩样、地层测试器放样作业时,作业人员应使用呼吸器呼吸。

(10) 硫化氢防护器具应存放在清洁卫生和便于快速取用的地方,并对其采取防损坏、防污染、防灰尘和高温的保护措施。

(11) 进入含硫油气层后,每天白班开始工作前应检查下述项目:
① 检查指定的临时安全区是否在风向指示器指示的上风方向;
② 检查硫化氢监测报警仪的功能是否正常;
③ 检查硫化氢防护器具的存放位置、数量和相关参数是否符合规定;
④ 检查消防设备的布置是否合理;
⑤ 检查急救药箱和氧气瓶是否齐全。

(12) 若遇硫化氢溢出地面(嗅到较浓的臭蛋气味)身边又无防护器具时,可用湿毛巾或湿衣物等捂住口鼻,迅速离开危险区域。

(13) 放喷点火可用固定点火装置或移动点火器具点火。若使用移动点火器具点火,点火人员应佩带防护器具,并在上风方向距离火口 10m 外点火。

四、硫化氢中毒的急救

1. 中毒的早期抢救

(1) 进入毒气区抢救伤员,必须先带上正压式空气呼吸器。遵循自我保护—报警—救护的原则。

(2) 迅速将中毒者从毒气区抬到通风且空气新鲜的上风地区,对救出人员进行登记、标识。

(3) 脱去被污染衣服,松开衣领,保持呼吸道通畅,注意保暖,使用特效药物对症治疗。当出现大批中毒病人,应首先进行现场检伤分类,优先处理重症病人。

(4) 对伤情较重者交医疗急救部门进行救治,心跳、呼吸停止者应立即进行心肺复苏，并作好记录。

2. 现场急救护理知识

（1）当呼吸和心跳恢复后，可给中毒者饮些兴奋性饮料和浓茶，并专人护理。

（2）如眼睛轻度损伤，可用干净水清洗或冷敷。

（3）就算轻微中毒，也要休息两天，不得再度受 H_2S 的伤害，因为被 H_2S 伤害过的人，对 H_2S 的抵抗力会变得更低。

3. 心肺复苏

心肺复苏（CPR）是心跳呼吸骤停后，现场进行的紧急人工呼吸和心脏胸外按压（也称人工循环）的技术，是最基本的生命支持。下面讲述徒手心肺复苏术的操作流程。

（1）评估意识。

轻拍患者双肩，在双耳边呼唤（禁止摇动患者头部，防止损伤颈椎），如果清醒（对呼唤有反应，对痛刺激有反应），要继续观察，如果没有反应则为昏迷，进行下一个流程。

（2）呼救。

（3）呼吸、脉搏检查。

检查呼吸、脉搏的时间一般不能超过10s，如10s内仍不能确定有无呼吸、脉搏，应立即实施胸外按压。

（4）胸外按压。

① 将伤员抬到空气流通的地方（注意防止受凉），解开有碍呼吸的领口、腰带，平放在平整的硬表面上。

② 救护者跨跪在患者的胸侧，正确找准按压点，两手相叠，下手掌根部放在两乳头连线和胸骨中线的交点处，或胸骨的下半段。

③ 双肘伸直，垂直向下用力按压，成人按压频率为100~200次/min，下压深度为5~6cm。

④ 每次按压之后应让胸廓完全恢复，按压时间与放松时间相等，放松时掌根部不能离开胸壁，以防按压点移位。

⑤ 连续按压30次。

（5）开放气道。

有两种方法可以开放气道：仰头抬颏法和推举下颌法，后者仅在怀疑头部或颈部损伤时使用。注意开放气道同时应该取出患者口中异物或呕吐物，有假牙者应取出假牙。

（6）人工呼吸。

人工呼吸的要点（以口对口人工呼吸为例）：

① 让中毒者仰卧，侧转患者头部，用手指清洁其口腔，以解除气道异物。

② 救护者以一只手放在患者前额，另一只手的手指放在下颏的骨性部位，使患者头部后仰并抬起下颏，在保持气道开放的同时，用食指和中指捏住患者的鼻子。正常吸一口气。用自己嘴把患者的嘴封住，然后吹气 1s，使其胸部隆起。

③ 吹气后，将嘴移开，救护者松开捏鼻孔的手，让患者的胸廓及肺依靠其弹性自主回缩呼气 1s。

④ 连续进行 2 次人工呼吸。

（7）按照 30∶2 的比例进行胸外按压和人工呼吸，在 2min 内完成 5 个循环。直至患者恢复自主呼吸和心跳或者专业的医生到达现场。

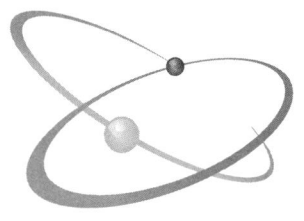

第二部分 录井作业

第五章　录井作业井控

地质录井简称录井。录井就是随着钻井过程采集到的多种资料和参数进行观察、检测、判断和分析地下岩石性质和含油气情况的方法。对这些信息加以综合分析，判断油气层的位置、厚度、流体性质等，为确定完钻深度、测井、固井及试油等提供充分的数据依据。

井控工作是石油与天然气勘探开发过程中的重要环节，是安全生产工作中的重中之重。录井作为钻井工程的"眼睛"，对钻井作业现场井控工作起着至关重要的预警作用。

第一节　录井井控工作要求

一、录井企业井控管理要求

（1）录井企业要健全井控管理机构，建立从企业到录井队的井控管理网络。

（2）井控制度、技术标准、管理资料要齐全，并认真贯彻和严格执行。

（3）井控安全生产责任书签订到基层单位，层层落实井控职责。

（4）每季度召开一级井控例会，对井控工作进行总结并安排下步井控工作。

（5）每半年组织开展一次井控检查，及时发现和整改井控工作中存在的问题。

（6）应持井控培训合格证人员持证率100%；油气水显示及时发现率100%；现场仪器、仪表完好率100%；关键层位卡层准确率100%；井控隐患实行跟踪、销项管理，整改率100%。

（7）井控设计相关内容的变更执行变更程序。

（8）组织油气井井控突发事件应急预案的培训、演练、评价、改进和备案，参加钻井公司井控应急预案演练。

（9）开展井控事件调查、处理、上报和统计、分析等工作。

二、录井现场井控管理要求

（1）现场服务的录井人员应服从钻井队统一的井控管理，严格执行井控制度、技术标准、管理制度。

（2）录井人员必须持有有效上岗证、井控证、HSE证及硫化氢证上岗。

（3）开钻前和钻开目的层（油气层）前，气体（特殊工艺）钻进和大型施工作业前，录井队应对录井人员进行井控技术交底，提出具体的措施和岗位要求。

（4）录井人员参加钻井队的井控例会，要通告地质预告内容，并作好记录。

（5）录井人员参加钻井队防喷、防硫化氢等方面的应急演练，并自行组织部分功能演练，确保井控安全。

（6）录井井控设备设施标准安装，保证数据采集准确，录井人员按要求坐岗，监测到参数异常及时预报，并填写异常预报通知单。

（7）高低压分层、处理井控复杂情况等，录井队长、地质师、仪器队长要轮流值班，带领当班人员及时卡准层位、收集齐全各项资料。

第二节　地质录井井控风险及防控

为了让钻井队及相关方了解施工井的地质井控风险，在施工前，录井人员要认真学习地质设计，了解和掌握本区域的地质情况，及时进行录井地质交底。在钻井施工过程中，加强与邻井地层对比，及时向钻井队提供地质剖面特征和构造特征，随时关注地层岩性变化和油气显示，并及时做出当班地质预告。

一、地质录井设备设施的安装

地质录井仪，相对于综合录井仪来说，是一种功能简化的录井仪器，主要供地质录井队使用，以取代以往的靠引绳记录钻时、井深的录井方式。其功能是记录钻井深度，并为地质工程人员提供大钩负荷、泵冲、立管压力、钻压、钻时、井深、迟到井深和捞砂时间等参数，并提供数据的存储和实时打印功能。

地质录井仪相关传感器的安装、调试与综合录井仪基本相同，具体操作可参照综合录井设备设施的安装、调试、刻度校验要求执行。

第五章 录井作业井控

二、地质录井异常监测和预报

1. 井控风险评估

（1）收集施工井简况，包括施工井的地理位置、周边环境简况、地质情况介绍（包括设计井深、钻探目的、完钻层位、施工原则及方法、设计油气层深度、目的层等方面的内容）、邻井注采动态和对应油气藏类型（包括油气藏类型、流体性质）。

（2）收集邻井地层压力情况，收集内容包括邻井的井号、层位、测压深度、地层压力、压力梯度、地层压力系数等方面的内容。

（3）收集邻井生产动态情况，收集内容包括井号、井段、厚度/层数、日产量、油管压力、套管压力、累计产量。

2. 地质交底

录井人员在施工前负责向相关方进行施工井录井地质交底。交底重点内容：设计井深、钻探目的及完钻层位、预计油气层井段及层位、周围邻井注采情况、本区块地层压力系数、录井设备标定校验情况等有关录井井控设计和地质设计的要求内容。地质交底记录示例参见表5-1。

表5-1 地质交底记录表

编号：

井号：		井别：	
录井队号：		录井队长：	
仪器型号：		责任工程师：	
一、地质交底内容：			
二、本井根据地质设计提供的数据： 1. 按钻井工程施工需要，可能钻遇断层、漏层、超压层位置及井段提示： 2. 根据设计提供资料，本井钻遇地层及故障提示如下： 3. 地质提示可能钻遇特殊岩性位置： 4. 地质提示本井预计油气水层位置及厚度 5. 浅层气分布情况： 6. 钻井井控风险级别评估：			

续表

安装验收存在问题及解决情况：		
录井队负责人签字：	年 月	日
地质交底人员签字：	年 月	日
地质交底方式（打钩）：1.到作业现场交底　　2.电话方式进行交底		
备注：管井人员接到分管井后，要及时对单井录井作业进行地质交底		

保存部门：　　　　　　　　　　　　　　　　　　　　　保存期限：1年

3. 地质预告

（1）建立地质预告牌，按照设计要求，根据施工井实钻资料及时进行地层对比，落实层位，依据地质设计剖面图故障提示栏的预报内容，应用地质预告牌在井场醒目的位置预告层位、井段、岩性以及钻遇下部地层可能发生的工程复杂情况，以引起相关方重视，提前做好应对措施。地质设计剖面图示例见图5-1。

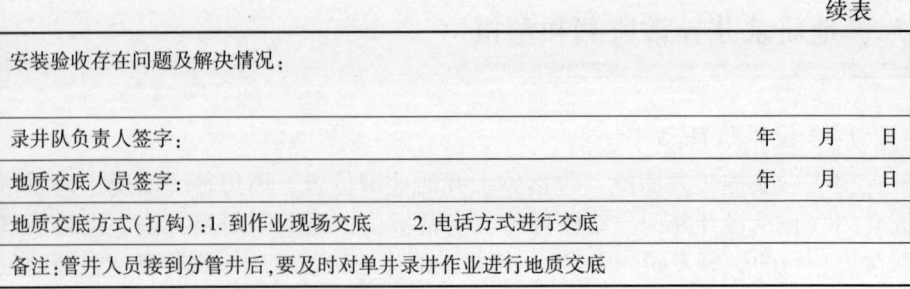

图 5-1　地质设计剖面图

（2）录井作业过程中，地质人员要加强地层对比并及时进行风险预告。在钻至油气层（包括邻井高压油气层、浅气层、含硫化氢层）之前100m，通报相关方做好井控准备，防止井涌、井喷发生。如钻遇设计以外油气层，及时以书面形式向相关方通报。

（3）捞取岩屑时注意观察槽面油、气、水显示情况，特别是钻揭油、气层时注意观察槽面油花（图5-2），气泡占钻井液槽面的百分比，以及钻井液气侵、油侵、水侵情况，发现异常及时预报，同时作好钻井液槽面变化情况的相关记录。

① 记录槽面出现油气水显示的时间，显示达到高峰的时间，显示明显减弱及结束的时间。

② 记录槽面出现显示时油花气泡占槽面的百分比，显示达到高峰时油花气泡占槽面的百分比，显示减弱时油花气泡占槽面的百分比。

③ 记录油花的颜色及油花气泡在槽面的产状，气泡的大小及分布特点等。

④ 记录槽面有无上涨现象，上涨高度，有无油气味或硫化氢味等。

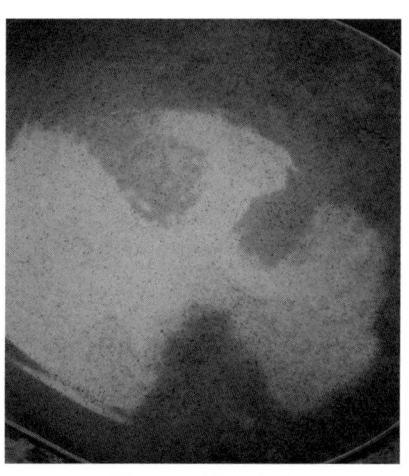

图5-2 槽面油花

第三节 气测录井井控风险及防控

气测录井是通过对钻井液中石油和天然气含量及组分的分析，直接发现并评价油气层的一种地球化学录井方法。在钻井现场通过实时监测地层气体组分、全烃、单根峰、后效气等参数,是确保井控安全的有效方法。

一、气测录井设备设施的安装及刻度校验

地质录井仪相关传感器的安装、调试与综合录井仪基本相同,具体操作可参照综合录井设备设施的安装、调试、刻度校验要求执行。

二、气测录井异常监测和预报

1. 气测录井作业要求

(1) 应随时记录各项地质参数,及时通报全烃含量、单根峰、后效监测值,加强对各项气体参数的监测。

(2) 根据监测钻井液中烃类气体含量变化,及时判断是否钻遇高压油气层、高压水层,并向当班司钻做出异常预报。

(3) 揭开设计油、气层,发现钻时加快时,应综合判断有无溢流征兆,发现异常及时预报。

(4) 发现设计外油气显示,应及时向相关部门和钻井队通报,按井控要求及时采取措施。

(5) 在起下钻过程中,对后效气进行监测,发现异常及时预报。

(6) 发现油、气、水侵时,及时向相关方和驻井监督通报。

2. 气测录井预报要求

(1) 全烃高于背景值2倍以上,且绝对值大于0.2%。

(2) CO_2、H_2含量突变。

3. 气测录井预报内容

(1) 浅层气异常监测和预报。

浅层气是指埋藏深度比较浅(一般在1500m以内)、储量比较小的各类天然气资源。浅层气储层属于典型的高压、小体积、位于浅层的气体储层,在所有井控问题中处理浅层气井喷最为困难。施工前,通过邻井资料对比,对施工井可能出现的浅层气进行交底。施工过程中,钻遇浅层气时及时预报,见图5-3。

(2) 油气水侵异常监测和预报。

油气水侵是指地层中油、气、水进入井筒,侵入钻井液的现象。一般表现为录井上有气测显示活跃,气测单根峰,甚至返出钻井液量略有增加。

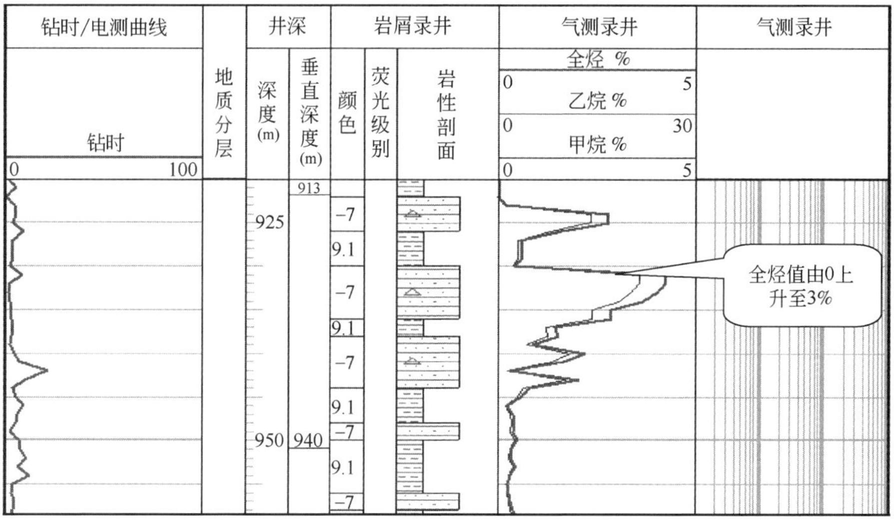

第五章　录井作业井控

图 5-3　浅层气预报

例：如图 5-4 所示，某井钻进至 1399m，钻时由 1394m 时 2.6min 突然降至 0.7min，迟到井深 1395m 气测值返出，气测全烃值由 0.340% 上升至 99.661%，甲烷由 0.280% 上升至 85.126%。当班数据工程师立即通知当班司钻和钻井工程师，然后上高架槽观察，发现高架槽钻井液含气泡和油花明显，停泵后，高架槽出口仍有钻井液返出。及时关井，套管压力值由 0MPa 上升为 1.2MPa，通过液气分离器放喷点火，火焰高约 1.0m，为橙黄色火焰。通过节

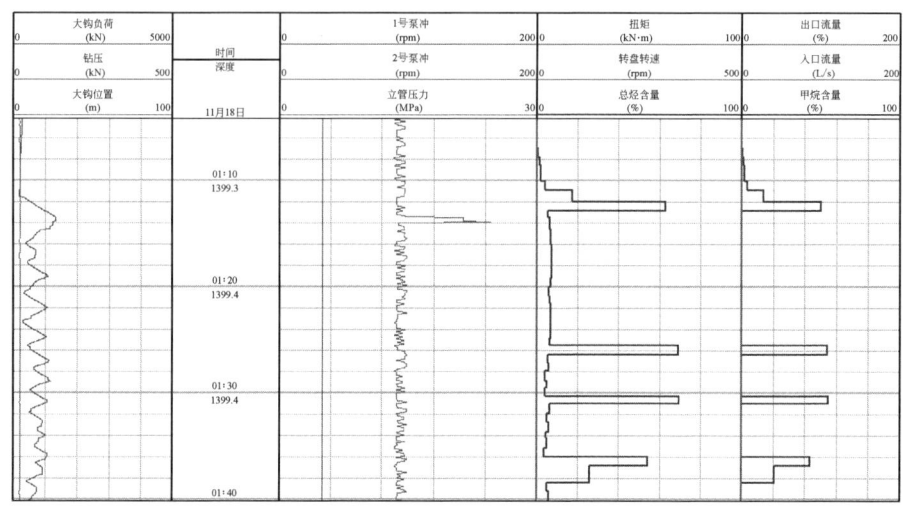

图 5-4　油气侵异常预报

流循环压井处理，气测值恢复正常。

（3）后效气异常监测和预报。

① 油气上窜速度计算：

起下钻校验——开泵监测录井参数——收集钻井液密度、黏度和槽面显示——后效显示高峰取样——计算油气上窜速度——填写后效观察记录。

上窜高度计算公式为：

$$H = H_{油} - \frac{H_{钻头} \times T_{显}}{T_{迟}} \quad (5-1)$$

上窜速度计算公式为：

$$v = \frac{H}{T_{静}} \quad (5-2)$$

式中 v——油气上窜速度，m/h；

H——油气上窜高度，m；

$H_{油}$——油层深度，m；

$H_{钻头}$——循环钻井液时钻头的深度，m；

$T_{显}$——从开始循环到见显示的时间，min；

$T_{迟}$——钻头深度的迟到时间，min；

$T_{静}$——钻井液静止时间，h。

② 后效观察记录见表5-2。

表5-2 后效观察记录表

_____井后效观察记录

年　　月　　日　　　　　　　　　　　　　　　　　　第　　页

井深	钻头下深	等待时钻井液		井筒静止时间	开采时间	钻头下深迟到时间	后效时间			计算		
		密度	黏度	(h)		(min)	起站	高峰	终止	上窜高度	上窜速度	油气水层数
m	m											

测量时间	钻井液性能		气测（%）							横面显示
	密度	黏度	全烃	媒分						
				C_1	C_2	C_3	iC_4	nC_4	H_2	CO_2	

审核人：　　　　　　　　　　　　　　　　　　　　　　　　视察人：

例：如图 5-5 所示，某井在 11 月 5 日钻进至 2982.47m，起下钻检查钻具。11 月 6 日下钻到底循环，7:46 气测全烃值由 0.981% 上升至 99.850%，甲烷由 0.552% 上升至 88.993%。当班数据工程师及时对气测异常进行了预报，通知了钻台司钻，并下了异常通知单，钻井队采纳建议，停泵观察井口有溢流，及时进行了关井，8:07 钻井液经液气分离器分离，8:08 试点火有 1.5m 高橙黄色火焰。节流循环压井处理后气测值恢复正常，19:30 短起下 15 柱，21:30 循环钻井液后效气测值显示正常，恢复钻进。

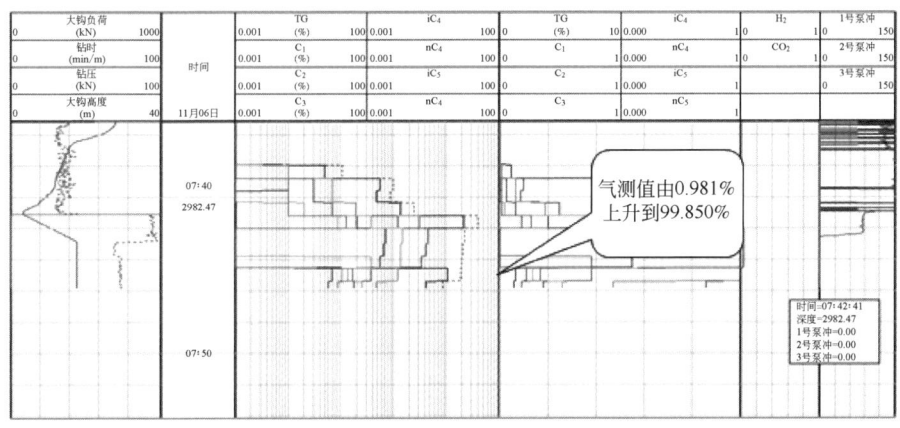

图 5-5　后效异常预报

第四节　综合录井井控风险及防控

综合录井是集气测、工程、钻井液 3 大类 15 种传感器的录井手段，利用综合录井技术在及时发现溢流、井漏，以及工程事故复杂情况方面，是其他装备技术不可取代的，尤其是综合录井技术的广泛使用，越来越凸显出它在井控预警方面的优势。

一、综合录井设备设施的安装

1. 仪器房

仪器房应摆放在距井口 30~35m 安全位置处。

2. 脱气器

（1）将脱气器安装于高架槽、缓冲槽或振动筛三通槽内。

（2）确保槽内钻井液进口应高于出口，且槽内钻井液流动性好。

（3）脱气器与槽内钻井液面垂直，确保上下调节装置灵活，集气筒钻井液排出口与槽内钻井液流动方向同向，排出口的钻井液量以占排出口口径的2/3为宜。

（4）防爆电动机电缆连接采用防爆接线盒或额定电流不小于10A的防爆插头。

（5）脱气器调节、滑动、紧固摩擦部位涂抹润滑脂，保证调节灵活；脱气器样气出口与管线连接紧密不泄漏。

3. 传感器

1）安装原则

（1）安装前，关闭供电电源，泄压。

（2）安装操作不应与钻井队交叉作业。

（3）传感器固定牢靠，防水、防污措施良好。

2）绞车传感器

（1）应在绞车滚筒静止并泄压后安装，避开电磁刹车端。

（2）卸下防护罩及滚筒导气龙头，将传感器安装至绞车滚筒轴上。

（3）传感器转子转动灵活，螺纹连接处不漏气。

3）大钩负荷传感器

（1）应在大钩坐卡状态下安装。

（2）传感器快速插头与死绳固定器的三通快速接头连接紧密，连接处无油渗漏。

4）立管压力传感器

（1）安装前应停泵并对立管进行泄压、排浆。

（2）液压转换器主体向上且与钻台面垂直，螺纹及活接头处钻井液无渗漏。

（3）液压转换器与传感器的快速接头连接紧密，连接处无油渗漏。

（4）液压转换器用卡箍及保险钢丝绳固定。

（5）采用无腔薄膜压力传感器，应直接将传感器安装在同型螺纹接口处，接口处无钻井液渗漏。

5）套管压力传感器

（1）安装前确认节流管汇处无压力。

（2）液压转换器应安装在节流管汇的常开平板阀旁，并附有单向节流控制阀。

（3）采用无腔薄膜压力传感器，应直接将传感器安装在同型螺纹接口处，接口处无钻井液渗漏。

6）钻井液出入口传感器

（1）钻井液出口传感器安装在高架槽或振动筛三通槽内。

（2）钻井液入口传感器安装在钻井泵上水罐处。

（3）传感器测量端完全浸入钻井液中且垂直于钻井液罐面；与槽壁、钻井液管壁无接触，无沉砂掩埋；安装处钻井液流动性良好且液面稳定，远离搅拌机。

（4）钻井液密度法兰盘背向钻井液流向，上法兰盘距液面高度大于20cm。

（5）钻井液电导率环形测量端面与钻井液流向垂直。

7）轮式扭矩传感器

（1）吊起链条箱。

（2）将过桥液压缸装置置于绞车传动轴与转盘驱动轴中央，并固定至链条箱底板上。

（3）扭矩轮的转动方向与转盘链条转动方向平行，液压缸升高5cm为宜。

（4）传感器与过桥液压缸装置的快速插头连接紧密，连接处无油渗漏。

8）顶丝扭矩传感器

（1）在转盘静止状态下安装。

（2）将传感器置于转盘体与顶丝之间，调节上支撑提板高度，使传感器与顶丝中心轴线保持一致。

（3）将复位橡胶垫置于转盘体与顶丝之间，复位橡胶垫与转盘体切合，固紧螺杆。

（4）应在支撑转盘的钢梁表面涂抹润滑油脂。

9）电动扭矩传感器

（1）应按钻机转盘电动机的供电类型选择传感器类型。

（2）传感器固定于驱动转盘电动机的一根电源输入线上，电源电流方向与传感器标示方向相同。

10）泵冲传感器

（1）应在钻井液泵静止状态下安装。

（2）将金属激励物焊于钻井泵头的转轴上。

（3）传感器感应面与金属激励物水平对齐且间距保持8~20mm。

11）转盘转速传感器
（1）应在转盘静止状态下安装。
（2）将金属激励物焊于链条箱与转盘间的万向轴或链条驱动轮上。
（3）传感器感应面与金属激励物水平对齐且间距保持8~20mm。
12）靶式出口流量传感器
（1）应在高架槽内无钻井液状态下安装。
（2）安装在距井口2~3m的位置，传感器与高架槽保持垂直。
（3）传感器阻尼板的活动方向与高架槽内钻井液流向一致，阻尼板与管内壁及沉砂无接触。
（4）安装口处无钻井液渗漏。
13）超声波出口流量传感器
（1）安装于高架槽、缓冲槽或振动筛三通槽口处，槽内钻井液流动平稳。
（2）传感器支架固定于槽口边沿，测量面与槽顶面保持30~50cm垂直距离。
（3）测量面应与钻井液面垂直，保持测量面正下方无遮挡物。
14）超声波钻井液池体积传感器
（1）钻井液罐面的安装口直径不小于20cm，罐内钻井液流动平稳。
（2）传感器支架固定于安装口边沿，测量面与测钻井液罐顶面保持30~50cm垂直距离。
（3）测量面应与钻井液面垂直，保持测量面正下方无遮挡物。
15）硫化氢传感器及室外报警器
（1）井口硫化氢传感器安装处距圆井口的垂直高度为40~60cm。
（2）出口硫化氢传感器安装在出口钻井液罐面上方1.2m以下。
（3）传感器测量端加装透气防护罩。
（4）室外声光报警器安装在仪器房顶部靠井场一侧处，架设高度应超出仪器房顶1m。报警器功率不小于20W，频率50~60Hz，报警声压100~120dB，警示灯光强不小于2500mcd。

二、综合录井设备设施的刻度检验

录井设备刻度校验分两个步骤：第一步，在录井仪器进井场前，在厂区检查维修后，对全部设备单元进行调试校验和标定，确保各项技术指标符合出厂要求。第二步，是根据现场安装条件对现场的传感器与实际情况进行校验。

1. 全烃测量单元校准

全烃测量单元校准：用0.01%、10%、50%和100%浓度的甲烷分别进行校准，测量值与标准值相比较，相对误差小于等于3%。

2. 烃组分测量单元校准

烃组分测量单元校准：用1%、10%的标准混合气样及100%的甲烷进行校准，测量值与标准值相比较，相对误差小于等于3%。

3. 非烃测量单元校准

用100%浓度的CO_2进行校准，测量值与标准值相比较，相对误差小于等于2.5%。

4. 钻井工程参数和钻井液参数测量单元校准

1）钻井液密度传感器校准

各测量点计算机采集值与标准值相比较，最大允许误差±0.01g/cm³。

2）超声波传感器校准

各测量点计算机采集值与标准值相比较，最大允许误差±0.5%FS。

3）钻井液温度传感器校准

各测量点计算机采集值与标准值相比较，最大允许误差±0.5%FS。

4）钻井液电导率传感器校准

各测量点计算机采集值与标准值相比较，最大允许误差±2%FS。

5）钻井液出口流量传感器校准

各测量点计算机采集值与标准值相比较，最大允许误差±5%FS。

6）压力传感器校准

（1）大钩负荷传感器（0~5MPa），根据指重表进行校准。

（2）立管压力传感器（0~40MPa），根据立管压力表进行校准。

（3）套管压力传感器（0~100MPa），根据套管压力表进行校准。

7）机械扭矩传感器校准

各测量点计算机采集值与标准值相比较，最大允许误差±2%FS。

8）电扭矩传感器校准

各测量点计算机采集值与标准值相比较，最大允许误差±2.5%FS。

9）泵冲传感器及转盘转速传感器校准

将各种泵冲传感器和转盘转速传感器的采集值与标准值相比较，最大允许误差为±1脉冲。

5. 校准周期

（1）录井过程中，色谱仪、传感器更换重要检测元件后，技术指标偏离不能满足表5-3、表5-4规定时应重新校准。

（2）每口井录井前和连续录井时间大于90d时应进行井次校准。

（3）录井过程中，色谱仪测量单元每次故障维修后、下钻前和关机时间超过2h应进行现场校准。

（4）录井过程中，硫化氢测量单元应每月不少于1次现场校准，每次故障维修后应进行现场校准。

（5）录井过程中，钻井工程参数与钻井液参数测量单元故障维修及更换传感器后应进行现场校准。

表5-3 色谱仪主要技术指标

序号	校准项目	技术指标		
		全烃	烃组分	非烃（CO_2）
1	基线漂移	1.0%（60min）	1.0%（一个分析周期）	1.0%（一个分析周期）
2	最小检测浓度	0.01%	0.003%	0.2%
3	测量误差	±3.0%	±3.0%	±2.5%
4	重复性	3.0%	3.0%	2.5%
5	分离度	—	≥1.0	—
6	分析周期	—	≤180s	≤180s

表5-4 传感器主要技术指标

序号	传感器名称	测量范围	最大允许误差
1	绞车传感器	0~600r/min	±1脉冲
2	泵冲传感器	0~400冲/min	±1脉冲
3	转盘转速传感器	0~400r/min	±1脉冲
4	机械转盘扭矩传感器	0~200kN·m	±2%FS
5	电扭矩传感器	0~1000A	±2.5%FS
6	立管压力传感器	0~40MPa	±2%FS
7	套管压力传感器	0~100MPa	±2%FS
8	大钩负荷传感器	0~5MPa	±2%FS
9	液位传感器	0.25~5m	±0.5%FS
10	温度传感器	0~100℃	±1%FS
11	密度传感器	0~3g/cm^3	±0.01g/cm^3
12	电导率传感器	0~300mS/cm	±2%FS
13	流量传感器	0~100%	±5%FS
14	硫化氢传感器	(2~100)×10^{-6}	±2×10^{-6}

第五章　录井作业井控

三、综合录井异常监测和预报

1. 综合录井作业要求

（1）应随时记录各项地质、工程参数，及时通报全烃含量、硫化氢气体含量、单根峰、后效监测值、循环罐液面变化情况等，加强对各项工程参数的监测。

（2）根据钻井液池体积的变化，及时向当班司钻预报，随后配合井队落实钻井液池体积变化原因，提前预防溢流、井漏的复杂情况发生。

（3）根据监测钻井液中烃类气体含量变化，及时判断是否钻遇高压油气层、高压水层。结合钻井液流量、总钻井液池体积、相对密度、电导率、温度等变化情况，及时判断解释，并向当班司钻做出异常预报。

（4）合理配置 H_2S 传感器，并进行全过程监控，当检测到 H_2S 气体时，应立即报警。

（5）根据大钩负荷、钻压、立管压力、扭矩等工程参数变化情况，及时预报监测结果，避免掉牙轮、钻具刺漏、断钻具等井下复杂事故发生。

（6）揭开设计油、气层，发现钻时加快时，应综合判断有无溢流征兆，发现异常及时预报。

（7）发现设计外油气显示，应及时向相关部门和钻井队通报，按井控要求及时采取措施。

（8）在起下钻过程中，对起下钻速度、灌注钻井液情况，以及后效气进行监测，发现异常及时预报。

（9）发现油、气、水侵时，及时向相关方和驻井监督通报。

2. 综合录井预报要求

（1）钻速突然升高或降低，或呈趋势性减小或增大。

（2）钻压大幅度波动或突然升高 100kN 以上，或突然减小并伴有井深跳进。

（3）悬重突然升高或降低 100~200kN。

（4）扭矩呈趋势性增加 10%~20% 以上，或大幅度波动。

（5）立管压力逐渐降低 0.5~1.0MPa，或突然升高或降低 2MPa 以上。

（6）转盘转速无规则大幅度波动，或突然减少甚至不转。

（7）钻井液池体积增加或减少超过 $0.5m^3$ 以上。

（8）出口密度降低或升高 $0.04g/cm^3$ 以上。

（9）出口温度降低或升高，或出入口温度差逐渐增大。

(10) 出口电导率发生变化。

(11) 出口流量大于或小于入口流量的 10%。

(12) 全烃高于背景值 2 倍以上,且绝对值大于 0.2%。

(13) CO_2、H_2 含量突变。

(14) H_2S 气体出现。

(15) dc、Sigma 指数呈趋势性变化。

(16) 泥(页岩)密度值减小。

(17) 碳酸盐岩含量明显变化。

(18) 岩性明显变化或岩屑中有金属微粒。

(19) 岩屑有荧光显示、钻井液槽面有油花或面积较大的气泡出现。

3. 综合录井参数异常判断

(1) 钻井事故的钻井液参数异常变化见表 5-5。

(2) 钻井事故的工程参数异常变化见表 5-6。

表 5-5　钻井事故的钻井液参数异常变化

事故类型	全烃	进/出口密度	H_2、CO_2	进/出口温度	进/出口电导率	总钻井液池体积	出口流量
井涌	增大	减小		升高	减小	增大	增大
井漏						减小	减小
盐侵		增大			增大		
油气侵	增大	减小		升高	减小	增大	增大
水侵		减小	增大		增大	增大	增大
地温异常				增大			

表 5-6　钻井事故的工程参数异常变化

事故类型	大钩负荷	钻压	超拉力	立管压力	泵速	扭矩	流量	钻速	钻进成本
刺钻具				下降	上升		增大	减小	
掉水眼				下降	上升			减小	增大
堵水眼				增大	下降		减小		增大
溜钻	减小	增大	减小			增大			
遇阻	减小		减小						

续表

事故类型	大钩负荷	钻压	超拉力	立管压力	泵速	扭矩	流量	钻速	钻进成本
卡钻	增大		增大						
断钻具	减小		减小	减小	增大	减小	增大		
快钻时	增大	减小				跳变		增大	减小
钻头后期	波动					增大		减小	增大
井壁垮塌	增大/减小		增大/减小	增大		增大		减小	

第五节 常见钻井施工复杂情况录井参数综合分析判断

一、溢流的录井显示

溢流就是当地层压力大于井底压力时，地层流体侵入井内，推动井内钻井液上返，井口返出的钻井液量比泵入量大，停泵后钻井液自动外溢的现象。

1. 钻进时的溢流显示

直接显示：

（1）出口管线内钻井液流速增大，返出量增加。

（2）钻井液罐液面上升。

（3）停泵后井口钻井液外溢。

间接显示：

（1）机械钻速增大。

（2）dc 指数减小。

（3）页岩密度减小。

（4）岩屑尺寸增大，多为长条棱角状，岩屑量增多。

（5）转盘转动扭矩增大，起下钻阻力增大。

(6) 蹩跳钻，放空，悬重变化。
(7) 循环泵压下降，泵冲数增加。
(8) 气体含量增加。
(9) 返出钻井液温度升高。
(10) 氯离子含量增加。

2. 下管柱时的溢流显示

(1) 返出的钻井液体积大于下入钻具体积。
(2) 停止下放管柱时，井眼内仍有外溢钻井液。

3. 空井时的溢流显示

(1) 出口管外溢钻井液。
(2) 循环罐液面升高。

4. 起钻时的溢流显示

(1) 灌入井内的钻井液体积小于起出钻具的体积。
(2) 停止起钻，出口管外溢钻井液。
(3) 钻井液灌不进井内，循环罐液面不减少或者升高。

二、发现溢流后录井人员的处置

当差值超过 $0.5m^3$ 时提示钻井队；超过 $1m^3$ 时停止作业，报警并查明原因，无井控异常后方可继续作业。发生溢流 $1m^3$ 时应书面通知钻井队，溢流达 $2m^3$ 时再次书面通知钻井队。井队关井后监测立管压力和套管压力的变化。

(1) 井口发生溢流、井涌且空气中有油气味时，岗位人员应立即采取严密的个人防护措施（如戴上正压式空气呼吸器），禁止动用明火。同时向钻井队有关人员、录井队长和驻井监督通报情况。

(2) 录井作业队队长接到溢流、井涌通报后，应立即做好防护措施，到现场确定溢流情况，指导岗位人员密切观察槽面显示，布置防范措施，及时将溢流情况向本单位应急办公室或驻外项目部汇报，保持通信畅通，直至险情消除为止。

(3) 井涌发生时，若井控设备完好、无失控可能，作业人员应按现场应急指挥人员的统一要求，坚守岗位，直至新的应急指令发布后，执行新的应急指令。

(4) 若钻井队未安装井控设备或井控设备存在缺陷，有可能失控，录井作业队队长应组织现场录井作业人员随时准备紧急疏散撤离。

第五章 录井作业井控

例：如图 5-6 所示，某井正常钻进至井深 840.52m，迟到井深 831m，5：42 全烃由 0.8515% 上升至 9.8790%，至 5：57 分时全烃值达到 93.2961%，C_1 由 0.8422% 上升至 93.02%，出口流量 51.5% 上升至 56.9%，钻井液池体积由 85.70m³ 上升至 92.6m³，数据工程师立即向当班司钻预报，钻井队采纳建议，停泵观察高架槽出口有溢流，及时关井，关井套管压力为 1MPa，历时 6h 的压井作业，险情解除。

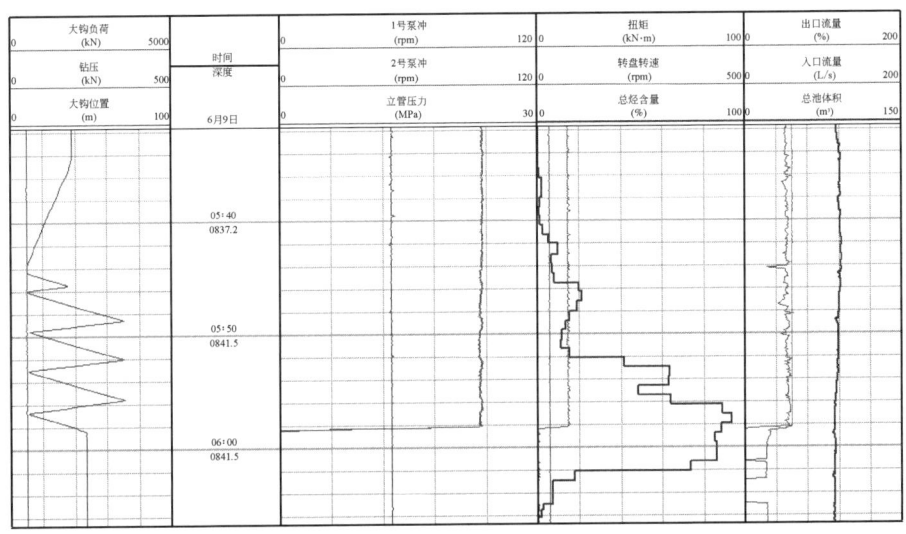

图 5-6 溢流异常预报

三、井漏的录井显示及处置

当地层压力小于钻井液液柱压力时，井内钻井液进入地层的现象称为井漏。在进口流量不变的情况下，出口流量变小，钻井液池体积明显减少。当井漏出现时往往造成钻井液液柱持续下降，打破钻井液液柱压力和地层压力的平衡，使地层压力大于钻井液液柱压力，从而导致溢流、井喷。

1. 井漏的分类

（1）渗透性漏失：多发生在浅井段胶结疏松的砂、砾岩层中，漏速一般为 10m³/h。

（2）裂缝性漏失：多发生在自然裂缝发育的地层，常会伴随着井下蹩跳钻、钻速加快等现象。漏速一般为 $10 \sim 100 m^3/h$。

（3）溶洞性漏失：当钻遇大溶洞时，钻具放空，有时达 $4 \sim 5m$，钻井液有进无出，漏速一般在 $100 m^3/h$ 以上，该种漏失多发生在碳酸盐岩地层。

2. 井漏的原因

导致井漏的根本原因是井内钻井液的液柱压力大于地层压力。间接因素有两个方面，一方面是地层因素。井下地层压力异常低，岩层孔隙度大、渗透性好，有裂缝、溶洞发育等。另一方面是钻井工艺措施不当。如钻井液密度过大，泵压过高，开泵过猛以及下钻过快造成过大的激动压力。过重、过快地钻穿含气砂层，钻到邻近井里等。

3. 钻进时的井漏显示

（1）钻井液罐液面下降。

（2）循环时，井口钻井液流速降低，甚至不返钻井液；停止循环时，井内液面下降。

（3）机械钻速加快，有时会出现钻具放空现象。

（4）悬重表读数增加。

4. 下管柱时的井漏显示

（1）返出的钻井液体积小于钻具体积或不返钻井液。

（2）停止下管柱，井内液面下降。

5. 空井时的井漏显示

井内液面下降。

6. 起钻时的井漏显示

（1）灌入井内的钻井液体积大于起出钻具的体积。

（2）停止起钻，井内液面下降。

7. 井漏的处置

当差值超过 $0.5m^3$ 时提示钻井队；超过 $1m^3$ 时停止作业，报警并查明原因，无井控异常后方可继续作业。发生溢流 $1m^3$ 时应书面通知钻井队，溢流达 $2m^3$ 时再次书面通知钻井队。

例：如图 5-7 所示，某井钻进至井深 2247.15m，迟到井深 2245.01m，钻井液池体积由 $89.6m^3$ 下降至 $83.4m^3$，漏速为 $20m^3/h$，出口流量由 23.1L/s 下降至 18.9L/s，数据工程师及时向当班司钻预报，钻井队采纳建

第五章 录井作业井控

议，经过技术处理使堵漏成功，没有造成重大的经济损失，避免了严重事故的发生。

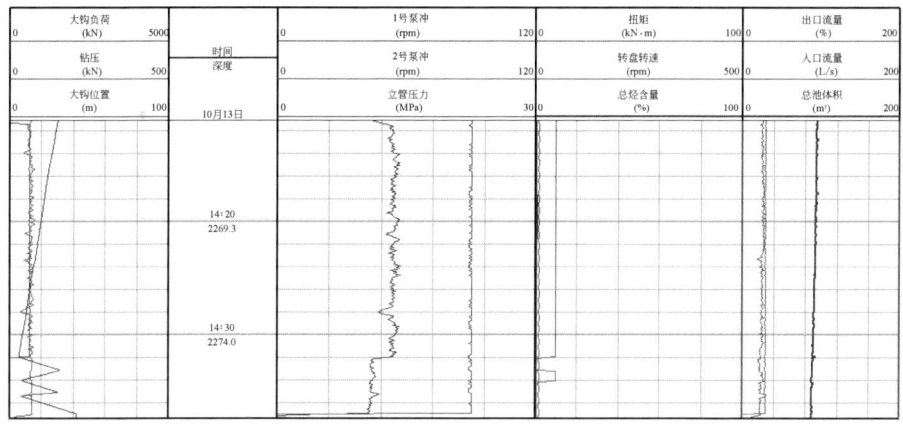

图 5-7 井漏异常预报

四、气侵时录井显示及处置

天然气侵入井内的方式有岩屑气侵、置换气侵、扩散气侵和气体溢流。即使在井底压力大于地层压力时，天然气也会通过岩屑气侵、置换气侵和扩散气侵的方式侵入井内。

1. 气侵的显示

（1）钻进时高架槽面有气泡（油花），录井监测到全烃及色谱组分值升高。

（2）短起下钻或起下钻后循环时，后效气明显。

（3）钻井液性能无明显变化，钻井液罐液面无明显变化。

2. 气侵的处置

（1）钻进过程中发现全烃及色谱组分值明显升高，要向钻井队有关人员、录井队长和驻井监督通报情况，经核对情况属实后，出具异常预报通知单，提出下一步处置建议，如停钻循环除气、提高钻井液密度等，并请相关人员签字确认。同时做好进行溢流监测的准备，密切关注相关参数变化情况，确认溢流按发现溢流处置方式进行处理；如仅是气侵，应采取控制钻速、循环或节流循环除气的方式处理，气侵钻井液未经排气（除气）不得重新注入井内。

（2）钻开油气层，在每次接单根继续钻进时，注意单根气的变化，如单根气数值明显增加或持续不断，可能是钻井液密度低造成的，需要及时向相关方汇报。如没有单根气显示，应检查气体检测分析仪器是否存在故障，否则证明钻井液密度高，也应向相关方汇报。

（3）短起下钻或起下钻后，发现后效气明显，要及时向相关方汇报，采取循环除气措施或调整钻井液密度。

例：如图5-8所示，某井钻进至井深999.43m，迟到井深990m发生气侵，全烃由0.4519%突增至100%，C_1由0.4285%涨至64.7420%，出口流量由18.43L/s上升至20.27L/s，钻井液密度由1.25g/m^3降至1.21g/m^3，当班数据工程师预报当班司钻，井队采纳建议，立即停泵关井。历时4h的循环压井，处理成功，确保了钻井安全。

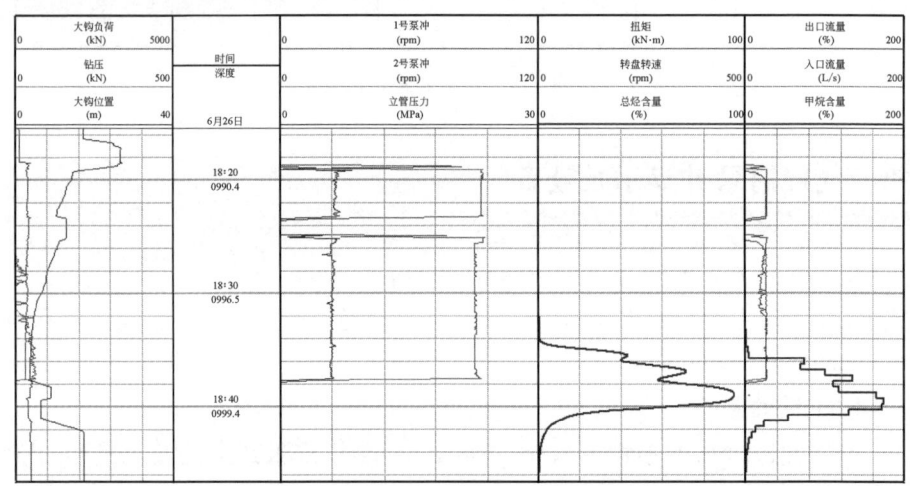

图5-8　气侵异常预报

第六节　录井井控应急处置

在钻井施工过程中，因各种原因，将会不可避免地出现井漏、溢流、井涌等现象，进而引发井喷。如井喷失去控制，将会造成无法挽回的损失。当发生油气水侵、溢流、井涌现象和井喷，特别是发生井喷失控或井喷失控着

第五章　录井作业井控

火爆炸事故时，需要采取相应的应急措施，尽可能降低损失和伤亡。因此，录井过程中的井控突发事件的应急管理尤为重要。

井喷失控应急工作应坚持"以人为本、统一指挥、反应灵敏、措施得力、分工协作"的原则。做到职责明确，统一指挥，按照程序，有条不紊地组织抢险工作。

一、预警、报警

（1）井口发生险情时，岗位人员应立即通知钻井队司钻及技术员。
（2）录井队长立即向单位应急办公室或项目部报告险情情况。并密切观察险情变化情况，随时向单位应急办公室或项目部报告险情变化情况。

二、应急指挥

应急指挥为钻井队队长（或平台经理）。上级应急救援组织领导到达现场后，应急指挥权自动上交至高一级应急组织领导人。全体录井作业人员均应无条件服从现场应急指挥的各项应急指令。

三、应急处置程序

（1）井喷发生时，不论是否发生强烈井喷，岗位人员均应立即向录井作业队队长报告，并采取紧急措施，做好个人防护和自救及逃生准备，随时准备撤离现场。
（2）录井队长接井喷险情后，应立即赶到现场进行指挥。
（3）井喷失控，有可能引发火灾爆炸事故，现场全体人员应按现场最高应急指挥的命令，迅速疏散逃生至指定安全区域。除防爆电路外，禁止关闭其他电气设备、设施控制开关，不得用力关闭金属门窗，防止出现火花引发爆炸事故。
（4）若发生强烈井喷（喷出物喷出高度超过二层台）或井口已起火，现场作业人员应立即按预定逃生路线撤至安全区域。
（5）应急状态解除后，录井队长应亲自对仪器房、值班房进行检查，采用自然通风方式排除易燃易爆和有毒有害物质，经检测确认无残留气体后向甲方现场监督汇报，等候甲方现场监督指令，直至恢复正常录井状态。

第七节 实际操作

一、硫化氢传感器的安装、故障排查

1. 传感器概述

在录井过程中，硫化氢传感器主要用于测量从地层中浸入钻井液，并随钻井液返出地面的硫化氢气体。硫化氢传感器由感应探头和变送器组成。感应探头是将硫化氢气体转换为可测量的电信号，而变送器则是将电信号转换为标准电流信号。硫化氢传感器的主要类型有半导体感应式、燃烧式和电化学式。其工作原理是将硫化氢气体转换为电信号并经电路处理后，输出与硫化氢浓度成正比的标准电流（4~20mA）。

2. 硫化氢技术指标和配置数量

(1) 响应时间：30s（样品浓度的80%）。

(2) 最小检测浓度：0.0001%。

(3) 测量范围：0~0.01%。

(4) 环境温度范围：-40℃~+60℃。

(5) 测量误差：±5%FS。

(6) 防护等级：IP65 标准（6：完全防止粉尘进入，5：用水冲洗无任何伤害）。

(7) 电源电压：24V（DC）。

(8) 输出信号：4~20mA。

(9) 配置数量：3套（井口、脱气器输气管线和振动筛底部或循环系统钻井液出口）。

3. 硫化氢安装技术规范

(1) 井口硫化氢传感器安装处距圆井的垂直高度为40~60cm。

(2) 出口硫化氢传感器安装在出口钻井液罐上方1.2m以下。

(3) 传感器测量端加装透气防护罩。

(4) 室外声光报警器安装在仪器房顶部靠井场一侧处，报警器功率不小于20W，频率50~60Hz，报警声压100~120dB，警示灯光强不小于2500mcd。

4. 硫化氢传感器的安装

1）作业准备

（1）按要求检查硫化氢传感器，确保硫化氢传感器有效、灵敏、准确。

（2）按规定办理硫化氢作业许可证。

（3）安全设施准备，相对不同的探区，准备相应的硫化氢防护设备，包括正压式空气呼吸器和便携式硫化氢检测仪。

（4）现场人员必须熟练掌握安全防护设施的使用方法。

（5）作业前对相关方进行告知，并将相关安全措施落实到岗位，现场人员必须穿戴符合标准的劳保用品。

2）作业流程

检查硫化氢传感器——→调试硫化氢传感器——→检查硫化氢防护设备——→硫化氢实时监测——→硫化氢传感器拆除保养。

3）作业步骤

（1）按设计要求确认硫化氢传感器已安装到位。仪器房内硫化氢传感器安装在仪器样品气放空管线出口处。如有设计或特殊要求，则在井口、高架槽、振动筛等处安装硫化氢传感器。

（2）调试硫化氢传感器。硫化氢传感器调试所使用气样属于易燃易爆有毒气体，使用须严格遵守相关规定，确保调试区域通风良好，并通知相关方人员远离及悬挂警示标志。

（3）检查硫化氢防护设备，确保硫化氢防护设备完好。

（4）硫化氢实时监测，在录井过程中对硫化氢实时监测，及时发现硫化氢，并给出相应的警示。

（5）按照相关规定，设置硫化氢报警门限。并保证硫化氢达到门限值时能发出有效的报警。

（6）制定相应应急计划，并按要求进行演练，做好记录。

（7）熟知风速仪、风斗、红旗、标志牌等警告标志或信号所代表的信息，并能及时做出正确的判断。

（8）会使用防护装备的使用，会对中毒人员的进行简单处理。

（9）至少应每月组织一次防硫化氢应急演习，并做好记录。

（10）发现异常时，整理数据，填写异常预报通知单。

（11）硫化氢传感器拆除：将传感器拆除后，探头端放好防潮剂袋，扣牢防潮盖。

4）硫化氢传感器安装

（1）用扎带或卡子，把传感器固定在规定要求的范围内，保证探头垂直向下；传感器探头位置相对洁净干燥，不被污物堵塞。

（2）将传感器信号线引到接线箱，把信号线的航空插头与接线箱相应插座连接紧密。

5）硫化氢传感器故障排查

（1）传感器无信号，先查看隔离栅处电压值是否正常，再检查接线箱电压值是否正常，然后查看信号。

（2）注样不出峰或出峰低，先检查硫化氢气样是否过期，再检查校验盒是否密封，最后清洗传感器探头。

（3）传感器电压值随使用时间增长，采取措施保持传感器探头干燥、干净，可增加传感器使用寿命。

（4）硫化氢传感器在使用前通电 5min 后可取掉密封盖，断电之前要装上密封盖。

二、钻井液池体积传感器的安装、故障排查

1. 传感器概述

在录井过程中，超声波式体积传感器主要用于测量钻井液罐内的液面高度，并通过计算实现对钻井液罐内体积的测量。超声波式体积传感器由超声波发射装置、接收装置和变送器组成。超声波发射装置的功能是发射超声波，当超声波被其他物体表面（如液体表面）反射回来后，由接收装置接收。变送器的功能则是将超声波在发射与接收过程中所产生的信号转换为标准电流信号（4~20mA）。超声波式体积传感器的工作原理是采用超声波测量距离的方式，通过记录超声波从发射经反射面反射后到接收装置所需的时间，换算为超声波式体积传感器端面与反射面之间的距离，输出与液体高度成反比的标准电流（4~20mA）信号。

2. 池体积传感器技术指标和配置数量

（1）测量范围为 0~5m；分度值为 1mm。

（2）环境温度为 −40℃ ~ +85℃。

（3）测量误差为 ±0.25%FS。

（4）防护等级为 IP65 标准。

（5）电源电压为 24V（DC）。

（6）输出信号为 4~20mA。

（7）配置数量为 5 套（含起下钻补偿罐）。

3. 安装技术规范

（1）钻井液罐面的安装口直径不小于 20cm，罐内钻井液流动平稳，传感器支架固定于安装口边沿，测量面与被测钻井液罐顶面保持 30~50cm 垂直距离。

（2）测量面应与钻井液垂直，保持测量面正下方无遮挡物。

4. 超声波池体积传感器安装

（1）将传感器安装架固定在相应的钻井液池上，远离搅拌器及大功率电动机。

（2）把传感器垂直固定在安装架上，保证传感器探头面与最高液面的距离不小于盲区距离（传感器盲区默认设置为 0.25cm），声波传播路线上不能有障碍物。

（3）最后将传感器信号线引到接线箱，把信号线的航空插头与接线箱相应插座连接紧密。

5. 超声波池体积传感器故障排查

（1）超声波传感器有毛刺状的跳动，清洗传感器探头。

（2）超声波传感器跳动较大，查看传感器附近是否有大功率电动机影响电流采集或搅拌机开启液面不稳。

（3）超声波传感器无规律波动，环境温度是否超出传感器温度范围。

（4）超声波传感器无信号，先查看隔离栅处电压值是否正常，再检查接线箱电压值是否正常，然后查看信号线是否畅通，最后检查传感器是否正常。

（5）采集的池体积与实际测量的钻井液罐容积对应不上，先检查仪器里面刻度设施 4mA 是否对应空罐、20mA 是否对应满罐，再检查超声波式传感器本身 4mA 是否对应 0.25cm、20mA 是否对应 2.25cm（钻井液罐高加传感器支架高度）。

三、溢漏报警门限值的设置

产生溢流的最根本的原因是井底压力小于地层压力，造成这一原因的因素具体表现在多个方面，主要有：

（1）对地层压力掌握不准，设计的钻井液密度偏低。

（2）井内钻井液高度下降。

（3）钻井液密度下降。

（4）抽汲压力过大。

（5）环空流动阻力消失。

（6）其他原因。包括中途测试控制不好、射孔时控制不住、固井候凝水泥浆失重、过快地钻穿含气砂层、钻到邻近井里等。

以 DML-LS Ver 2.0 录井仪系统为例，移动鼠标至"设置"下拉式菜单的"报警设置"上，鼠标点击右侧的小箭头，弹出图 5-9 所示的报警设置菜单。在此菜单内提供了数字颜色、报警开关、数字位号 3 个选项。

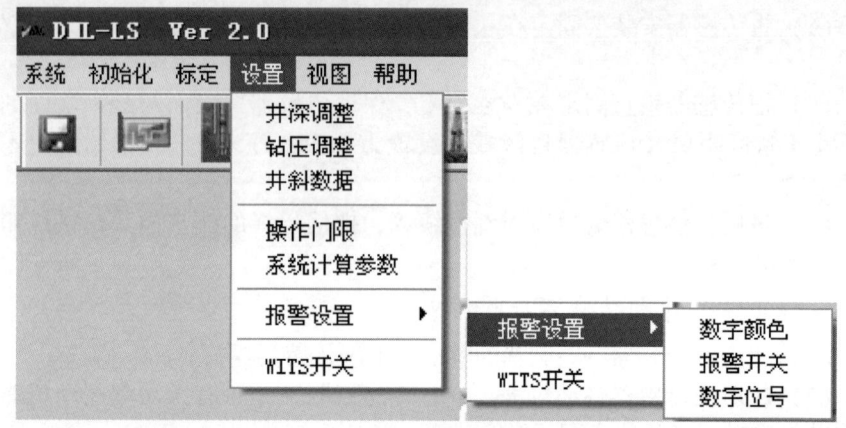

图 5-9 报警设置

（1）移动鼠标点击"数字颜色"选项，弹出图 5-10 所示的数字颜色设置窗口。鼠标分别点击"低报色""正常色""高报色"小长条框内向下的小箭头，弹出颜色选择条，根据喜好或惯例选择即可，选择完成后，点击界面底部的"确定"按钮。数据未处于报警状态时显示正常色（蓝色），当数据处于低报警状态和高报警状态下，则会显示报警不同的颜色（低报色为黄色、高报色为红色）。

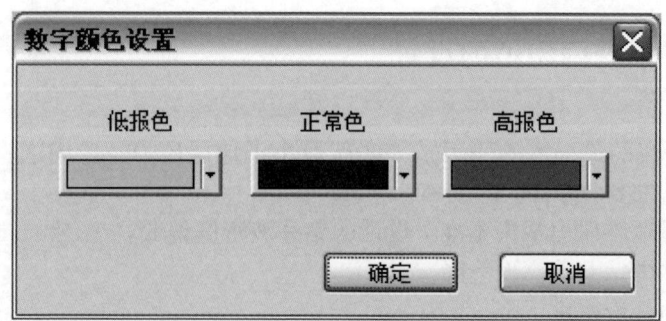

图 5-10 数字颜色选择窗口

（2）移动鼠标点击"报警开关"选项，弹出图5-11所示的报警输出控制面板设置窗口，分别点击"手动报警""自动报警"后面的"关""开"圆钮。

图5-11　报警输出控制面板窗口

如系统软件提供了报警总控制开关，手动报警打开时则系统会强制报警输出，并打开相应通道上的报警器。

自动报警打开时，则系统中参与报警的位号有险情时发出相应的报警（如声报警、光报警）。图5-11中选定的报警为手动报警关闭、自动报警开启。

报警声音文件可以任意加载，但应注意的是声音文件必须为wav格式的音频文件，移动鼠标点击图5-11中该位置的"…"图标，弹出图5-12所示。

图5-12　选择音频文件窗口

在图 5-12 界面内，选择报警所要加载的音频文件，单击"保存"按钮，即返回图 5-11，在图 5-11 界面内，点击"确定"按钮，完成报警声音设置。

（3）移动鼠标点击"数字位号"选项，弹出图 5-13 所示的数字量位号设置窗口。

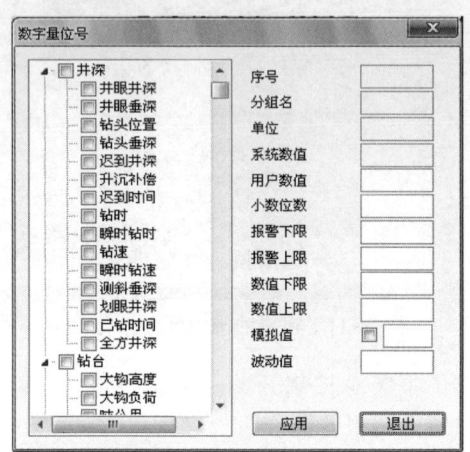

图 5-13　数字量位号设置窗口

此时可对小数位数、报警下限、报警上限、数值下限、模拟值、波动值进行修改，然后点击界面底部的"应用"按钮保存修改。

序号、分组名、单位、系统数值是不可修改的。系统数值的单位为系统单位，用户数值为当前用户所选择的单位制对应的数值。

在数字量位号设置窗口左侧树形位号列表中，当勾选某一位号时，此位号即进行报警判断，其报警物理输出（声光报）由报警输出控制面板定义决定。

（4）该窗口内各项参量说明。

① 小数位数：指当前数据所需要显示的小数位数。

② 报警下限：选定的位号进行报警判断时的下限值，当用户数值小于该值时，判断用户数值过低进行低报警。在用钻井液池体积总量设置时为 $-0.5m^3$。

③ 报警上限：选定的位号进行报警判断时的上限值，当用户数值大于该值时，判断用户数值过高进行高报警。在用钻井液池体积总量设置时为 $0.5m^3$。

当差值超过 $0.5m^3$ 时提示钻井队；超过 $1m^3$ 时停止作业，报警并查明原因，无井控异常后方可继续作业。发生溢流、井漏 $1m^3$ 时应书面通知钻井队，溢流、井漏达 $2m^3$ 时再次书面通知钻井队。井队关井后监测立管压力和套管压力的变化。

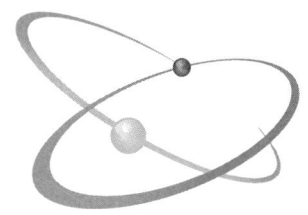

第三部分 测井作业

第六章　测井作业井控风险及防控

测井作为石油勘探开发中的重要手段之一，无论是在裸眼测井、生产测井和工程测井，还是射孔作业过程，都可能发生溢流，如果处置不当，可能导致井喷发生。因此，测井专业从业人员熟练掌握专业操作技能、井控知识和应急处置方法是井控安全的基本保障。

第一节　测井井控工作要求

为了在不同井筒条件下，实现井下数据采集、取样、取心、射孔等作业，有针对性地采用了相应的井下仪器或工具的传输工艺及井口压力控制方式。

一、测井和射孔工艺简介

1. 测井工艺简介

1）常规电缆测井

常规电缆测井就是在井筒内采用适当密度钻井液或压井液控制地层孔隙压力的前提下，利用电缆将测井仪器输送到目的层位，沿井筒测量地层的岩石物理参数、采集样品的输送方式。

在大斜度井和水平井测井中，使用通过测井电缆供电的牵引器提供动力将测井仪器推送到目的井段的方式同样属于这一范畴。

2）带压电缆测井

带压（含欠平衡）电缆测井工艺所用的仪器设备，除常规电缆测井工艺要求的外，还要根据施工井井口压力等级，选择相应等级的电缆防喷装置安装在井口。

3）钻（油）杆输送测井

钻（油）杆输送测井是在大斜度井、水平井或井况较为复杂电缆无法正常起下测井仪器的情况下，利用钻（油）杆输送测井仪器对目的层进行测量的方式。除常规测井的地面系统和井下仪器外，需增加完成钻（油）杆输送测井施工所必需的外螺纹接头总成、泵下枪总成、外螺纹接头外壳、旁通短节及各种辅助设备和工具，通过准备—盲下—对接—测井—收尾5个阶段完成对目的层资料的录取工作。

4）连续管输送测井

连续管输送测井又称为挠性管测井，也是一种用于大斜度井和水平井的测井施工工艺。该工艺不仅能够推送测井仪器，也可以推送射孔枪完成射孔作业。现场施工主要由测井装备、连续管装备、吊车、防喷装置及井下仪器连接装置组成。

5）随钻测井

随钻测井是将不同测量方法的仪器直接嵌入专用钻铤上，在钻开地层的同时实时测量地层信息的一种测井技术。

6）过钻杆存储测井

过钻杆存储测井是指将下井仪器预先悬挂在钻具内部送到井底，然后通过泵压将下井仪器从钻具内部释放到钻具外部（仪器上部悬挂在钻具上），再由钻具带着下井仪器上提沿井筒测量的测井方式。测量数据直接存储在下井仪器中，到地面后再将数据读入计算机中进行分析和处理。该测井工艺主要在复杂井况井、大斜度井、水平井和带压井中应用。

2. 射孔工艺简介

射孔是把射孔器输送到井筒中的目的层段，通过火工爆轰、水力喷射等方法，射穿井下封闭地层的套管、水泥环并深入地层，形成沟通井筒与地层的流体通道的工艺。油气井射孔通常采用火工聚能射孔器。

1）电缆输送射孔

电缆输送射孔是利用电缆将有枪身或无枪身射孔器在套管或油管内输送至井下，校深后，通过电缆向射孔器起爆装置供电，引爆射孔器，射穿套管、水泥环和目的储层，建立油气水流通通道的射孔工艺。同样可分为不安装电缆防喷装置的普通电缆射孔和安装电缆防喷装置的带压电缆射孔。

2）油管传输射孔

油管输送射孔是通过油管管柱将射孔器送至目的层段，在油管中下入深度定位仪器测量定位，调整管串对准射孔层位后，通过撞击、加压、负压等方式引爆射孔器，对目的层进行射孔的工艺。

3. 其他作业

利用电缆输送便捷、高效的特点，连接不同井下工具可完成桥塞、投灰、

第六章　测井作业井控风险及防控

爆炸切割、爆炸松扣、撞击式井壁取心等井筒作业。

二、测井作业井控基础知识

随着裸眼测井、套后测井、定向测井、随钻测井、电缆射孔、油管传输射孔、连续油管射孔等新技术的开发和推广应用，测井作业在石油勘探开发中承担的井控安全责任也越来越大。测井作业人员应以井控知识为基础，熟练掌握本专业标准化操作流程，严格执行本专业井控规定，确保测井、射孔作业过程中的井控安全。

1. 测井作业中出现溢流的主要原因

（1）电缆测井时，起出下井仪器后，井内未按规定灌满钻井液，导致钻井液静液压力低于地层压力。

（2）钻（油）杆传输测井时，起钻（油）杆过程中，井内未按规定灌满钻井液，导致钻井液静液压力低于地层压力。

（3）上提测井仪器、射孔枪、取心器等下井工具时，因速度过快、钻井液黏度和切力大、井眼环形空间小等因素，过大的抽汲压力作用会降低井内的有效静液压力，导致静液压力低于地层压力。

（4）测井过程中，在压力衰竭、疏松的砂岩以及天然裂缝发育的碳酸盐岩地层中，钻井液容易漏入地层，引起井内液柱高度和静液压力下降。

（5）测井过程中，钻井液的油侵、气侵、水侵导致密度降低。

（6）射孔后造成井内静液压力不足以平衡甚至低于地层压力。

（7）测井作业时间大于井筒安全工作时间。

2. 测井作业井控的基本要求

（1）电缆防喷装置的购置应选择具备资质的生产厂家和供应商。

（2）电缆防喷器额定承压指标应不低于作业井预计最高关井压力的 1.2 倍。防喷器型号应根据不同的井口通径等具体情况选择。新配置的防喷器必须经过压力试验，防喷器如停用时间过长，重新起用时，需更换掉老化的密封圈、管线等。

（3）测井队应配备井控断线钳和现场施工警戒带。裸眼井测井施工，井控断线钳摆放在钻台井口易于拿取的位置。套管井测井、射孔施工时，如井口安装电缆防喷器，则将井控断线钳摆放在绞车后方适宜位置；如井口不安装电缆防喷器，则将井控断线钳摆放在井口易于拿取的位置。

（4）防喷装置、井控应急器具要做到专人管理，定期检查保养。

（5）现场施工小队岗位人员，应按要求参加井控培训，应持井控证岗位

人员必须持证上岗。参与施工的各岗人员，需经过所使用防喷设施的培训，掌握防喷器要领和关键点，对本岗位工作所涉及的防喷设施能熟练操作。

3. 测井、射孔带压作业现场井控要求

1）裸眼井带压测井作业施工要求

（1）裸眼井中带压测井作业执行 SY/T 6751—2016《电缆测井与射孔带压作业技术规范》。

（2）对气井、含有硫化氢等有毒有害气体的井要按照标准配备齐全正压式空气呼吸器和气体检测仪。

（3）欠平衡测井作业前，应召开有监督人员、测井队人员、钻井队人员参加的安全会，使钻井队配合测井作业的人员了解作业流程及注意事项，保证测井作业的安全、顺利进行。

（4）确保井口防喷装置完好，压力指示表准确。

（5）钻井施工设计书中必须制定确保井口装置安全、防止井喷失控或着火以及防硫化氢等有毒有害气体伤害的安全措施及井控应急预案，现场测井作业人员必须参加钻井队的防喷演习。

2）电缆输送射孔对现场施工条件要求

（1）作业队应安装与该井压力等级相匹配的井口防喷器，井口防喷器开关要灵活，安装前必须按有关标准进行试压，合格后方可使用。

（2）放喷管线及压井管线应使用钢质管线并用地锚固定，出口应在下风口接入储液罐。放喷管线、压井管线、井口防喷器、采油树等应按标准进行试压检验。

（3）井口应安装油管压力表、套管压力表，压力表最大量程应与施工井最高压力相匹配。

（4）在施工过程中，压井车应连接好压井管线并始终处于待命状态，配备足量合格的压井液。

（5）冬季寒冷季节施工时，井口、放喷管线和压井管线应采取防冻措施。

（6）井筒内应保持足够的液面，保证射孔枪正常起爆并满足井控要求。

3）油管输送射孔及捞棒作业对现场施工条件要求

（1）射孔点火前应装好采油树和流程管线。

（2）油管输送射孔投棒后若不能确定射孔器是否起爆，需进行捞棒作业，按相关要求办理作业许可。

（3）捞棒作业前，现场应要求作业队将压井液灌至井口，并且由专人观察放喷储液罐的液面变化情况。

（4）射孔队应在采油树上安装与施工井压力匹配的电缆防喷装置进行

施工。

(5) 捞棒作业严禁使用捞棒器加速冲撞的方法来引爆射孔器。

(6) 捞棒过程中，射孔队应全程监测射孔枪起爆情况。

4）生产测井带压施工作业要求

(1) 井口应安装合适的油管压力表、套管压力表，采油树、封井器、防喷阀门完好，工作状态正常，施工使用的防喷器的额定承压指标不低于作业井预计最高关井压力的 1.2 倍。

(2) 开启、关闭各种阀门时应站在阀门侧面安全位置缓慢进行，当听到有液体或气体流出的声音时停止操作，当井内压力与防喷系统压力平衡后，观察防喷系统，若无跑、冒、滴、漏现象，可全部打开阀门。

(3) 在抽油机井测井作业时，测井人员不允许靠近抽油机，安装拆卸井口时，抽油机应停止工作。

(4) 高压气井必须使用液控电缆防喷器且加装绷绳地锚固定防喷系统。

4. 测井、射孔作业现场井喷失控应急处置特殊要求

(1) 坚持统一指挥、各司其职的原则，在测井或射孔施工作业现场发生井喷失控事故时，钻井队或井下作业队是处理井喷失控事故的主体，测井或射孔队人员应服从主体单位应急行动的统一指令，密切配合主体单位的应急行动。

(2) 在确保人员安全的前提下，重点做好放射源、火工品等放射性和易燃易爆物品的撤离或保护工作，防止发生污染和爆炸事故。

(3) 生产井测井作业由现场第一责任人下达应急处置启动指令。

第二节　测井、射孔作业过程中的井控风险及防控

测井、射孔作业前必须制定应急措施，如：电测前井内情况应正常、稳定，若电测时间长，应考虑中途通井循环再电测；电测时发生溢流应尽快起出井内电缆，若溢流量将超过规定值，则立即砍断电缆按空井溢流处理，不允许用关闭环形防喷器的方法继续起电缆。射孔过程中要有专人负责观察井口显示情况，若液面不在井口，应及时向井筒内灌入同样性能的压井液，保持井筒内静液柱压力不变；射孔过程中发生溢流时，应停止射孔，及时起出枪身，来不及起出射孔枪时，应剪断电缆，迅速关闭射孔阀门或防喷器。

因此，发生溢流时，在条件允许的情况下，争取把电缆起出，然后按照空井工况去完成关井操作程序。如果情况紧急，无法起出电缆，则只能切断电缆，然后按照空井工况去完成关井操作程序。

一、常规电缆作业

1. 井控风险

（1）对地层压力情况了解不清，存在高压地层或漏失地层。

（2）老油区或存在高压注水注气层位。

（3）不能及时发现溢流。

（4）硫化氢气体外溢。

2. 施工作业前的井控准备

（1）施工前应明确该井的井型、井别、安全作业时间，施工目的及相关的地质资料数据，特别是地层压力大小、有毒有害气体的浓度和层位等，并向全队职工交底。

（2）测井队与相关方要共同制定和落实测井作业时发生溢流的应急预案。

（3）准备硫化氢检测仪、正压式空气呼吸器、井控工具、电缆剪切装置等。

（4）检查测井仪器仪表，保证测井施工顺利进行，缩短测井时间。

（5）与相关方协商统一指挥的信号、手势等联络信号。

3. 施工作业过程中的防喷措施

（1）钻井队应该配备有全封闭井口的全封闸板防喷器或者环形防喷器。

（2）在起电缆过程中，要注意控制速度，避免诱喷。

（3）若测井时间超过安全作业时间，应停止测井，起出电缆，通知相关方通井。

（4）每完成一趟测井作业，小队要督促钻井队向井筒灌满钻井液。

（5）电缆剪切装置应摆放在井口方便取用的位置，含硫高风险井应安装液压远程电缆剪切装置。

（6）作业过程中发现溢流要及时通知现场井控第一责任方。

4. 施工中溢流处理

（1）在施工过程中若发现溢流，立即报告现场井控第一责任方。

（2）接到起出电缆指令，快速起出电缆。

第六章　测井作业井控风险及防控

（3）接到剪切电缆指令，在井口剪断电缆后迅速撤离。
（4）条件许可时将危险品、仪器设备抢运至安全地带。
（5）人员撤离到安全地带。

二、带压电缆作业

1. 井控风险

除常规电缆作业中可能出现的风险外，还存在以下井控风险：
（1）电缆防喷器失封；
（2）电缆在防喷器内遇卡。

2. 施工作业前的井控准备

（1）带压电缆作业施工前，除应收集和核实法兰型号、井身结构、压井液性质、地层应力外，还需收集井口压力、温度和硫化氢等有毒有害气体浓度，用于确定防喷装置和井下器材的型号。
（2）施工队伍应识别施工井控风险，熟悉应急逃生路线，制定溢流或井喷的应急措施。
（3）施工队伍应参加相关方联席会议，针对配合的关键点环节进行沟通协调，共同落实作业时发生溢流或井喷的应急措施。
（4）若在硫化氢等有毒有害气体环境下作业，还需准备：
① 有毒气体监测报警仪和正压式空气呼吸器；
② 抗硫化氢腐蚀材料的密封件；
③ 采取防腐措施后的电缆、测井仪器、射孔器材和井下工具。

3. 施工作业过程中的防喷措施

带压电缆作业过程中的防喷措施应以常规电缆作业为基础，其井控关键为井口压力控制。其实质是预防电缆防喷装置井口密封失效，避免造成井口压力失控，甚至诱发井喷。
（1）优化电缆防喷装置的配置。
① 电缆防喷装置的额定承压指标不低于预计最高关井压力的1.2倍。
② 高压作业时应至少安装三级闸板，闸板应与使用的电缆相匹配。
③ 根据预计最高井口压力、流体性质、电缆尺寸和单根阻流管长度，确定阻流管数量。
④ 阻流管与电缆之间的间隙应控制在 $0.05\sim0.4$ mm。
⑤ 应根据天气和季节选用不同的密封脂。
（2）安装井口前应对关键装置或装置的关键部位进行功能测试，包括打

气泵、注脂泵、电缆封井器闸板、捕集器、电缆剪切装置、抓卡器等关键装置，确保其工作正常。

（3）测井仪器或射孔器材等入井前，应对井口电缆防喷装置试压。试压的压力为施工井预计最高井口压力的1.2倍，同时不得超过电缆防喷装置额定工作压力。要求稳压时间15min，压力降应小于0.5MPa。

（4）带压电缆作业时，应根据井内压力变化，适时调节电缆防喷器的注脂压力，始终保持回流管线排出物为密封脂。

（5）带压电缆作业时，电缆起下速度除应遵守电缆输送作业有关规定外，还应根据井口压力大小和密封情况做适当调整，当防喷盒上端或回油管有气液泄漏时，应立即降低电缆起下速度，采取井控应急处置措施。

4. 施工中溢流处理

（1）降低电缆运行速度至300~600m/h，适当增大密封脂泵入压力，若密封恢复正常，转入正常作业。

（2）若密封仍然失效，则停下绞车，依次关闭防喷盒及密封脂回流管线，检查注脂泵、空气压缩机工作情况，检查气源压力和密封脂量，排除相应故障。密封正常后，依次打开密封盒及密封脂回流管线，恢复正常作业。

（3）若密封仍然失效，则用液压依次关闭电缆封井器上下级半封闸板，并手动锁紧；向两级闸板间以井口压力的1.2倍注入密封脂。注脂控制头密封成功后，缓慢打开两级半封闸板平衡井内压力，恢复正常作业。

（4）若密封仍然失效，则释放注脂控制设备压力，检查注脂单向阀、注脂管线、电缆等，排除相应故障。

三、钻（油）杆传输作业过程中的井控风险及防控

1. 井控风险

除常规电缆作业中可能出现的风险外，还存在以下井控风险：

（1）钻井液不清洁，堵塞水眼，不能正常循环；

（2）钻具上提或下压力量过大损坏仪器。

2. 施工作业前的井控准备

（1）小队应准备好便携式硫化氢检测仪，并确认电量充足，刻度在有效期内，状态良好。

（2）小队应准备好正压式空气呼吸器，并确认气压充足，状态良好。

（3）确认电缆与母枪的弱点、水平井工具泵下枪拉脱弹簧装置完好。

(4) 确认计算仪器传输至最大深度处，电缆夹弱点螺栓的数量合理。

(5) 检查旁通电缆密封组件完好。

(6) 提交入井仪器串图、水平井工具图、旁通结构图。

3. 施工作业过程中的防喷措施

(1) 合理加载扶正器数量和对应尺寸，注意钻具的起下放速度，防止对地层造成抽汲。

(2) 湿接头对接前，任何时候循环钻井液都要使用钻井液滤网，防止钻井液中的块状物、絮状物进入钻具内，造成沉淀积压在水平井工具钻井液循环口处。

(3) 对接过程中，如果需要进行反循环，应尽量减少循环时间，防止钻具外的岩石碎屑进入水平井工具内，堵塞钻井液循环口。

4. 施工中溢流处理

(1) 立即报告现场井控第一责任方。

(2) 快速关闭仪器电源，起出电缆。

(3) 条件许可时将危险品、仪器设备抢运至安全地带。

(4) 人员撤离到安全地带。

四、过钻杆作业过程中的井控风险及防控

1. 井控风险

除常规电缆作业中可能出现的风险外，还存在以下井控风险：

(1) 钻井液不清洁，堵塞水眼，不能正常循环；

(2) 释放器内部的钻井液循环通路堵塞不能正常循环。

2. 施工作业前的井控准备

(1) 明确该井的井况及安全作业时间，并向小队成员交底。

(2) 存在有毒有害气体时，应准备便携式硫化氢检测仪和正压式空气呼吸器，并确认硫化氢检测仪电量充足，正压式空气呼吸器气压充足，状态良好。

(3) 确认悬挂器处剪切螺栓的数量适当，剪切螺栓完好，安装正确。

(4) 确认悬挂器经探伤确保无拉力弱点及裂缝，并与钻具尺寸相符，否则使用转换接头。

(5) 确认释放座正确安装，并更换密封O形密封圈。

(6) 释放器内部的钻井液循环通路无堵塞，减震弹簧要有弹力。

3. 施工作业过程中的防喷措施

（1）钻具起下钻速度要适中，防止诱喷。

（2）循环钻井液要使用钻井液滤网，防止钻井液中的块状物、絮状物堵塞释放器水眼。

（3）下钻过程中，每柱钻具必须通径，同时要防止通径规落井。

（4）减少钻具在井底的静止时间，有效释放仪器，防止发生卡钻事故。

（5）带压起钻时，确保钻具单根可以正常拆卸，从而减少钻具在井内静止的时间。

4. 施工中溢流处理

（1）立即报告现场井控第一责任方。

（2）条件许可时将危险品、仪器设备抢运至安全地带。

（3）人员撤离到安全地带。

五、连续管传输作业过程中的井控风险及防控

1. 井控风险

（1）下入过程中钻井液连续返出，不易判断和及时发现溢流。

（2）易发生抽汲诱喷。

2. 施工作业前的井控准备

（1）根据井身结构（井眼曲率、井眼状况）计算最大安全测井施工长度。

（2）根据地层及井口压力对测井系统作业的安全进行评估，不应超过连续管的额定压力。

（3）为平衡管内管外压力，连续管入井前，将水管接头连到滚筒中部三通，泵入足量水，使得连续管充满水，直至水从井下工具单向阀处流出可判断充满。拆下水管接头，在三通处拧入高压堵头。

（4）连续管入井前按操作规程进行防喷器和防喷盒额定压力测试，检查胶芯是否完整。

（5）井口带压作业情况下，需装载连续管配套防喷管，配合套管头防喷器连接仪器。

3. 施工作业过程中的防喷措施

（1）适速下入连续管，计算连续管的入井体积，对比井内钻井液的返出量，判断井内是否发生溢流。

（2）经过油气层段，需降低上提速度，防止发生抽汲诱喷。

4. 施工中溢流处理

（1）立即报告现场井控第一责任方。

（2）启动防喷盒，关闭连续管防喷器卡瓦闸板，再关闭连续管半封闸板，控制井口。

（3）快速关闭仪器电源。

（4）条件许可时将危险品、仪器设备抢运至安全地带。

（5）人员撤离到安全地带。

第七章 测井电缆防喷装置

第一节 电缆防喷装置概述

测井电缆防喷装置主要用于带压电缆作业或欠平衡作业时井口的动态或静态密封,可有效地密封电缆,防止井内液体、气体的泄漏。它是压力的缓冲区和测井仪器通过井口的过渡区。

电缆防喷装置(图 7-1)主要部件包括:井口转换接头(法兰接头或螺

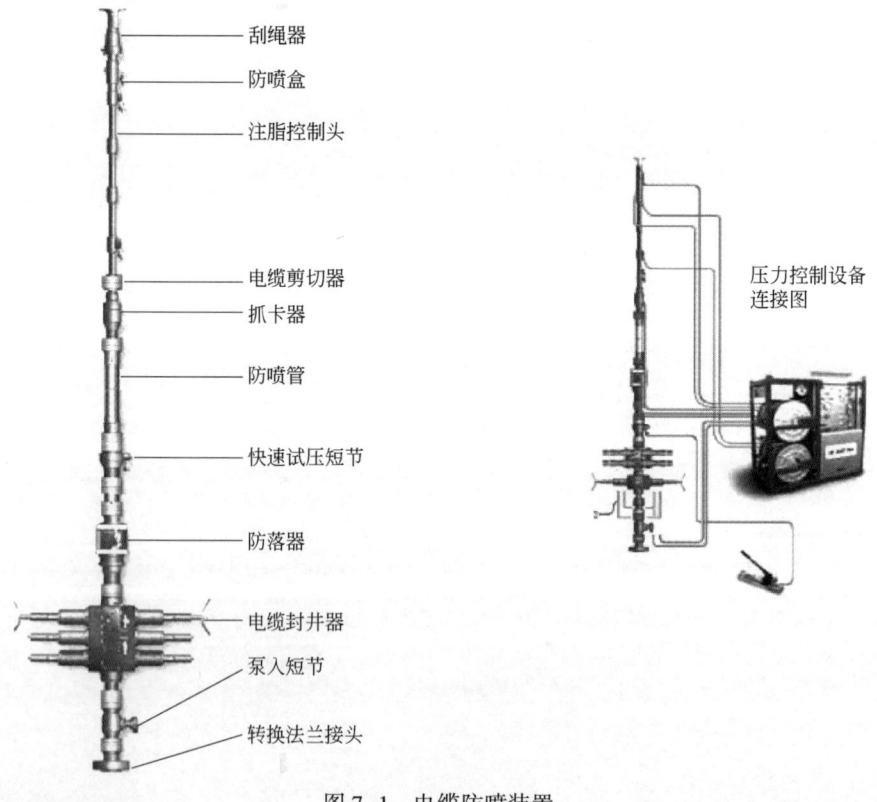

图 7-1 电缆防喷装置

第七章　测井电缆防喷装置

纹接头）、泵入短节、电缆封井器、防落器（下捕集器）、快速试压短节、防喷管、抓卡器（上捕集器）、电缆剪切器、注脂控制头、防喷盒、刮绳器、注脂控制系统等。电缆防喷装置拥有各种尺寸规格和压力等级，尺寸规格通常指装置通径，有76mm、102mm、140mm、160mm等；压力等级是指额定工作压力，有35MPa、70MPa、105MPa和140MPa等。

一、井口连接转换法兰

井口连接转换法兰（图7-2）用于将整套装置方便、牢靠地连接在井口上。其上端活接头外螺纹和整套防喷装置匹配，下端法兰和井口连接，小规格或低压力等级为油管扣或套管扣连接井口。

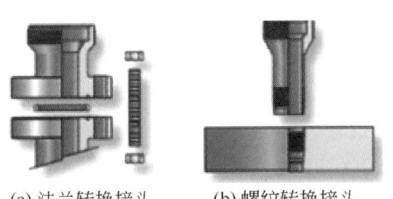

(a) 法兰转换接头　　(b) 螺纹转换接头

图7-2　井口连接转换法兰

二、泵入短节

泵入短节（图7-3），主要用于通过压裂管路或其他管线给井内泵入液体，或给防喷管内注水加压进行压力自检，以及防喷管泄压后泄放防喷管内余液等用途。泵入短节一般安装在电缆封井器下方，主要由主体、活接头螺母、压力表、旋塞阀等部件组成。压力表可随时观察防喷管内压力情况；旋塞阀是泄放余液或者井下注液的控制开关，用于控制流体的通断，在仪器下

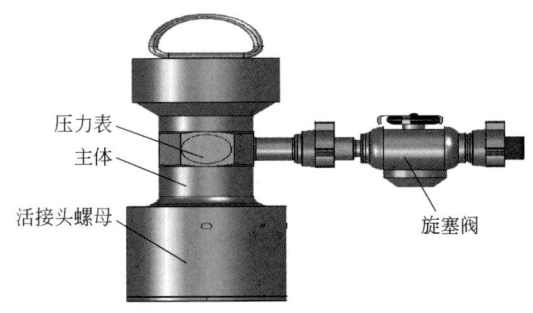

图7-3　泵入短节

井作业过程中泵入短节侧出口旋塞阀始终处于关闭状态，只有当系统需要泄放余液或者井下注液时，旋塞阀才是处于打开状态的。

三、电缆封井器

电缆封井器主要用于带压作业过程中，当维修防喷管内电缆或注脂控制头密封失效时暂时控制井筒内压力，重新建立注脂控制头密封能力。电缆封井器有多种尺寸规格和压力等级，根据操作形式分为手动操作和液动操作；根据结构分为单闸板防喷器、双闸板防喷器、三闸板防喷器、四闸板防喷器等。其选用取决于预定的井口压力和井口安装的井控设备类型。

电缆封井器闸板密封是由安装在电缆封井器闸板体前部的前密封和环绕闸板体顶部半圆的顶密封组成。顶密封和前密封安装到闸板体上后连接在一起。前密封起密封井口或密封井口内电缆外圆柱的作用，顶密封用来防止井内液气通过闸板腔与闸板体之间的缝隙泄漏（图 7-4）。

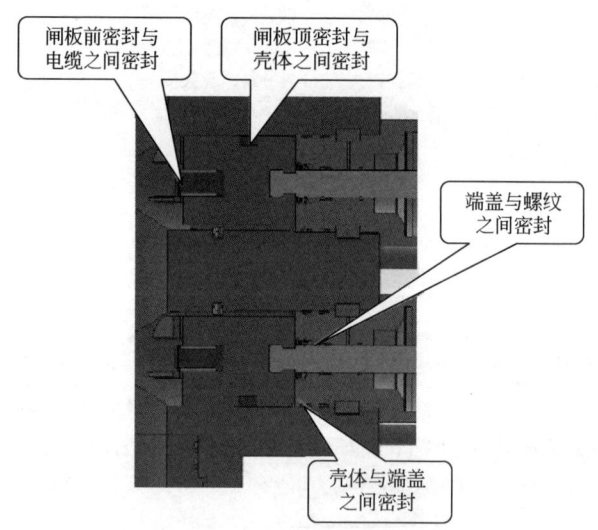

图 7-4　闸板密封结构图

为防止电缆封井器闸板旋转，封井器液缸总成接头上设计了一个导向限位销（图 7-5），限位销与闸板体上的导向槽配合，防止闸板体在工作时转动。闸板体上设有导向槽，可使井内压力进入闸板后部，向井眼中心推挤闸板，起到井压助封作用。

当电缆封井器闸板关闭后，压力达到稳定状态，井压作用在闸板体后部，

第七章 测井电缆防喷装置

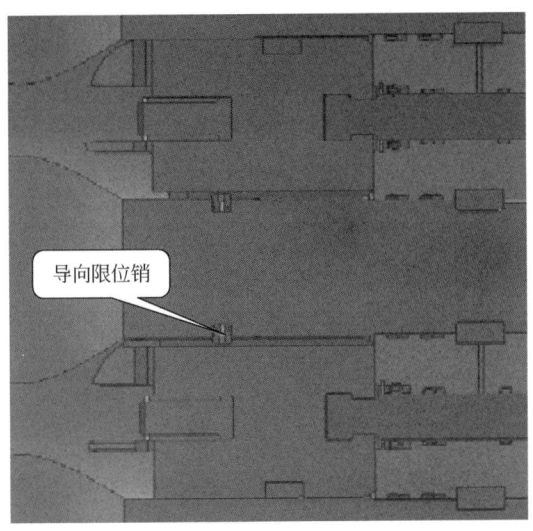

图 7-5 导向限位销

推动闸板向井口中心靠近,起到一定的辅助密封作用。电缆封井器的关闭比,也就是液缸液压油压力与能形成有效密封的井压的比值 1:10。例如,液控系统提供 1.4MPa 的液压油可以关闭电缆封井器的闸板总成,对 14MPa 井压形成有效密封。

电缆封井器闸板总成安装方向一旦上下颠倒,会导致井压与闸板密封方向相反而无法实现有效密封(图 7-6)。因此,检查电缆封井器闸板安装方向是否正确非常重要。使用中,大多数双闸板或三闸板封井器的上部闸板均正装,即装配时导向杆位置应位于电缆封井器闸板主体下侧,闸板总成顶密封背对井压方向,下部闸板或中部闸板倒装,即闸板导向杆位于电缆封井器闸板主体上侧,闸板总成顶密封面向井压方向。光滑钢丝作业用电缆封井器,其所有闸板均具备承压性,不能倒装。

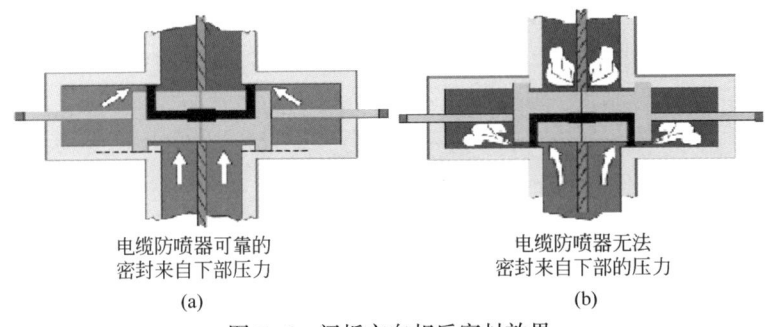

图 7-6 闸板方向相反密封效果

在油缸总成接头上有 2 个 180°分布的螺纹孔用来安装导向定位销,将导向定位销安装到相反方向的螺纹孔中,将闸板总成旋转,即可将正常的闸板总成倒置。

1. 电缆封井器的闸板

当井内没有电缆时密封井口,使用全封闸板(图 7-7)。

图 7-7 全封闸板

当井内有电缆时,使用半封闸板(图 7-8),闸板前端有一个半圆凹槽,凹槽半径需略小于电缆半径。

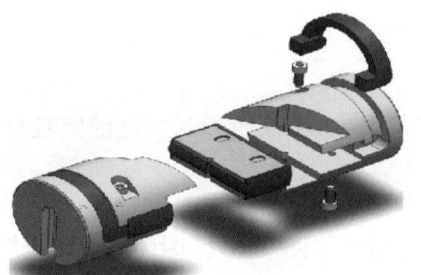

图 7-8 半封闸板

在承压情况下电缆需要维修时,或注脂控制头无法重新获得密封时,电缆封井器通过半封闸板总成密封电缆外圆柱来实现井口压力控制。密封部件有两部分,弹性橡胶和金属筋板,金属筋板的规格与电缆规格对应匹配。弹性橡胶通常称为闸板胶芯。当关闭电缆封井器时,闸板胶芯在液缸的推动下挤压电缆,橡胶变形填充闸板胶芯与电缆之间的缝隙,形成密封(图 7-9)。

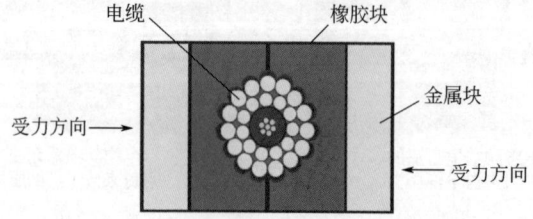

图 7-9 闸板胶芯与电缆密封剖面图

第七章 测井电缆防喷装置

当井内有电缆,在紧急情况下需要剪断电缆并实现封井时,需要使用剪切全封闸板(图7-10)。

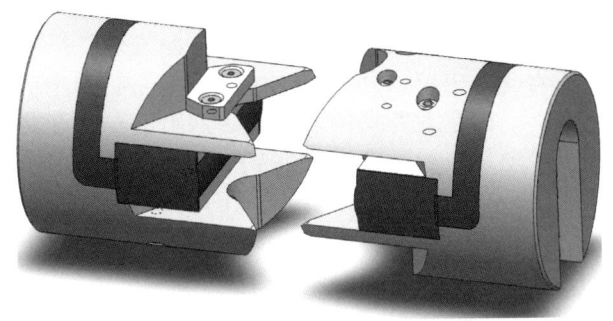

图7-10 剪切全封闸板

2. 电缆封井器的类型

1) 单闸板手动电缆封井器(BOP-M)

通过旋转两个电缆封井器本体上的手柄进行操作。螺杆末端的金属盘推动闸板密封电缆(图7-11),向相反的方向旋转释放闸板。虽然手动单闸板电缆封井器的压力等级可以达到35MPa,但只推荐使用在最大21MPa的压力条件下。手动防喷器的缺点是关闭缓慢,且不能进行远程操作。

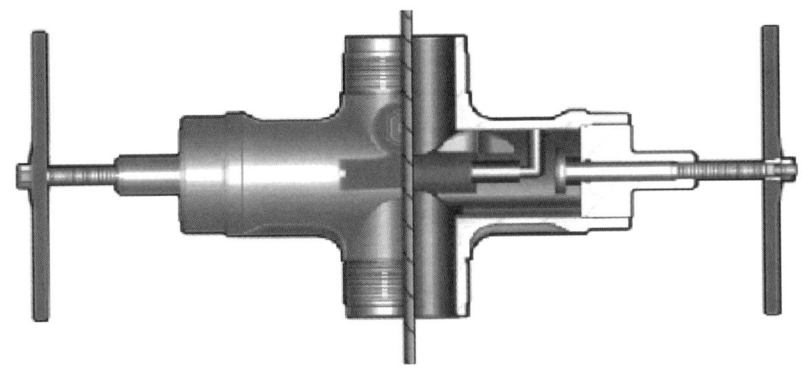

图7-11 单闸板手动电缆封井器

2) 液压单闸板电缆封井器

液压单闸板电缆封井器的设计与单闸板手动电缆封井器是一样的,只是用液压替代了手动驱动闸板,但手动装置仍然作为备用系统保留着。当闸板关闭时,液压油泵入外部腔体内,推动与闸板相连的活塞向内运动,液压油从内腔返回储油箱。当闸板液动关闭,手动转动手柄锁紧是附加的安全保障,当手动锁紧后，封井器是不能液动打开的。打开封井器时，必须先手动解锁，此时，闸板仍保持关闭，作用在内腔的液压油推动与闸板相连的活塞，外腔的液压油返回储油箱（图7-12）。液压防喷器具有远程操作、反应迅速、紧急情况下可降低对人员的伤害的优点。如果液压泵失效，仍能够进行手动操作，首先打开液压管线（中位），允许液压油在活塞两面自由流动，手柄就可以用于手动关封井器。由于封井器的设计上手柄不能再次开井，必须用液压方式。液压单闸板电缆封井器可以达到70MPa压力级别，但当工作压力超过35MPa，或井口含有气体时，推荐使用液动双闸板或三闸板防喷器。

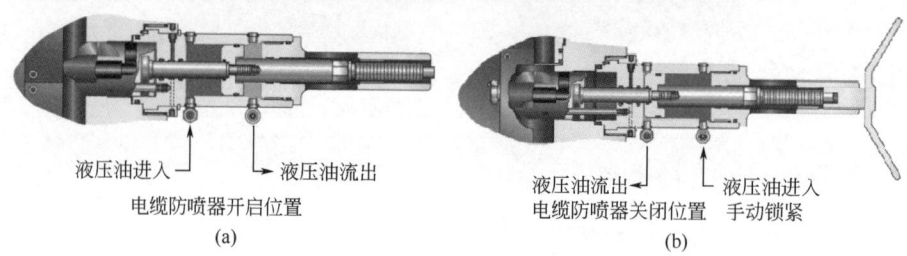

图7-12 液压单闸板防喷器

3）双闸板电缆封井器

双闸板电缆封井器由两对上下并列的液缸驱动的闸板总成组成（图7-13）。当进行电缆作业时，下部闸板总成倒置。上下闸板之间有一个注脂接头，可在压力下注脂形成密封，防止气体沿电缆向上游走。

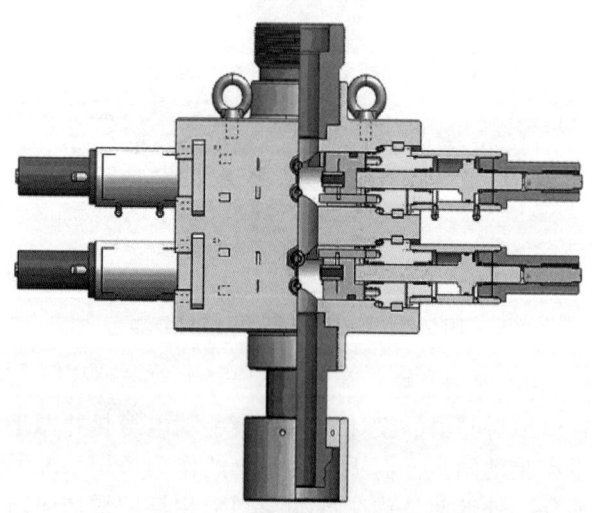

图7-13 双闸板电缆封井器

4) 三闸板电缆封井器

三闸板电缆封井器用于高压油气井，顶部闸板总成正常安装，中间或底部闸板总成倒置安装（图7-14）。在使用时，关闭顶部正常安装与倒置安装的两对闸板，并在两对闸板总成之间注入密封脂助封。另外一对正常安装的闸板总成一般安装全封或剪切全封闸板。每次作业完成后检查顶部闸板总成的密封件，确保完好。

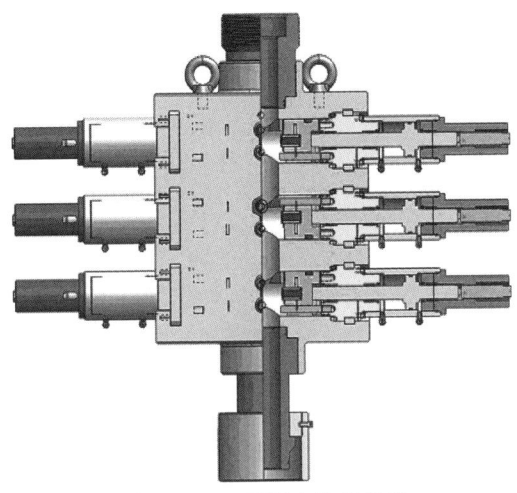

图7-14 三闸板电缆封井器

另外，在防喷器壳体一侧中部都要安装压力平衡阀（图7-15），用于闸板关闭后，平衡封井器与防喷管之间的压力差。防喷器关闭后不能带压开启，当需要开启防喷器时，必须先打开平衡阀让闸板体上下压力平衡后才能打开防喷器。当防喷器打开后应立即将阀芯向下拧紧，以防再次封闭井口时密封失效。每对闸板总成都要配备压力平衡阀。

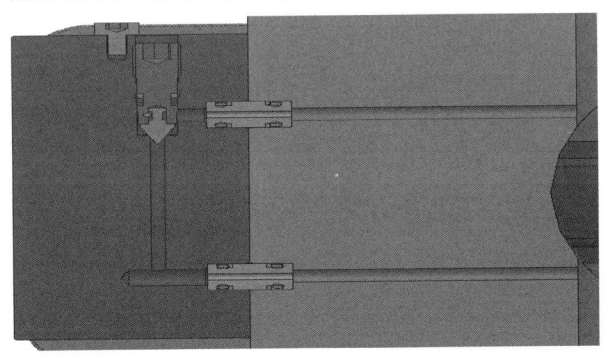

图7-15 压力平衡阀

四、防落器（下捕集器）

防落器的功能是当作业过程中仪器进入防喷管后意外拉断电缆弱点时，阻挡测井仪器落入井内。

防落器安装在封井器的上方，防喷管的下方。正常工作时操作手柄处于水平位置，接盘（有时也称为"挡板"）为关闭状态。仪器串通过防落器后，泄掉液压油让接盘自动关闭，电缆可从接盘中间的通槽内通过。防落器开启可由液动操作或手动操作完成。当需要通过液动方式打开接盘时，可向液压缸内注入液压油，液压油带动活塞，通过齿条、齿轮传动，将直线运动变为销轴的旋转运动，从而带动接盘至打开位置。当液动系统出现问题时，可手动操作防落器实现开启和关闭，用手朝上旋转操作手柄90°即可打开接盘。需要关闭接盘时，可泄掉油缸内的液压油，弹簧作用推动活塞，通过齿条、齿轮传动使接盘恢复水平关闭位置，把仪器阻挡在防喷管内，以防落入井内。

防落器由主体、传动齿轮、手柄及接盘等组成（图7-16）。可用外边的手柄进行手动操作来竖起或放倒接盘。在液压操作时，手柄起指示作用。液压缸安装在外边，可以在不拆卸主体的情况下进行检修。

防落器接盘有凹槽，比电缆大，但是比下井仪器串小，为弹簧式装置，从井内提出仪器时会自动打开，但当仪器上升到防落器正上方时，接盘会立即恢复关闭位置。

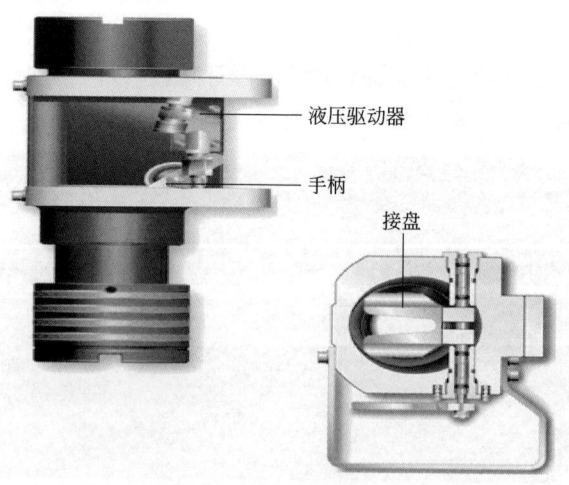

图7-16 防落器

五、防喷管

防喷管是一系列相互连接的金属管，用来为下井工具提供一定的容纳空间，以便开启和关闭井口阀门。防喷管的总长度不宜超过 30m，同时大于下井仪器串总长度 1m 以上，其内径应大于仪器串最大外径 6mm 或射孔枪外径 15mm。防喷管一般为无缝钢管制作，长度一般根据需要制作成 2~2.5m，另外配备 0.5m 和 1m 的短节作为调整短节。每根防喷管接头都配有高压快接活接头，快接活接头可以与防喷管主体是一个整体，也可以是对接焊的，防喷管之间的连接采用梯形螺纹活接头连接形式（图 7-17）。

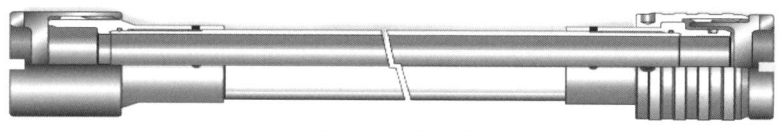

图 7-17 防喷管

防喷管密封由不同的弹性化合物材料制成，这取决于操作温度和钻井液的性质。特殊密封用于在寒冷环境下密封超强腐蚀性液体（高浓度硫化氢、二氧化碳等），或用于注蒸汽作业。

电缆封井器和其他井口压力控制装置管柱的组件都通过快接活接头相互连接。快接活接头根据内螺纹接头和外螺纹接头的外形自动校准。位于外螺纹接头端部的密封带有内部 O 形圈。快接活接头使用 ACME 规格的螺纹。该规格的螺纹连接不需要扣紧使 O 形圈起作用。如果匹配角度正确，那么扣环可手动扣紧和松开，简单快速。因此，该连接没有必要使用扳钳来拧紧。

BOWEN 快接接头（图 7-18）和 OTIS 快接接头（图 7-19）为常用的活接头类型，只是外形有所不同，OTIS 和 BOWEN 型号的接头不可互换。BOWEN 连接更加紧密，而 OTIS 连接在没有准确校准时易于对扣。它们都为标准尺寸，规格与连接内径和压力等级有关。

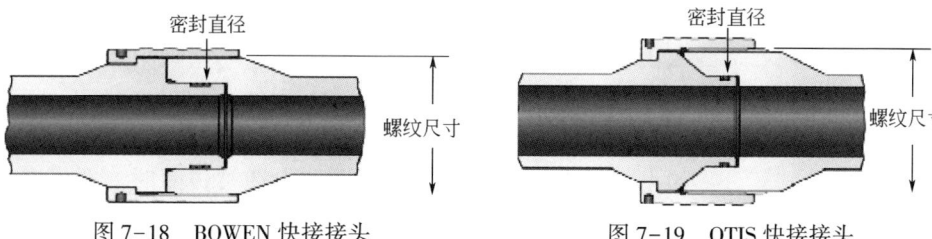

图 7-18 BOWEN 快接接头 　　　　　图 7-19 OTIS 快接接头

活接头的规格表示方法为：

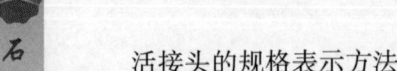

(1) 型号：BOWEN 或 OTIS；
(2) ACME 螺纹直径，用英寸表示；
(3) 每英寸螺纹数（TPI），双头螺纹标注 DL（有时也标记为×2）；
(4) 密封直径，按英寸计算，精确至千分位。

例如："BOWEN8-1/4in-4DL-（6.000in）"表示 BOWEN 接头，8-1/4in ACME 螺纹，每英寸 4 条螺纹，双头螺纹，密封直径为 6.000in。也可表示为"BOWEN8.25-4×2-(6.000)"。

六、抓卡器（上捕集器）

抓卡器通常在防喷管正上方，注脂控制头的正下方。一旦仪器串由于疏忽被拉进防喷管的顶端，且薄弱部分受到损坏，那么抓卡器可防止仪器串掉落。当抓卡器起作用时，可抓住电缆头或者钢丝绳套打捞颈，安全托住防喷管内的工具，电缆防喷装置管串上至少应配有一套抓卡系统，防落器或抓卡器均可。

抓卡器是一套安全装置，具有独特的"依靠液压系统实现工具释放"的性能，当没有液压系统动作时，装置总是处在抓卡状态。

一旦电缆头被拉进抓卡器（拉力为 45～70kg），靠弹簧力的作用使张开的卡瓦包容住电缆头，然后卡瓦弹簧继续受压，弹簧力将卡瓦关闭，电缆头被自动抓卡住。

要释放电缆头，须启动液压系统，将液压油注入抓卡器下主体的油腔内，推动活塞压缩弹簧，从而带动卡瓦打开，使电缆头得到释放。释放电缆头所需的油管压力与井口压力有直接关系，当井口压力为 0MPa 时，释放电缆头所需的油管压力为 14MPa，当井口压力为 105MPa 时，释放电缆头所需的油管压力为 19.6MPa。当泄掉油管压力后，靠弹簧力和井口压力使活塞下行复位，卡瓦也重新恢复至原来的位置，继续保持抓卡状态。

抓卡器结构：主要由上主体、下主体、活接头、活塞、心轴、卡瓦等零件组成（图 7-20），有带阻流球阀或不带阻流球阀两种形式。不带阻流球阀形式的抓卡器，上部为内螺纹活接头，下部为外螺纹活接头；带阻流球阀形式的抓卡器，上部为与注脂控制头相连的内螺纹，上主体装有阻流球阀，下部为外螺纹活接头。

阻流球阀部分：如果仪器上顶的力量过大，导致电缆被拔断时，埋伏在防顶上接头一侧的钢球在井内高压液体的冲击下，向上移动至电缆通道，防止井内液体自电缆通道向上流出，起到防漏的作用（图 7-21）。

第七章 测井电缆防喷装置

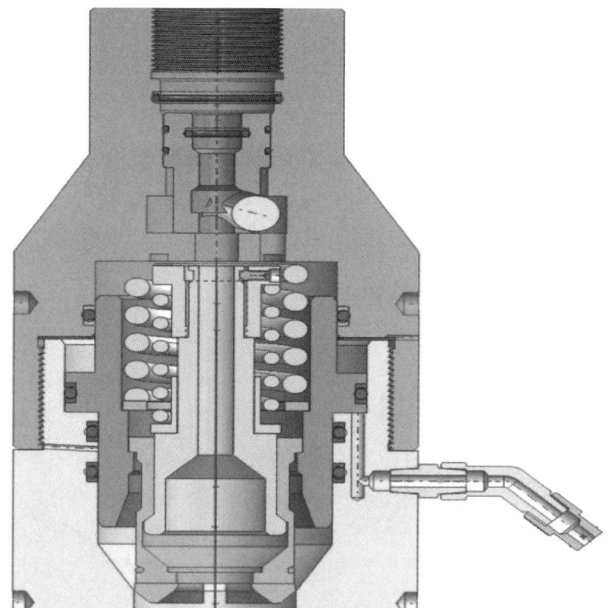

图 7-20 抓卡器剖面图

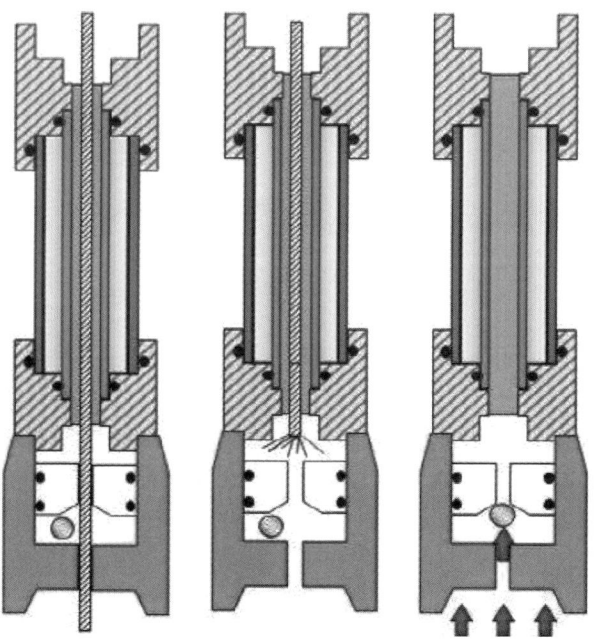

图 7-21 阻流球阀工作示意图

七、电缆剪切器

电缆剪切器安装在抓卡器与注脂控制头之间,用于在紧急情况下剪断电缆(图7-22)。电缆剪切器由手压泵驱动液压油剪断电缆,依靠弹簧反弹力使活塞复位。液缸液压35MPa,推荐操作液压不大于21MPa,设备强度试验压力为额定工作压力的1.2倍。电缆剪切器可剪断的最大电缆直径为12.7mm。

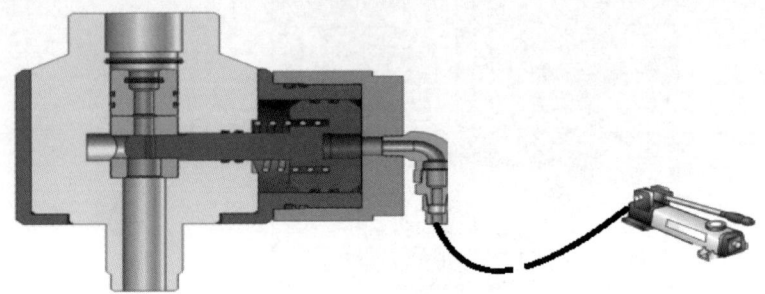

图7-22 电缆剪切器示意图

八、注脂控制头

注脂控制头由弹簧、导柱、胶筒和阻流管等组成(图7-23)。阻流管是

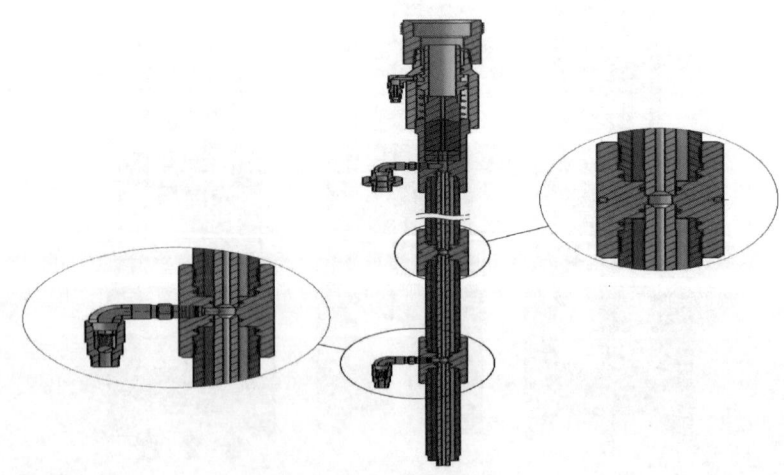

图7-23 注脂控制头

一种内壁光滑的钢管，经过热处理提高硬度，其内径与电缆外径允许有0.05~0.4mm的间隙。注脂控制头导柱、胶筒和阻流管等尺寸均应与所使用的电缆尺寸相匹配。注脂控制头下方与电缆剪切器、化学试剂注入短节、抓卡器或防喷管连接。

阻流管是注脂控制头的关键部件，其作用是用来平衡大部分井口压力。该部件允许井内存在压力，同时还允许电缆自由活动。压力密封由黏稠的密封脂维持，密封脂通过注脂泵注入电缆和阻流管之间的环形空隙内。由于阻流管与电缆之间配合间隙很小，从注脂管线注入的密封脂进入电缆与阻流管的环形间隙时，便会形成很大的压力差。如果防喷管内压力为零，密封脂就会向下通过下部阻流管端口流出，但井压保持密封脂位于阻流管内，并通过阻流管上部端口向上流出。在实际操作过程中，少量的密封脂会在两个端口流失，特别是当电缆活动的时候。但是井压和井液会保留在阻流管内。向下流动的密封脂流到阻流管出口处时，与井口压力基本平衡或略大于井口压力，从而可阻止井口油气的外泄。由于上阻流管比下阻流管长，向上流动的密封脂的压力降很大，从回流管流入废油桶时，密封脂压力大致与大气压力相平衡。

由阻流管控制的井压随着阻流管长度的增加而增加。当井口压力过高或阻流管磨损间隙过大时，可增加注脂控制头下面阻流管数量，以平衡井口压力。

同一标称直径的电缆，受铠装结构、生产厂家、使用新旧程度等因素的影响，实际可通过直径并不相同，因而选用阻流管时，应综合考虑这些因素。

九、防喷盒

防喷盒用于紧急情况或注脂控制头密封失效情况下暂时密封井口压力，可用于35MPa、70MPa和105MPa作业等级，适用液压压力最大为43.75MPa。105MPa设备通常配有双防喷盒，防喷盒测试压力取决于工作压力等级，例如70MPa和105MPa为工作压力的等级的1.2倍，35MPa为工作压力的2倍。

它的橡胶件位于装有弹簧活塞的下方。当处于打开状态时，橡胶密封填料装置松弛装配在电缆周围，对其移动没有任何阻碍，电缆可以自由移动（图7-24）。

当关闭密封填料装置时，液压油被泵入活塞上端的腔室内，活塞向下推进，克服弹簧阻力，挤压橡胶件，电缆被抱紧（图7-25）。当液动压力被释放，弹簧向上推动活塞，橡胶就会恢复原状释放电缆。

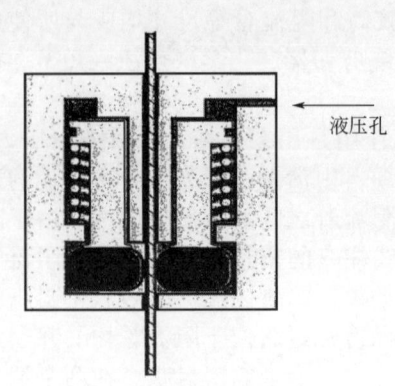 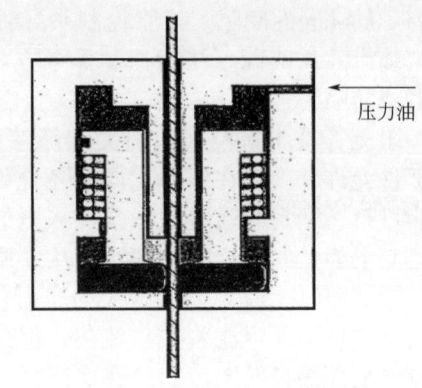

图 7-24　电缆防喷盒打开状态　　　　图 7-25　电缆防喷盒关闭状态

该装置的操作比较简单。当需要操纵防喷盒密封电缆时，启动液压泵或手动泵，由液压推动防喷盒活塞动作，使压紧套压紧橡胶密封填料，对电缆进行密封。注意液压压力不得大于 42MPa。当释放液压压力后，活塞在弹簧力的作用下向上移动，松开橡胶密封填料，此时橡胶密封填料只起刮油的作用。在密封不同直径的电缆时，防喷盒中的橡胶密封填料、密封填料座、压紧套都应和电缆规格相配套。

操作时需注意，密封填料装置不能当作刮绳器来使用。当密封填料装置关闭时，橡胶可牢牢夹住电缆，电缆不能随意移动，此时若拉力过大，电缆的外部铠装会被挤压变形，不断的拉伸会造成铠装钢丝严重磨损，折断并楔入流管，也可能将电缆拉断。

十、刮绳器

刮绳器安装在防喷盒的上部，作用是刮去电缆上的油污，不用来保持压力，只有清洁电缆的作用。刮绳器主要由喇叭口、骨架弹簧、活塞、衬套、橡胶体（橡胶密封填料）、上主体、下主体及活接头等组成（图 7-26）。刮绳器采用液压密封式结构，可远距离操作，具有操作简单、密封可靠的特点。刮绳器橡胶密封填料的压紧是靠活塞的向上运动来完成的，手压泵注油，活塞向上移动，从而推动衬套压紧橡胶密封填料。释放手压泵的压力后，活塞在骨架弹簧的弹性力作用下，推动活塞恢复原位，具有弹性的橡胶体也重新复位，此时橡胶密封填料只起刮油的作用。

第七章　测井电缆防喷装置

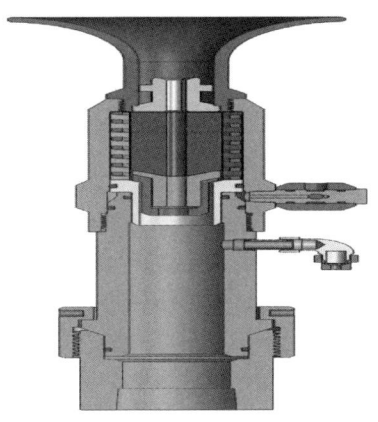

图 7-26　刮绳器

十一、液控注脂压力控制系统

液控注脂压力控制系统主要用于实现电缆在带压情况下的动态、静态密封，并实现防喷装置各部件的远程液控控制。液控注脂压力控制系统分为注脂系统和液控系统两大部分。

1. 液控注脂控制装置概述

液控注脂控制装置包括注脂泵、打气泵、密封脂存储罐、储能罐、注脂管线、回脂管线、各类液压管线及操作控制面板，整个系统安装在一个橇装框架上（图 7-27）。装置操作面板上刻画有系统液压原理及匹配的换向阀操

图 7-27　注脂液压控制橇

作手柄、气体调压阀、压力显示仪表、截止阀、二通球阀等。

注脂系统为密封头注脂和防喷器注脂提供高压密封脂，实现电缆的动态以及静态密封。注脂系统由注脂油箱、控制面板、各种高压阀件及高压管线、注脂管线滚筒、回脂管线滚筒等组成。注脂油箱用于盛装密封脂，并安装固定注脂泵；控制面板各阀件用于控制注脂泵的启停，实现注脂压力以及密封脂注入的控制；各管线滚筒以及高压管线主要用于密封脂的输出以及不带压情况下管线的收放。

液控系统为液控注脂密封头、液控上捕捉器、液控下捕捉器、液控防喷器以及其他各液控部件的液控操作提供高压液压油，实现各部件的远控液控操作。液控系统主要由液压油油箱、气动液压泵、手压泵、控制面板上各阀件以及高压硬管、蓄能器、管线滚筒以及各液压控制管线等部件组成。液压油油箱用于盛装液压油；气动液压泵、手压泵用于液压油加压实现各液控操作；控制面板上各阀件以及高压硬管用于控制气动液压泵的启停，实现液控压力以及各部件液控操作的控制；各管线滚筒以及高压管线用于液压油的输出以及不带压情况下管线的收放。

2. 液控系统主要元器件

1) 囊式蓄能器

囊式蓄能器是液控系统中重要的液压辅件，主要用于关闭防喷器时提供可靠的压力油源。蓄能器的工作压力为21MPa，因此为蓄能器充压时，必须确保压力充至21MPa后方可停泵。

每个蓄能器中都装有胶囊，通常情况下充装的是氮气，严禁充装氧气、压缩空气或易燃易爆等气体。胶囊中预充氮气的压力为9MPa，在使用前应检查蓄能器氮气压力是否达到9MPa，如充氮压力不足9MPa，则用充氮工具对蓄能器充氮，达到指定压力为止。

蓄能器至少每半年检查一次，使其保持最佳使用状态。检查方法：缓慢打开蓄能器控制阀，使液压油流回油箱，同时注意压力表示数变化。压力表指针先是缓慢下降，当达到某压力值后指针会急速降至零。指针急速降至零时的数值就是充氮压力。此外，还可以利用充氮工具检查充氮压力，但每检查一次都会少量泄放氮气。

在液控系统运输过程中，必须将蓄能器及系统的压力全部泄掉，以防发生安全事故。

蓄能器不起作用时的检查：
(1) 检查充气阀是否漏气；
(2) 如果皮囊中没有氮气，充气阀处冒油，则拆卸检查皮囊是否破损；

(3) 如果蓄能器向外漏油,旋紧连接部分,若仍然漏油,拆卸并更换相应零件;

(4) 拆装蓄能器时,必须在熟识压力容器的专业人员指导下进行。

上述任何一种维修作业均应在泄去蓄能器中的压力油,用充氮工具排尽气囊中的气体的情况下进行。

2) 三联件

液控系统都配有一个三联件,主要是为气压系统提供过滤、调节和润滑功能。

三联件中有油水分离器和油雾器。油水分离器底部有一柱塞,向上推起可释放余气和积存的液体。油雾器的油杯中必须有适量的润滑油,否则会使气动泵因润滑不足而损坏。要定期检查三联件,确保元件完好且油杯中有适量润滑油。

3) 注脂泵系统

注脂泵系统主要为密封头注脂和防喷器注脂提供高压密封脂。

3. 气源

空气压缩机为注脂液控系统中气动注脂泵和气驱液压泵提供压缩空气,有电动空气压缩机和柴油空气压缩机两种类型。空气压缩机压力和排量的大小决定了电缆井口防喷装置能否有效和稳定地工作。

4. 液控注脂控制装置操作

1) 液控注脂控制装置操作与检查

(1) 操作前应对整个液控注脂控制装置进行检查,确保装置处在良好的使用状态,所有的连接部位连接正确,将作业所需的密封脂装入注脂油箱,并检查液压油箱里的液压油是否够用。

(2) 检查控制面板上的仪表和所有阀,各阀都应在关闭状态,三位四通手动换向阀旋转至水平截止位置。

(3) 从注脂泵气体过滤器中排出流体,检查油标油位。

2) 液控注脂控制装置压力自检操作

(1) 将气管线与空气压缩机气箱连接好以后,检查并启动空气压缩机。

(2) 打开球阀,查看压力表气源压力显示。

(3) 扳动三位四通阀均处于"开启"位。

(4) 顺时针调节气体调压阀,启动气动液压泵,至系统压力表示数为17MPa。

(5) 关闭气体调压阀和球阀。

(6) 用手压泵加压至压力表示数达到21MPa,待压力稳定后,计时稳压

15min 后应无渗漏。

（7）打开卸荷阀，泄放压力，使系统压力表示数为零。

（8）关闭卸荷阀。

（9）扳动三位四通阀均处于"关闭"位，用步骤（4）、（5）、（6）、（7）、（8）方法检测三位四通阀"关闭"路。

（10）调节三位四通阀使其处于中位。

（11）打开下捕捉器、防喷盒、刮缆器用手压泵加压至系统压力表示数达到 21MPa，待压力稳定后，计时稳压 15min 后应无渗漏。

（12）打开卸荷阀泄压完成后关闭所有截止阀。

液压系统的使用步骤和液压系统压力自检步骤类同。

3）蓄能器充压操作步骤

（1）充压前检查各个阀件处于关闭状态，三位四通手动换向阀旋转至中位。

（2）接通气源管线。

（3）打开球阀。

（4）打开蓄能器前截止阀，气源压力显示于压力表。

（5）顺时针调节气体调压阀，启动气动液压泵，至压力表示数为 21MPa。

（6）关闭气体调压阀和球阀。

（7）关闭蓄能器前截止阀，待压力稳定后，计时稳压 15min 后应无渗漏。

（8）打开蓄能器前截止阀和卸荷阀，泄放压力，使系统压力表示数为零。

（9）关闭所有截止阀。

第二节　电缆防喷装置的维护保养

一、电缆防喷装置维护保养的要求

1. 总体要求

电缆防喷装置维护保养应遵循"保养为主，维修为辅"的原则，根据作业环境和工区情况，制定出相应的设备维护保养细则。总体上应遵守以下规定：

（1）应根据使用情况对电缆防喷装置进行日常维护保养或定期维护保养，并作好记录。

第七章 测井电缆防喷装置

（2）每井次使用后应进行一次日常维护保养。

（3）出现下列任何一种情况，应按定期维护保养项目对电缆防喷装置进行维护保养，定期维护保养后应进行功能测试：

① 每半年或作业超过 10 口井；

② 同一口井连续作业下井次数超过 20 次；

③ 在硫化氢含量超过 8% 的气井中使用后。

2. 日常维护保养要求

（1）清除电缆防喷装置各部位的密封脂、尘土或从井内带出的残留液体。

（2）检查防喷装置各部件连接部位的密封面、螺纹，并涂抹润滑油脂。

（3）检查阻流管密封面、测量其内径，确认与电缆的配合间隙。

（4）清洁和检查注脂控制系统支架、注脂泵、空气压缩机、储气瓶、注脂管线及液压管线卷轴、液压油箱、密封脂油箱、发动机等。

（5）检查注脂控制系统面板压力表，紧固、清洗、润滑各阀门。

3. 定期维护保养要求

（1）拆卸注脂控制头液压接头、阻流管壳体，取出阻流管，清洁、润滑各密封部位。

（2）拆卸抓卡器，取出蓄能器弹簧、释放器总成、活接箍，拆卸释放器总成并检查保养。

（3）拆卸防落器液压缸体总成、液压油缸固定座等部件，检查各部件，更换所有 O 形密封圈、垫圈。

（4）拆卸电缆剪切器，检查活塞、切割刀片等，更换所有密封件，更换受损部件。

（5）拆卸电缆封井器，检查液压缸、闸板和针形平衡阀总成，更换所有密封件，检查闸板表面及封井器内腔体表面应无划痕、损伤。

二、电缆防喷装置主要部件的维护保养

1. 注脂控制头维护保养

（1）拆下刮绳器的骨架弹簧、活塞、橡胶密封填料、上下主体，逐一清洗，检查磨损情况，需更换的要更换。

（2）清洗、检查手压泵接头、注脂接头。

（3）拆下防喷盒、阻流管进行清洗，检查防喷盒的磨损情况，需更换的要更换。

（4）按控制头的组装顺序，涂抹黄油，逐一组装防喷盒、上下主体、橡

胶密封填料、活塞、骨架弹簧、液压接头、注脂接头等，带上护帽。

2. 防喷管维护保养

（1）对防喷管内、外壁进行清洗。

（2）检查密封面的磨损情况，必要时进行更换，然后涂抹螺纹脂，带上护帽。

3. 防落器维护保养

（1）清洗防落器内、外管壁，检查密封面磨损情况以及接盘工作状态，每使用一井次必须检查橡胶密封填料。涂抹螺纹脂，带上护帽，放置到专有位置。

（2）维修时，首先卸掉手柄保护架螺栓，卸掉压盖螺钉，抽出转动轴，更换密封圈，清洗保养后重新装配。

4. 电缆封井器维护保养

（1）每井次进行全面清洗、检查，及时更换损坏的零配件。机械和液压阀门开关应灵活可靠。

（2）装配时要细心操作，不要使密封面部位刮伤，保持密封面清洁。

（3）闸板室内腔及闸板心面应涂抹润滑油防腐。

（4）每年进行一次检修。

（5）闸板密封胶芯是封井中的关键件，必须保证完好。一旦发现密封面损伤应及时更换。更换闸板密封胶芯的步骤如下：

① 用液压油将闸板打开至全开位置；

② 卸掉固定插板的螺钉，将插板从主壳体与油缸接头之间取出；

③ 将油缸总成一起从主壳体中取出；

④ 将闸板总成由闸板座尾部从活塞轴端部提出；

⑤ 拧松闸板座上的两个螺钉，将闸板密封胶芯取出。

（6）油缸总成的修理、更换、安装的操作步骤按如下：

① 液缸下面放置干净油盆，防止拆卸时油流到地面。将油缸盖与油缸之间的连接螺纹拧开，将油缸盖取出。

② 液缸拆卸后，如发现液缸内表面有纵向拉痕时，即使更换新的活塞密封填料也不能防止漏油，应换新的液缸。同时应检查活塞等相关件，找出拉伤或点状伤痕，可用极细的砂纸和油石修正。

③ 拆卸活塞与闸板轴连接处时，应先卸掉限位杆，然后将闸板轴从活塞上取出。

④ 拧开主体侧堵与油缸之间的螺纹，主体侧堵与油缸就可以分离。

⑤ 安装时依照拆卸的反顺序进行，但要注意检查零件有无毛刺或尖棱角，如有应去掉。安装的各零件应清洗干净，并检查是否完好无损。装入密封填

第七章 测井电缆防喷装置

料时要小心,不要刮伤或挤出,密封面应清洁,密封填料表面要涂抹润滑脂,相对密封面也要涂抹润滑脂,以利于装配。

(7)电缆封井器常见故障及处理方法见表7-1。

表7-1 电缆封井器常见故障及处理方法

序号	故障现象	产生原因	排除方法
1	井内介质从壳体与主体侧堵处流出	防喷器壳体与主体侧堵间密封填料损坏;防喷器壳体与主体侧堵面密封有脏物或损坏	更换损坏的密封填料,清除脏物,修复损坏面
2	液控系统正常,但闸板关不到位	闸板接触端有其他物质或砂子,钻井液块的积淤	清洗闸板
3	井内介质窜到油缸内,使油中含水、气	活塞杆密封填料损坏,活塞杆变形或表面损伤	更换损伤的活塞杆密封料,修复损伤的活塞杆
4	防喷器液动部分稳不住压	防喷器油缸,活塞杆密封填料损伤,活塞杆表面损伤	更换密封填料,修复密封面或更换新件
5	闸板关闭后封不住压	闸板密封胶芯损坏,壳体闸板腔上部密封面损坏	更换闸板密封胶芯,修复密封面
6	控制油路正常,用液压打不开闸板	闸板被泥砂卡住	清除泥砂,加大控制压力

5. 注脂控制系统维护保养

(1)清洗各种液压、注脂高压管线,接头,拖橇本体。
(2)紧固、润滑各接头。
(3)清洗检查各压力表。
(4)清洗、润滑各阀门,确保开关灵活有效。
(5)检查机油、柴油、液压油及密封脂是否足够、有效。

第三节 电缆防喷装置检测

一、电缆防喷装置检测要求

测井井控设备检测应由有检测资质的第三方机构进行检测,并开出具有企业、油田或法律效力的检测报告。应定期由有资质的检测机构对防喷装置进行试压检测，检测周期最长不超过 2 年。井口装置室内压力测试应按额定工作压力检测，井口接头、法兰和螺纹连接所承受的压力不能超过接头最薄弱点的压力等级。

二、电缆防喷装置现场试压

现场应对安装好的电缆防喷装置进行压力测试，有助于发现连接零件的磨损情况，以及各部件密封部位是否存在泄漏。金属主体上如果存在瑕疵或连接螺纹不牢固，或螺纹发生磨损，测试时都会发现泄漏的地方。测试压力值通常为该井预计最大井口压力的 1.2 倍。压力测试通常最少持续 3min，释放所有压力后，重新进行压力测试最少持续 15min，压降应小于 0.5MPa。确保所有部件在现场使用前进行测试合格。

由于空气受到挤压时储存的动能会以很大的力来分解零件，因此，在测试时应将设备灌满水用以清除内部的残余空气，在隔板或者墙壁后远离人群的地方进行。最常用的试压介质为水，寒冷地区使用专用试压液。试压时选择与设备参数相匹配的试压泵进行压力测试，作业现场可使用压力车和便携式试压泵进行测试。

三、各部件功能检测

1. 注脂控制头检测

（1）将测试电缆穿过注脂控制头阻流管，在电缆末端做一个电缆头。

（2）通过注脂控制系统向控制头注入密封脂，注脂压力为测试压力的 1.2 倍。

（3）通过试压接头向控制头加压 3.5MPa 后观察 3min，压降应不超过 0.5MPa；加压至额定工作压力后观察 15min，压降应不超过 0.5MPa。

（4）缓慢泄掉控制头内的压力和注脂管内的压力。

2. 抓卡器检测

（1）将电缆头插入抓卡器套爪，用手动液压泵施加额定液压压力，套爪应抓牢电缆头。

（2）使用手动液压泵施加额定液压压力，套爪应正常打开并释放电缆头。

（3）泄压回零时，蓄能弹簧应推动活塞和套爪恢复至原始位置。

3. 快速试压短节检测

（1）将手动液压泵连接至测试阀总成，同时打开测试阀总成中的两个针阀。

（2）加压至电缆防喷装置额定工作压力，关闭外部针阀后观察 5min，压降应不超过 0.5MPa。

（3）测试完成后打开外部针阀泄压，卸下手压泵，关闭内外两个针阀。

4. 防落器检测

（1）手动检查其开关功能。

（2）连接液压管线至液压装置各压力注入端口，检查液动开关功能应正常，防落器挡板开关到位。

（3）缓慢泄掉液压管线内压力。

5. 电缆剪切器检测

（1）连接液压管线至电缆剪切器液压注入接头，打开剪切刀具。

（2）放入适当长度的测试电缆，用约 14~32kg 拉力从两端拉直电缆。

（3）施加液压压力剪切电缆，剪切后应检查剪切刀片有无损坏。

（4）缓慢泄掉液压管线内压力。

6. 电缆封井器检测

1）液压缸检测

对每一组缸体施加液压压力，分别打开和关闭闸板，观察指示杆的移动，检查活塞工作状态。

2）本体检测

（1）安装上、下专用试压帽，确保闸板和平衡阀处于"打开"位置。

（2）将压力源连接至试压帽，加压 3.5MPa 后观察 5min，压降应不超过 0.5MPa。

（3）泄压并重新加压至额定工作压力的 75%，断开压力源后观察 15min，压降不超过 0.5MPa。

（4）缓慢泄掉电缆封井器内压力。

3）半封闸板密封性能检测

（1）将专用试压棒放入两级半封闸板之间。

（2）关闭上、下两个针形平衡阀，施加液压压力到液压缸以关闭上下闸板。

（3）通过上、下闸板之间的注入端口施加 3.5MPa 的工作压力后观察 5min，压降应不超过 0.5MPa。

（4）加压至额定工作压力的 75%，断开压力源后观察 15min，压降应不超过 0.5MPa。

（5）缓慢泄掉电缆封井器两级闸板间压力。

(6) 打开所有闸板，取出试压棒，关闭平衡阀，泄掉液压管线内压力。

4) 注脂控制系统检测

(1) 启动空气泵，并将气源接入注脂控制系统。

(2) 将注脂管线、液压控制管线末端连接密封堵头，提升压力至系统额定压力后观察5min，压降应不超过0.5MPa。

(3) 缓慢泄掉注脂管线内压力。

第四节 测井电缆防喷装置安装使用及异常情况处理

一、测井电缆防喷装置安装使用

1. 电缆防喷设备安装前准备

1) 设备运往井场前确认

测井、射孔工程师应对以下事项进行确认：

(1) 井口法兰型号、预计最高井口压力。

(2) 井筒内径、井控设备内径与仪器串外径是否匹配。

(3) 井控设备额定工作压力高于预计最高井口压力，确定所用的阻流管根数。

(4) 当地环境温度、井口温度及相匹配的密封脂。

(5) 电缆性能、外径及与之匹配的阻流管、封井器闸板、防喷盒橡胶件等。

(6) 井内流体类型以及相配的密封圈。

(7) 用户认可的井控设备及电缆剪切方案。

(8) 针对本次作业的安装拆卸程序进行讨论和预演。

(9) 风险评估及控制应包含整个施工过程的各个关键步骤和重要环节，如井口安装及拆卸、压力测试、危险品管理等。

2) 电缆封井器的选择

电缆封井器至少应配备一个电缆剪切全封闸板、两个电缆半封闸板，闸板总成的安装方向应正确，闸板应与所用电缆相匹配。在一些特殊作业井，如建设方有特殊要求的，还可配备包括三个半封闸板、一个剪切全封闸板的

第七章　测井电缆防喷装置

四闸板电缆防喷器。

3）阻流管的选择

在实际施工中，少量的密封脂在阻流管的两个端口有流失。当需要进行注脂操作时，应根据井口压力、密封情况和注入泵的输出输入比，适时调整注入泵的进气压力，保证密封效果。

（1）阻流管内径的选择。

阻流管必须与使用的电缆尺寸相匹配。一般而言，阻流管内径与电缆外径之间的间隙差为 0.05~0.4mm，密封能力随着电缆与阻流管内径的间隙变小而提高，但需要一定的间隙来适应电缆外径的变化，并控制摩擦和耗损。

对于每种常规电缆尺寸，都可选择一种阻流管。例如 5.6mm 的新电缆需要内径为 5.74mm 的阻流管，经过 5~10 次作业后，电缆会被拉伸，产生轻微磨损，此时可选用 5.64mm 的阻流管，随着使用寿命的临近，外层铠装磨损严重，变平，此时应选择 5.56mm 的阻流管。

因此，在实际工作中选择阻流管时，应考虑电缆的实际通过直径。同一标称直径的电缆，因铠装层结构、不同的厂家、使用的新旧程度等因素影响，实际的可通过直径并不相同。

电缆在井筒中作业，电缆铠装间的铁锈和钻井液中颗粒的不断堆积，使电缆发生膨胀现象，如果电缆没有进行密封脂注入处理就在钻井液环境下作业，应严格检查全部暴露在钻井液中的电缆外径。这也是新启用电缆需注入密封脂的原因之一。

电缆与阻流管间隙应控制在 0.05~0.40mm。实际操作时，可根据电缆状态、井口压力作适当调整，原则是在不损伤电缆钢丝的同时又能保证井口密封。

（2）阻流管长度（节数）的选择。

阻流管控制的井下压力随阻流管长度的增加而增加。当井下压力过大或阻流管磨损间隙过大时，可增加阻流管长度（节数），以平衡井下压力。

在允许的情况下，阻流管数量多比数量少更加安全可靠。在气井中，须使用更多的阻流管，因为气体更容易冲破密封脂，并随气体扩散将其推出。如果阻流管的长度不够，密封脂的消耗会增加，甚至不能形成密封。

实际工作中，应根据电缆尺寸和井口压力大小合理选取阻流管节数，对于 5.6mm 与 8mm 电缆，井口压力低于 55MPa，可选用 6 节（2m）阻流管，高于 55MPa，宜选用 8~10 节（2.8~3.5m）阻流管。

（3）影响阻流管密封效果的因素。

影响阻流管密封效果的因素主要包括：井口压力，阻流管与电缆间的间隙，采用的阻流管数量（长度），注入密封脂的黏度（受温度影响）及电缆的起下速度。

4) 密封脂的选用

密封脂在带压电缆作业过程中有两个重要功能。一是可确保在注脂控制头内形成良好的高压密封；二是涂抹电缆，避免过度磨损，使其免受井液的腐蚀。

液体在流动时，具有在其分子间产生内摩擦的性质，称为液体的黏性，黏性的大小用黏度表示，单位为厘泊（cP），是用来表征液体性质相关的阻力因子。黏度又分为动力黏度、运动黏度和条件黏度。

密封脂的黏度是衡量其流动性或者抵抗液体内固体活动的重要特性指标，黏性越强，抵抗力就越强，低黏度的物质比高黏度物质更易于流动。密封脂黏度过低，不能形成有效密封；黏度过高，密封脂软管压力下降过快，很难泵入足够的密封脂来补充电缆移动过程中从阻流管内带出的数量。

在实际工作中，密封脂的黏度会随温度增加而迅速下降，因此，应根据天气、季节选用不同黏度的密封脂。

密封脂属油脂类聚合物，最常用的是聚丁烯。聚丁烯为一系列产品的类名，由不同的化工厂家生产。一些厂商特别制造为电缆密封作业的产品，如多级聚丁烯密封脂，硫化氢抑制剂。

目前，市面常见有3种配方：多级聚丁烯K，适用于-20~+5℃寒冷条件下作业；多级聚丁烯，适用于-2~+20℃温和条件下作业；多级聚丁烯HP-HT适用于0~+40℃温暖条件下作业。使用时，不可将可生物降解的产品与油基油脂或其他生产厂家生产的油脂相混合，否则混合物会黏合和堵塞注脂及回流管线。

最理想的电缆密封应具有如下特征：

（1）在全天或全年的操作过程中，在温度和压力发生变化的情况下，密封脂仍应确保完好密封的形成。

（2）密封脂的黏度值在所需温度范围内为3000~30000cPs不等。当黏度增加时，密封的性能也随之增强，但是也增加了泵输送油脂的难度。油脂的最佳黏度值为5000~18000cPs。

（3）密封脂在所处的温度下应发黏并成拉丝状态，成为一连串的薄膜，且不会飞溅出去。

（4）密封脂无毒，不可燃烧且具有化学惰性。

（5）不溶于井内液体和乙二醇。

（6）对硫化氢和二氧化碳具有抑制特性，如需要可与硫化氢和二氧化碳抑制剂混合。

(7) 颜色透明，对环境无害，在现场比较容易清洗，并且可进行生物降解处理。

(8) 成本低廉，容易获得。

5) 空气单元配置

空气单元专门为气动注脂控制系统提供气源，为保证井控安全，应配备两套独立的供气系统以备注脂系统正常工作所需气源。对于液压驱动的注脂控制系统，通常应配备气源驱动泵和气源接口。

注脂系统中的林肯泵的耗气量由每冲程的耗气量和每分钟输出循环的次数决定。例如，2390 型林肯泵额定气源压力 80psi（约 0.54MPa），每冲程耗气量为 8.3L，输出循环次数为 75 个/min，三台泵同时工作的耗气量约为 $10.1m^3/min$，因此，应选择排量大于 $10.1m^3/min$ 的空气压缩机，气源排量有适当的存量，可提高电缆井口防喷装置工作的稳定性。

2. 电缆防喷设备安装

因不同井场环境的影响和限制，井控设备的安装可以按不同的方法和步骤来完成。最基本的井控设备安装步骤为：

（1）召开班前会，指定专人与司钻和吊车操作手协调，并负责指挥井口安装，指挥人员需穿戴有明显的标志的司索指挥工作服等；吊车和气动绞车、测井绞车的任何动作都必须在指挥人员的指挥下进行。

（2）吊装井控设备和密封脂等至指定位置，吊装作业必须使用经过认证的吊装设备，如钢丝绳、吊带等。

（3）将电缆封井器下端依次与泵入短节、转换法兰连接后，再与井口法兰对接；最后将泄压阀、压力表及注脂单向阀与电缆封井器相连接，关闭泄压阀门，连接封井器液压控制管线。

（4）安装防落器与快速试压短节。先清洁连接丝扣及密封面，安装 O 形密封圈并涂抹润滑油脂；将快速试压短节连接在防落器上方，吊至井口与电缆封井器上端连接；连接防落器、快速试压短节的液压控制管线；将防落器挡板置于关闭状态。

（5）连接注脂控制头、防喷盒及刮绳器。将电缆依次穿过刮绳器、防喷盒、注脂控制头、电缆剪切器、抓卡器、将电缆穿过防喷管，然后把注脂控制头下方抓卡器与防喷管连接。

（6）连接防喷管。清洁防喷管连接丝扣及密封面，安装 O 形密封圈并涂抹润滑油脂。

（7）依次连接防喷管后，安装提升夹板和钢丝绳。

（8）安装注脂控制系统。将气源管线与注脂控制系统连接，再把注脂控制系统的注脂、液压管线分别与对应受控部件连接。

（9）制作电缆头。根据作业井况设置电缆头弱点，并将电缆外层钢丝缠紧，防止钢丝受力不均，导致某一两根钢丝上留有的多余的长度被逐渐挤入绞车端。制作好电缆头后检查电缆通断和绝缘，然后尽可能将电缆放在无泥沙的地方，并呈 8 字形摆放，预防电缆打扭形成扭结。

（10）在电缆头下端连接仪器串，并拉入防喷管串内，在防喷管末端连接两轮小车；先后安装防喷管夹板、钢丝绳、张力计和天滑轮，将防喷管串提升至井口附近或钻台平面，安装地滑轮并用绞车上提仪器串，然后拆卸两轮小车。指挥提升设备起吊防喷管串与快速试压短节连接。

3. 电缆防喷设备现场试压

1）基本要求

（1）仪器串下井前，必须按要求对井控设备进行试压，确保电缆防喷装置各连接部位不发生压力泄漏。

（2）现场测试压力为预计井口压力的 1.2 倍，同时不能大于测井井控设备及作业井口的最大工作压力。

（3）由于存在如下风险，测试液体注入速度和电缆防喷设备的压力增加速度必须加以控制：

① 泵入压力超出电缆防喷设备的最大工作压力（当使用大功率泵时，电缆防喷设备内部空间被很快地注满，压力迅速增加）。

② 即便没有注入密封脂，压力快速增加也有可能在阻流管和电缆间建立密封。继续增压可能压缩并同时加热残存空气，从而引起残存可燃液体自燃，导致电缆或仪器被严重损坏。

③ 压力增加过快会在电缆防喷设备中形成残余空气，残余空气在压力测试过程中逐渐积蓄能量，这样就增加了压力测试失败或导致灾难性后果的可能性。

④ 压力快速增加会将电缆向上冲出几厘米，即便是仪器串处于被抓住状态，电缆仍有被损坏的可能，导致靠近打捞头的电缆被弯折损坏。

（4）严禁使用可燃性的易燃液体、空气或天然气作为压力测试介质。

（5）施工队伍负责人必须参与压力测试工作的全过程中。

2）现场试压操作步骤

（1）上提电缆让抓卡器抓住电缆头。电缆头进入抓卡器和释放过程是一项有风险的作业，完成抓卡和释放的过程必须指定专人指挥，并且在绞车工和井控设备操作手之间保持良好的沟通和交流。完成抓卡可使用压放电缆法和绞车低扭矩上起法进行。

第七章　测井电缆防喷装置

① 压放电缆法。压放电缆的最好位置是在绞车和地滑轮之间一半的地方。如井场条件有限，可在靠近地滑轮的地方进行电缆压放。在压下电缆时通过手来感觉仪器串或射孔枪串是否到达防喷管顶部。

② 绞车低扭矩上起法。将绞车的扭矩调节阀调至最低，然后缓慢增加扭矩，直至绞车刚好启动，保持低速上起并同时观察张力变化，当发现张力增加值达 50kg 时立即停下绞车。此时下放电缆，待张力恢复自然悬重时停车，若张力持续降低则表明抓卡器已经抓住电缆头。

（2）启动空气泵为注脂控制系统供气，或直接启动液压注脂系统。

（3）检查确认电缆封井器闸板均处于开启位置，试压管线连接可靠，试压管汇阀门开关状态正确。确认防喷盒处于开放状态，回流管线打开。

（4）通过试压设备向防喷管串内缓慢加压，当测试液体从防喷盒顶部喷出后，关闭防喷盒并保持回流管处于打开状态，确认空气被全部排出。

（5）向控制头注入密封脂，注脂压力应不低于防喷管串测试压力的 1.2 倍。

（6）打开防喷盒，在防喷装置额定工作压力范围内，缓慢提升试压压力至防喷管串测试压力值，观察 15min 以上，压力降应小于 0.5MPa。若进行两次以上作业，后续试压可使用手动液压泵通过快速试压短节进行试压。

4. 电缆防喷设备使用基本要求

（1）缓慢对防喷管串施加井口平衡压力，平衡压与井口压力的差值最好控制在 ±3.5MPa 以内。平衡压增压过快，可能会导致如下后果：

① 即使在仪器串被抓卡器抓住的情况下，仪器串也有可能上窜而导致电缆损坏；

② 设备内的残余气体被快速压缩后，局部温度变化有可能导致仪器损坏。

（2）防喷管串内施加平衡压力后，缓慢打开井口采油树或封井器闸板。

（3）通过液压管线加压松开抓卡器弹爪，释放电缆头，然后缓慢下放电缆，确认电缆能正常下放后停车，将防落器置于"打开"位置。继续下放电缆，待仪器串全部通过防落器后，将防落器置于"关闭"位置。

（4）在电缆下放过程中，要时刻关注井口压力变化情况，根据井口压力变化，适时调节注脂压力，始终保持回流管排出物为密封脂。

（5）必须保证注脂泵工作所需气源压力，为保证井控安全，应配备两套独立的供气系统以备注脂系统正常工作所需气源。

（6）电缆起下速度除应遵守电缆输送作业有关规定外，还应根据井口压力大小和密封情况做适当调整,当防喷盒上端或回油管有来自井筒的气液泄漏时,应立即降低电缆起下速度,采取井控应急处置措施。

(7) 使用合金不锈钢防硫电缆作业时,应遵循以下原则:

① 最初 5~10 次下井时,速度应保持在 1800~2700m/h;

② 下放电缆时,减小的张力不宜超过静态张力的 20%;

③ 每隔 600m 应停车等待 30s,释放电缆外层钢丝扭力;

④ 当电缆从下放变为上提或绞车停止后突然启动时,电缆应缓慢运行,张力增量不宜超过静态张力的 20%;

⑤ 电缆运行过程中严禁关闭防喷盒;

⑥ 井斜小于 30°的井中使用 12~15 趟次后应扭紧电缆钢丝;井斜大于 30°的井中使用 6~10 趟次后应扭紧电缆钢丝。

5. 电缆防喷设备拆卸

1) 设备泄压

(1) 仪器串上起至距井口 100m 时,应降低电缆上提速度至 600m/h 以下,缓慢上提电缆。

(2) 采用防落器开关手柄判定法,判定仪器串完全进入防落器上方后,停下绞车,关闭防落器挡板。

(3) 关闭井口封井器或采油树阀门,通过放喷管线或测试管汇泄掉防喷管串内压力。

(4) 断开注脂泵气源,泄掉注脂管线内压力。

2) 设备拆卸

(1) 用吊车起吊防喷管串平放至专用支架上,拆卸仪器串或射孔枪串后,用绞车收回电缆。

(2) 断开注脂控制系统与防喷盒、刮绳器、注脂控制头、抓卡器、电缆封井器等装置之间的液压管线及注脂管线连接,将注脂管线及液压管线回收到绕线盘上。

(3) 依次拆卸防喷管、抓卡器、电缆剪切装置、注脂控制头、刮绳器及防喷盒。

(4) 从井口依次拆卸快速试压短节、防落器、电缆封井器及转换法兰。

6. 仪器进入防喷管的判定方法

(1) 仪器防落器开关手柄判定法:当仪器串顶部通过仪器防落器时,若观察发现防落器开关手柄移向打开位置,表明电缆头正通过防落器,当仪器串底部通过防落器后,开关手柄自动恢复关闭位置,可判定仪器串已完全进

第七章　测井电缆防喷装置

入防喷管。

（2）自然伽马仪测量判定法：上提仪器串，若操作员观察发现自然伽马曲线出现高峰值，表明自然伽马仪正处在自然伽马刻度器位置，记录此深度。当上提高度大于自然伽马仪记录点至仪器串底部距离，则可判定仪器串已全部进入防喷管内。该方法适用于有自然伽马仪的仪器串。

（3）放射性射线探测判定法：当井口人员监听到射线报警声音后，进而判断仪器已进入防喷管。该方法适用于带放射性源作业。

（4）深度系统指示判定法：操作工程师、绞车工直接观察深度系统指示的深度，判断仪器已进入防喷管。

（5）张力判定法：绞车缓慢上提仪器，若地面、井下张力计的张力从逐渐减少突然变为增加，表明仪器串已提升至防喷管顶部遇阻，绞车应立即停车，再适当下放电缆一定长度，则可判定仪器串是否完全进入防喷管。绞车岗缓慢下放仪器，遇阻，表明仪器串底部搁置在防落器上，也说明仪器全部在防落器之上。

二、测井电缆防喷装置现场异常情况处理

1. 注脂控制头密封失效

注脂控制头密封失效是指液体或气体从防喷盒顶部喷出，回流管线由于压力快速释放而剧烈抖动。

1）注脂控制头密封失效原因分析

（1）注脂泵原因：

① 从注脂泵到注脂管串的密封脂通道被堵塞或不畅通。

② 注脂泵工作不正常，冲数不够，注脂泵泵出量不足。

③ 密封脂箱里无密封脂。

④ 空气压缩机输出压力不够。

⑤ 空气压缩机供气管线中潮湿，含水太多。

（2）密封脂质量原因：

① 密封脂箱里密封脂被污染变质；

② 密封脂选用不合理，黏度太低，或黏度太高以至于泵入困难，在井场正常温度条件下，密封脂黏度应该在10000cP左右。

（3）电缆原因：

① 新电缆，尤其在高压气井中更明显。

② 电缆运行速度过快。

③ 电缆有断裂的钢丝。
④ 保养电缆后，电缆钢丝未扭紧。
⑤ 电缆外径不均匀。
(4) 注脂管线和阻流管原因：
① 单向阀失效。
② 电缆和阻流管间的间隙过大。
③ 阻流管连接不好。
④ 注脂管线过细，长度太长。
⑤ 阻流管根数（长度）不够。

2) 注脂控制头密封失效处置

带压电缆作业过程中出现密封失败时，应对风险进行评估，决定是否采取尽快起出电缆和井下设备后，再解决密封问题。通常采用下述方法处理密封失效问题：

(1) 增大密封脂泵入压力，降低绞车起、下电缆速度或停下绞车。无效时，依次关闭密封脂回流管线及防喷盒。

(2) 检查注脂泵、空气压缩机，检查气源压力和密封脂量，排除相应故障。

(3) 若密封正常后，依次打开防喷盒及密封脂回流管线，恢复正常作业。

(4) 若仍不能实现有效密封，依次关闭电缆封井器上、下级半封闸板，并手动锁紧。向两级闸板间以井口压力的1.2倍注入密封脂。

(5) 如果控制头密封成功，缓慢打开两级半封闸板平衡井内压力，恢复正常作业。

(6) 若还未成功，释放注脂控制设备压力，检查注脂单向阀、注脂管线、电缆等，排除相应故障。

(7) 上述方法处置无效时，应根据现场情况采取其他应急处置措施。

2. 井口超压、失控

在作业过程中，井口压力有可能迅速上升，出现井口失控的安全隐患。井口超压、失控处理程序为：

(1) 若井口压力值上升速度过快，应快速上提仪器或射孔器材，并吊灌压井液。

(2) 一旦井口出现失控局面，则应人员立即撤离至安全位置，利用液压电缆剪切装置剪断电缆，关井，等待控制井口后打捞落井的电缆和工具。

第七章　测井电缆防喷装置

3. 井口防喷设备发生泄漏

当发生电缆防喷管破裂、防喷器刺漏等情况时，按以下原则处置：

（1）立即报告现场井控第一责任方。
（2）接到起出电缆指令，快速起出电缆，关井。
（3）接到剪切电缆指令，剪断电缆后迅速撤离。
（4）条件许可时将危险品、仪器设备抢运至安全地带。
（5）人员撤离到安全地带。

4. 冰堵预防及处理

井口结冰是在一定的压力和温度条件下，天然气与水蒸气混合而形成的碳氢水合物。这些碳氢水合物通常会以雪状或结冰的形态出现。一般情况下会形成在阀门、流体管线甚至地面以下300m内的油管中，结果就是堵塞仪器移动和流体流动，更为严重的是堵塞电缆封井器甚至影响电缆封井器的正常操作，使其关闭失效或导致仪器遇卡。碳氢水合物可能在50℃以上形成。一般情况下，井内气体压力越大，泄压后则越可能形成碳氢水合物，除非在一些不能形成结冰的临界温度以上的条件下。

在寒冷天气或冬季条件下，必须不断地往地面压力设备中泵入甲醇或乙二醇，否则天然气泄漏很容易在管道中形成结冰。预防碳氢水合物形成堵塞的措施：

（1）在作业过程中保持良好的密封。
（2）由于碳氢水合物通常是在水和天然气同时存在的条件下形成的。在现场通常用水密封来进行压力测试，这会加剧碳氢水合物的形成，因此，将甲醇（或乙二醇）和水以1∶1的比例混合后用于压力测试是预防碳氢水合物形成的方法之一。现场压力测试结束后，开井时动作一定要慢。尤其是在压力平衡后开井之前如果水未被排放干净的话，流体的流动和泄漏就可能会诱导碳氢水合物的形成。
（3）天然气与甲醇混合后能降低碳氢水合物形成时的温度。例如，加入甲醇后的天然气形成碳氢水合物的温度可从5.6℃左右降低至3.9℃左右。因此，在仪器抓卡器以下注入甲醇可以溶化已形成冰状的碳氢水合物。但乙二醇不具备和甲醇相同的功能。甲醇在井控设备中存在较长时间会影响O形密封圈的密封性能，所以使用过甲醇的井控设备在作业结束后必须进行彻底的保养维护。如果在注入甲醇的过程中电缆处于静止状态，那么此段电缆中钢丝间的油脂就有可能被溶化剥落，从而导致此段电缆通过阻流管时密封失败，所以此段电缆应以不高于600m/h的速度通过阻流管，并且密封脂注入压力应增加为1.5倍井口压力。注入甲醇是溶化冰状碳氢水合物的最好方法，与乙二醇相比，甲醇具有易燃、有毒和腐蚀性等特点，因此，注入甲醇时应该使用专用的甲醇泵。

（4）施工过程中遇到井口结冰或冰堵时，可以通过采用蒸汽车给井口加热的方式来化解冰堵。

此外，施工作业中发生冰堵，在安全条件下，等待温度升高再进行作业也是化解冰堵的方法之一。目前，一些电缆防喷装置已经配置了加热或供暖装置来解决冰堵问题。

第八章 测井井控应急

第一节 测井时发生井喷突发事件的应急处置

井喷失控是在油气勘探开发过程中社会影响极大的灾难性事故,为确保人身和财产安全,最大限度减少和避免人员伤亡、财产损失、环境污染,需要结合本单位作业的实际情况制定相应的井喷应急预案来有效控制事故的发生。

一、测井作业时发生井喷突发事件的应急处置

1. 裸眼井测井过程中井喷突发事件的应急行动预案

1) 接到弃井命令前

(1) 现场第一责任人立即下令停止施工,全队人员做好撤离现场的准备。

(2) 现场第一责任人与钻井队现场应急指挥人员联系,在其指挥下进行统一应急行动。

(3) 清点危险物品,组织人员将危险品抢运至安全地带,设专人看护,紧急情况下,现场第一责任人下令放弃危险品撤离。

(4) 操作员将仪器断电,收集资料,携带急救箱,随时准备撤离。

(5) 井口工负责整理其他设备、设施,随时准备撤离。

(6) 司机发动车辆,按事先勘察好的撤出路线,做好设备撤离的准备,紧急情况下,现场第一责任人下令弃车撤离。

(7) 在未失控情况下,井口组长准备好断线钳,观察好撤离路线后在钻台上风口适宜位置待命,听从井队现场指挥人员命令,一旦命令剪断电缆时,井口组长在井口上风头处立刻剪断电缆,然后沿钻台逃生滑道迅速滑下,沿事先勘察好的路线向上风头逃生。

(8) 其余无关人员提前转移到安全地带。

2）接到弃井命令后

（1）现场第一责任人组织全队人员按现场指定的逃生路线迅速撤离现场。

（2）驾驶员将车辆熄火后逃生，条件允许可将车辆开至安全区，紧急情况现场第一责任人下令弃车逃生。

（3）在人员撤离时，一定要向上风头方向撤离。但是如果人员处在井口的下风头时，必须首先侧向迅速避开井口的来风地带，随即再向上风头方向撤离。

（4）撤离出危险范围以后，现场第一负责人清点人数，立即将事件情况向上级应急办公室汇报，汇报内容包括：发生井喷的井号、井位、井喷时间、井喷原因、有无有毒气体或易燃易爆气体溢出、有无人员伤亡、事态的严重程度和发展趋势等。

（5）如果事态无扩大之势，情况允许时，尽可能抢救本队的危险品、资料、仪器、设备设施，运至安全地带。

（6）有人员负伤时，拨打急救电话请求援助，并派人员到路口接应急救人员。

（7）测井人员应服从现场应急小组统一指挥，有序开展应急及救援工作。

2. 生产井测井过程中井喷突发事件的应急行动预案

由现场第一责任人下达逃生命令，组织全队人员逃生，各岗应采取如下紧急措施：

（1）操作工程师将井下仪器、地面仪器断电，关闭发电机后逃生。

（2）绞车工将绞车刹死后逃生。

（3）井口工将电缆剪断后逃生。

（4）驾驶员将车辆熄火后逃生，条件允许可将车辆开至安全区，紧急情况现场第一责任人下令弃车逃生。

（5）现场第一责任人负责组织逃生人员沿上风头方向逃生，但是如果人员处在井口的下风头时，必须首先侧向迅速避开井口的来风地带，随即再向上风头方向撤离。

（6）到达安全地带后，现场第一责任人负责清点人数，并向上级应急办公室汇报，汇报内容包括：发生井喷的井号、井位、井喷时间、井喷原因、有无有毒气体或易燃易爆气体溢出、有无人员伤亡等。

（7）有人员负伤时，拨打急救电话请求援助，并派人员到路口接应急救人员。

3. 射孔作业中井喷突发事件的应急行动预案

（1）射孔作业过程中，发现溢流、井涌等井内异常现象，现场第一责任

第八章　测井井控应急

人应立即通知各岗人员，做好应急准备，并及时与相关方负责人取得联系，由相关方判断险情程度，作出下步的决定。

（2）接到起出电缆停止作业的指令后，慢速通过已射孔的油气层，然后快速上提。

（3）井口准备好断线钳，做好剪断电缆的准备，听从相关方的命令剪断电缆；若情况有进一步恶化的趋势，由现场第一责任人下令剪断电缆。

（4）接到相关方剪断电缆、人员撤离的指令后，现场第一责任人指挥各岗人员采取紧急措施并撤离至应急集合点，各岗位人员在条件允许的情况下做好以下工作：

① 操作工程师将井下仪器、地面仪器断电，关闭发电机，携带资料和急救箱至应急集合点；

② 绞车工将绞车刹死后至应急集合点；

③ 如需切断电缆，井口工剪断电缆后至应急集合点；

④ 驾驶员将车辆熄火后至应急集合点；

⑤ 及时将火工品转移至安全区域，并随时监护。

（5）如事态无扩大之势，在不危及人员安全和环保安全的情况下，尽可能抢救本队的火工品、资料、仪器等，运至安全地带。

（6）到达安全地带后，现场第一责任人负责清点人数，并向上级应急办公室汇报，汇报内容包括：发生井喷的井号、井位、井喷时间、井喷原因、有无有毒气体或易燃易爆气体溢出、有无人员伤亡等。

（7）有人员负伤时，拨打急救电话请求援助，并派人员到路口接应急救人员。

（8）测井人员应服从现场应急小组统一指挥，有序开展应急救援工作。

二、测井现场应急处置要点及注意事项

（1）切断地面系统电源，关闭发电机、发动机。

（2）确保自身安全的前提下开展抢险救援，转移放射源、火工品等。

（3）车辆必须安装防火帽，硫化氢在空气中浓度达到 4.3%～46% 时极易爆炸，严禁发动车辆。

（4）确保自身安全的前提下开展抢险救援，转移放射源、火工品等。

（5）必须切断电缆时，先确认电缆切断位置，安全切断电缆，避免人员被电缆抽伤。

（6）随时观察风向变化，向设在远离井口的高处，并且处于上风口方向紧急集合点撤离。

第二节 测井井控应急设备设施及使用

一、手动电缆断线钳

手动电缆断线钳是测井（射孔）小队施工过程中，当险情发生时，按照抢险指挥的指令，实施剪断电缆，利用人工来剪断测井电缆的工具（图8-1）。

图8-1 手动电缆断线

测井（射孔）小队施工前必须将灵活好用的断线钳摆放至井口明显位置。未安装电缆防喷装置的作业现场，施工时将断线钳摆放在井口附近，摆放位置同井口工具的摆放位置，原则上弯腰伸手就能拿到断线钳为宜。

只安装电缆防喷器的作业现场，高度不超过1.2m时，断线钳摆放在井口附近；当高度超过1.2m时，断线钳摆放在绞车后面放置滑轮的位置处，断线钳手柄向外，伸手就可拿到为宜。

安装有电缆防喷器和防喷管的作业现场，断线钳摆放在绞车后面放置滑轮的位置处。

二、远程液控电缆剪切装置

远程液控电缆剪断装置是在电缆测井作业过程出现意外情况，或者由于安全作业状况的需要，必须及时剪断测井电缆时，迅速利用手压泵给电缆剪切器液缸加压将电缆剪断，以便于测井电缆的及时回收，从而保证带压测井电缆作业的安全性（图8-2）。

第八章　测井井控应急

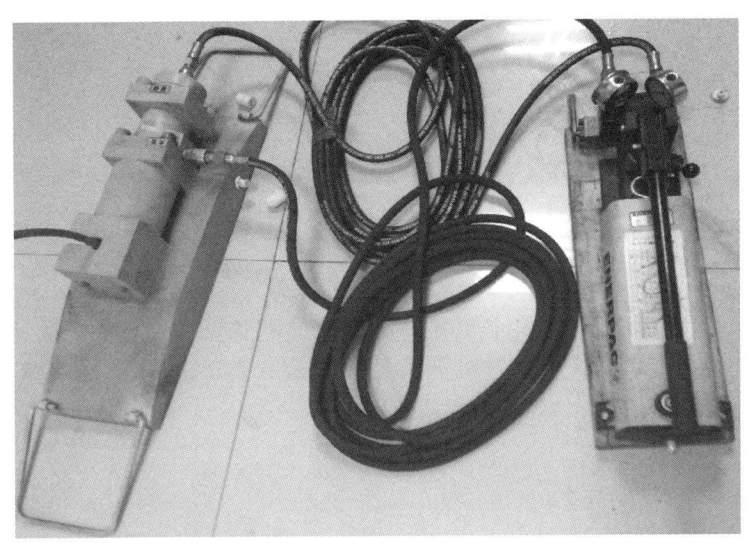

图 8-2　远程液控电缆剪切装置

远程液控电缆剪切装置可远程操作，操作距离一般大于 10m，由管线长度决定。远程液控电缆剪切装置由手动液压泵、阀座、阀（截止阀、球阀）、压力表、快速液压接头、管线、油缸（夹紧油缸、剪切油缸）组成。

1. 远程液控电缆剪切装置操作

（1）安装：正确连接管线（手动泵的"截止阀"出口与油缸上的"夹紧"接头相连，"球阀"出口与油缸上的"剪切"接头相连）。

（2）夹紧：开启截止阀，把手动泵圆球手柄扳到"A"位置，压动长手柄，给夹紧液压缸进液增压至 25MPa，关闭截止阀，保持压力，夹紧完成。

（3）剪切：把手动泵圆球手柄扳到"B"位置，压动长手柄，给剪断液压缸进液增压，压力表数值逐渐增加，到 20MPa 左右时，剪断电缆，此时压力表数值突然归零，剪切完成。

（4）剪切缸回位：把圆球手柄由"B"扳到"A"位置，停约 10~30s，让剪切缸归位，此时剪切压力表数值为零。

（5）夹紧缸回位：把手动液压泵圆球扳到"B"位置，打开截止阀，夹紧液压缸，泄压为零，夹紧液压缸复位。

2. 远程液控电缆剪切装置使用注意事项

（1）所用液压油的适宜温度范围为 5~60℃，低于 5℃时建议使用低凝抗磨液压油，高于 60℃时建议更换高温合成液压油。

（2）管线完好、连接正确，液压油无滴漏。
（3）严格执行操作步骤。
（4）工作一年，必须更换全部密封件。
（5）应定期检查维修手动液压泵。
（6）定期作剪断测试，井口安装前先进行功能检测，油缸伸缩到位。

三、通用应急设备

在含硫化氢的井场，每个测井施工小队应配备至少2台便携式硫化氢检测仪、至少2套正压式空气呼吸器和足够数量的紧急逃生呼吸器，以满足现场安全生产的需要。

第九章 测井井控案例及实用操作

第一节 相关井控案例

一、基本情况

某井完井电测,在起仪器过程中,井口压力6.2MPa,欠平衡公司的旋转防喷器出现故障,造成测井防喷系统被抬起冲开,险些失控。

二、发生经过

某井为氮气钻井,完钻井深3212m。需进行带压欠平衡测井,根据欠平衡测井的特殊性,提出测井时井口保压在6~7MPa。测井队安装天地滑轮,组装井口防喷系统,井口安装完成时井口压力5.6MPa。21:00仪器下井,下放速度为20m/min,21:56测量重复曲线,22:20测量主曲线。23:15仪器起到套管内931m处,井口压力为6.2MPa,此时欠平衡公司的旋转防喷器卡箍被冲落,环形防喷器上部连接的法兰及测井防喷系统被抬起冲开,约400m电缆被冲出撒落在钻台面和井口封井器附近,其余电缆和仪器(可能)停留在套管中。绞车工立即停车熄火,同时通知井队关闭环形封井器,打开放喷管线点火。23:40测井队发动仪器车,检查仪器,发现供电后不能建立通信,但通过电缆7心间的阻值判断、通过检查井径仪器开腿和收腿的缆芯电压、电流判断,初步确定仪器没有落井。后先把欠平衡公司的旋转防喷器打脱,把防喷管起出井口。卸防喷器防喷管,打开环形防喷器,取出电缆和测井仪器,钻井队关闭全封闸板封住井口。

三、事故原因分析

(1)欠平衡公司在安装旋转防喷器锁紧卡箍时,未将卡箍的锁紧螺栓用

扳手拧紧，仅用手将螺栓拧紧，在测井过程中，是导致旋转防喷器卡箍被冲落的事故的主要原因。

（2）在欠平衡测井过程中，井口压力保持在 6~7MPa，其测井过程中的控压较高是间接原因。

第二节　实际操作

一、井喷失控突发事件应急演练

1. 现场应急处置职责

（1）测井队长是现场的应急处置第一责任人，在突发事件发生时，立即启动相应的应急处置程序，负责现场应急措施的落实，以及与相关方的协调与沟通。

（2）其他岗位人员明确在应急处置中所担负的本岗位职责，服从现场第一责任人的指挥，快速反应。

2. 电缆测井作业时发生井口溢流、井喷的应急处置

测井队长在接到有溢流发生报告时，应立即按以下程序进行处置：

（1）测井队长宣布启动测井现场应急处置预案。

（2）通知绞车工上起电缆，通知当班操作员立即停止资料采集，收回仪器推靠臂并对下井仪器串断电，在保证仪器和绞车岗能正常显示井下深度和张力系统的情况下，关闭地面系统的其他电源，收集已取得的资料。

（3）安排人员监视是否伴有硫化氢溢出。

（4）立即向上级应急办公室汇报。

（5）在仪器起出井口之前，条件允许的情况下，组织测井队人员转移放射源和刻度器、火工品、仪器设备。如果现场情况危急，人员安全得不到保障，应放弃抢救转移工作，组织所有人员撤离井场。

（6）要求操作员应关闭地面系统电源，携带已取得的资料或数据，停车关闭发电机。

（7）组织所有人员，选择正确的撤离路线，迅速撤离井场，在撤离过程中应注意观察周边的情况。

（8）在紧急情况下，接到要求立即剪断井口电缆通知时，安排人员穿戴

防护器具，按照剪断电缆操作程序执行，其余人员迅速撤离。

（9）撤离到安全地点后，应立即清点人数，联系现场井控领导小组，服从现场应急领导小组安排。向上级应急办公室汇报人员、危险品、仪器设备情况。

3. 钻具传输测井作业时发生溢流、井喷的应急处置

（1）若井口发生溢流，电缆旁通如果还未下入井口，井队可直接按关井程序控制井口。

（2）如果电缆旁通短节已经下入井口，应立即通知绞车工强行拉脱锁定在旁通处的电缆，快速上起电缆，将电缆起出井口。

（3）在仪器起出井口之前，条件允许的情况下，组织测井队人员转移放射源和刻度器、火工品、仪器设备。如果现场情况危急，人员安全得不到保障，应放弃抢救转移工作，组织所有人员撤离井场。

（4）要求操作员应关闭地面系统电源，携带已取得的资料或数据，停车关闭发电机。

（5）组织所有人员，选择正确的撤离路线，迅速撤离井场，在撤离过程中应注意观察周边的情况。

（6）在紧急情况下，接到要求立即关井，剪断井口电缆通知时，安排人员穿戴防护器具，按照剪断电缆操作程序执行，其余人员迅速撤离。电缆剪断以后，井队按井控程序控制井口。

（7）撤离到安全地点后，应立即清点人数，联系现场井控领导小组，服从领导小组安排。向上级应急办公室汇报人员、危险品、仪器设备情况。

二、硫化氢泄漏突发事件应急演练

1. 现场应急处置职责

（1）测井队长是现场的应急处置第一责任人，在突发事件发生时，立即启动相应的应急处置程序，负责现场应急措施的落实，以及与相关方的协调与沟通。

（2）其他岗位人员明确在应急处置中所担负的本岗位职责，服从现场第一责任人的指挥，快速反应。

2. 作业现场有协作单位时应急处置

测井队长在接到有硫化氢泄漏发生报告时，应立即按以下程序进行处置：

（1）立即通知现场责任单位，由井队采取相应措施控制井内硫化氢泄漏。

（2）井内硫化氢浓度为超过 $30mg/m^3$，且无法控制井口时，立即停止作

业，全体人员撤离至安全区域。

（3）服从现场应急领导小组安排，参与抢险人员至少2人一组，穿戴正压式空气呼吸器。

3. 作业现场无协作单位时应急处置

1）高含硫区块施工现场无协作方的生产测井

（1）施工前，由2名以上小队成员穿戴好正压式空气呼吸器，对井口进行测试，首先测试井口流程有无漏点，再测试井内气体是否含有硫化氢。测试时检测人员必须站在取样闸阀气源出口上风口进行操作，同时井口取样闸阀开启不得过大。

（2）如施工期间井内硫化氢浓度为 $0mg/m^3$ 时，可直接组织施工，同时每间隔1h作好检测记录。

（3）如井内硫化氢浓度小于 $15mg/m^3$ 时，可以施工，在施工期间，使用手压泵控制溢流管线的气体溢出，加强监测。

（4）如井内硫化氢浓度为 $15\sim30mg/m^3$ 时，采取注脂密闭施工方法施工，确保井内气体不外溢，同时在施工期间，加强监测。

（5）如井内硫化氢浓度超过 $30mg/m^3$ 时，取消测井施工任务，向上级应急办公室和甲方汇报现场情况。

（6）如仍无法控制井口，切断电缆，关闭井口阀门，向上级应急办公室和甲方汇报现场情况。

2）高含硫区块施工现场无协作方的生产测井现场应急处置

（1）当空气中硫化氢浓度达到 $15mg/m^3$ 的阈限值时，现场应：

① 安排专人观察风向、风速确定危险区；

② 切断危险区不防爆电器的电源；

③ 安排专人佩戴正压式空气呼吸器到危险区检测泄漏点；

④ 非作业人员撤入安全区；

⑤ 保持对环境中的硫化氢浓度进行监测；

⑥ 向上级应急办公室和属地责任单位汇报。

（2）当空气中硫化氢浓度达到 $30mg/m^3$ 的安全临界浓度时，除按上述（1）的有关要求行动外，还应：

① 启动报警装置，戴上正压式空气呼吸器；

② 实施井控关井程序，控制硫化氢泄漏源；

③ 切断作业现场所有可能的着火源；

④ 向上级应急办公室和属地责任单位汇报；

⑤ 指派专人在主要下风口100m、500m和1000m处进行硫化氢监测；

第九章　测井井控案例及实用操作

⑥ 设立警戒区，任何人未经许可不应入内；
⑦ 撤离现场的非应急处置人员；
⑧ 清点现场人员；
⑨ 向上级应急办公室和属地责任单位请求救援。

（3）当漏点失控时，除按上述（1）和（2）的有关要求行动外，还应：

① 立即通知并协助当地政府疏散井口 500m 范围内的居民和其他人员，根据监测情况，考虑风向、地形、人口密集度、受污染程度等情况及时做出风险和危害程度评估，决定是否扩大撤离范围；
② 实施井控关井程序，控制硫化氢泄漏源；
③ 立即向上级应急办公室和属地责任单位请求援助。

（4）当井喷失控、空气中硫化氢浓度达到 $150mg/m^3$ 的危险临界浓度时，除按上述（1）、（2）和（3）的有关要求行动外，现场作业人员应按预案立即撤离井场，通知当地政府和其他有关机构，同时向上级应急办公室和属地责任单位报告。

（5）在控制和消除措施成功后，继续监测危险区大气中的硫化氢及二氧化硫浓度，确定硫化氢浓度降低至安全阈值后方可进入作业现场。

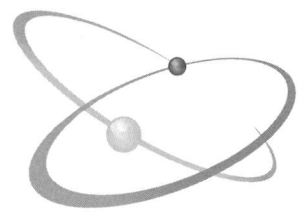

第四部分
欠平衡作业

第十章 欠平衡钻井井控风险及防控

第一节 欠平衡钻井基本知识

一、欠平衡钻井工艺简介

1. 欠平衡钻井定义

使钻井流体施加在井底的压力小于地层孔隙压力，有效控制地层流体流入井筒，并对其进行处理的钻井方式。

2. 欠平衡钻井类型

按照钻井循环介质的不同，欠平衡钻井分为液相欠平衡钻井、气相欠平衡钻井。用液相流体进行的欠平衡钻井方式称为液相欠平衡钻井；用气体、雾或泡沫作为循环介质进行的欠平衡钻井方式称为气相欠平衡钻井。

按所用钻井液的不同又分为空气、氮气、雾化、泡沫、充气、液相欠平衡钻井。

3. 欠平衡钻井优点

1）液相欠平衡钻井优点

（1）发现和保护油气层，减少对产层的损害，提高油气井产量。

（2）有效控制漏失，并减少和避免压差卡钻等井下复杂事故的发生。

（3）大幅度提高机械钻速，延长钻头使用寿命，从而缩短钻井周期，减少作业及相关费用。

（4）有利于及时发现和评价低压低渗油气层。

（5）可实现随钻储层评价。

2）气相欠平衡钻井优点

（1）气体自身密度低，易形成欠平衡状态，适用于低压、衰竭油气层的钻井。

（2）对储层伤害小，有利于发现和保护油气层，特别是低压油气层；增加油气产量,特别适合钻水敏性地层。

(3) 最大限度地提高钻速和单只钻头进尺,从而降低钻机作业时间,而且地层越深,效果越明显。

(4) 不污染岩屑,易于准确评价储层,而且能连续不断地对所钻地层进行评价。

(5) 取得岩屑快,能很快了解地层的变化。

(6) 能有效地解决井漏问题,特别适合带有裂缝洞穴的石灰岩储层。

(7) 消除发生在低压漏失层的钻井液漏失、卡钻。

(8) 在缺水、钻井液费用昂贵的情况下,可以减少钻井液和水的费用。

4. 欠平衡钻井的适用范围

1) 欠平衡钻井适用的地层

(1) 坚硬低钻速地层。

(2) 低压易漏地层。

(3) 污染敏感地层。

(4) 裂缝、溶洞地层。

2) 欠平衡钻井不适用的地层

(1) 大量出水的地层。

(2) 欠压实,异常压力圈闭的地层。

(3) 松散、胶结不好,易垮塌的地层。

(4) 具有塑性流动或蠕变特性的岩盐(膏岩)层。

(5) 应力不稳定的大段泥岩地层。

(6) 含高浓度H_2S地层(未接触大气前大于$75mg/m^3$,接触大气后大于$30mg/m^3$)。

5. 欠平衡钻井工艺流程

1) 液相欠平衡钻井流程

液相欠平衡钻井流程如图10-1所示。

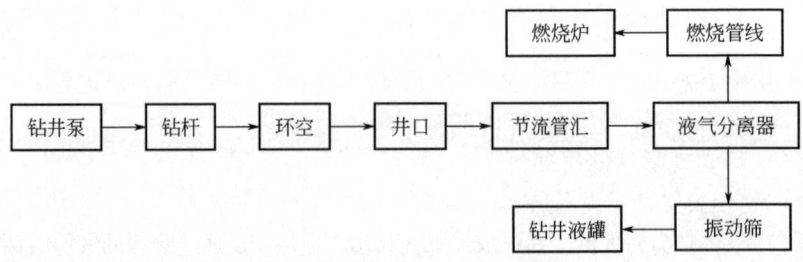

图10-1 液相欠平衡钻井流程

2)充气欠平衡钻井流程

充气欠平衡钻井流程如图10-2所示。

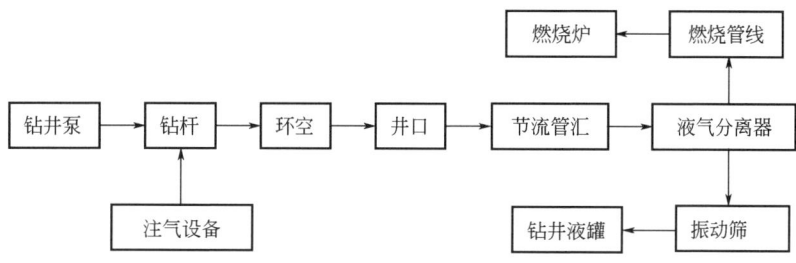

图10-2 充气欠平衡钻井流程

3)气体欠平衡钻井流程

气体欠平衡钻井流程如图10-3所示。

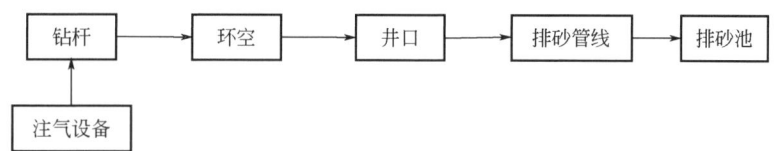

图10-3 气体欠平衡钻井流程

二、欠平衡钻井专用设备

欠平衡钻井专用设备主要包括：旋转控制装置、专用节流管汇及其控制系统、专用液气分离器、点火装置、空气压缩机、增压机、膜制氮等。

1. 旋转控制装置

旋转控制装置具有承压高、密封可靠、操作方便、开关迅速等优点。可以在钻具旋转的同时，实现环空密封，与液压防喷器、钻具止回阀、节流管汇、井下套管阀配套后，可进行带压钻进与不压井起下钻作业，如图10-4所示。

常用旋转控制头包括Williams7100EP、XK35-17.5/35和WDXK35-17.5/35三种类型。参数见表10-1。

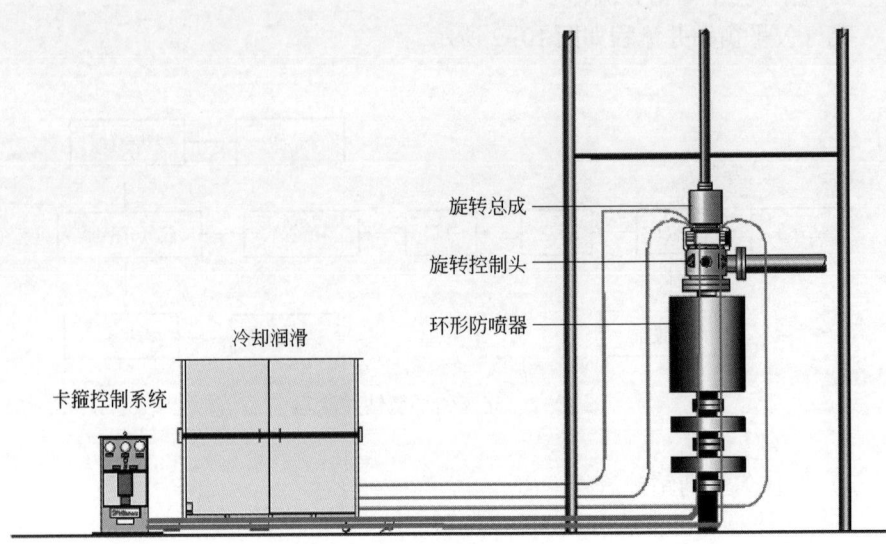

图 10-4 旋转控制头工作示意图

表 10-1 旋转控制头参数

旋转控制头型号	压力等级(MPa)	壳体公称通径(mm)	轴承总成额定转速(r/min)	轴承总成通径(mm)	壳体底法兰(in)	壳体侧出口法兰(in)
Williams7100EP	17.5/35	346	100	177.8	$13\frac{5}{8}$	$7\frac{1}{16}$
XK35-17.5/35	17.5/35	346	100	182	$13\frac{5}{8}$	$7\frac{1}{16}$
WDXK35-17.5/35	17.5/35	346	100	197	$13\frac{5}{8}$	$7\frac{1}{16}$

1) 工作原理

以 Williams7100EP 为例，六棱方钻杆或钻杆通过旋转控制头上的轴承总成，带动转动套、中心管及密封胶芯与钻柱一起旋转，依靠轴承总成上下两个胶芯与钻杆的过盈配合实现密封，中心管与轴承总成之间的密封靠上、下压盖内的动密封总成来实现。

2) 组成结构

旋转控制装置主要由壳体、轴承总成和冷却润滑卡箍控制系统三部分组成，如图 10-5 所示。

第十章　欠平衡钻井井控风险及防控

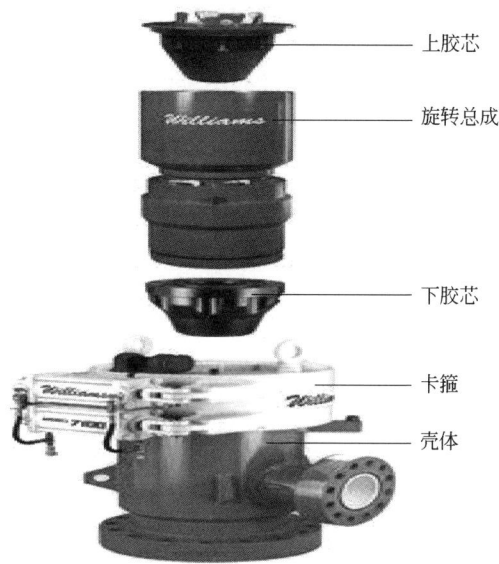

图 10-5　旋转控制头结构

（1）壳体。

Williams7100EP 壳体上部采用双液缸控制卡箍，底法兰与环形防喷器相连，侧出口接液动平板阀连高架槽，出口接球阀具有灌浆作用。当壳体关闭时，要紧固安全螺栓，进行二次机械密封，当壳体开启时，要先打开安全螺栓。壳体组成如图 10-6、图 10-7、图 10-8 所示。

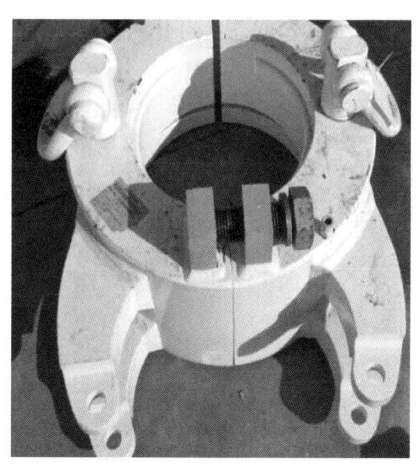

图 10-6　7100EP 卡箍

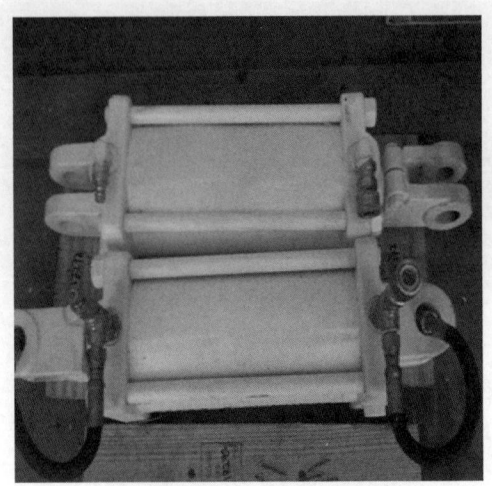

图 10-7　7100EP 液缸

图 10-8　7100EP 壳体

（2）轴承总成。

轴承总成是旋转控制头的核心装置，主要有上胶芯筒、密封轴承、油水接头、下胶芯组成。上胶芯放入上胶芯筒内，下胶芯和密封轴承坐在壳体卡箍上，通过钻具带动轴承总成上胶芯、下胶芯旋转，从而达到密封环空的作用。轴承总成如图 10-9 所示。

第十章 欠平衡钻井井控风险及防控

图 10-9 轴承总成

(3) 冷却润滑系统。

冷却润滑系统是为轴承总成提供冷却和润滑的液压泵站。通过冷却液的连续循环，及时将旋转产生的高温带回泵站进行降温处理，延长了橡胶密封件的使用寿命；柱塞泵将齿轮油连续不断地泵入轴承总成内，润滑摩擦表面，降低摩擦系数及轴承温度，并将磨屑带出，进入井内。冷却润滑系统如图 10-10、图 10-11 所示。

图 10-10　7100EP 冷却润滑系统

图 10-11　冷却润滑系统控制界面

(4) 卡箍控制箱。

卡箍控制箱是旋转控制头卡箍的液压控制台，主要作用是控制液缸的开关和压力监测，如图 10-12、图 10-13 所示。

图 10-12　7100EP 卡箍控制箱

图 10-13　卡箍控制箱操作面板

(5) 轴承总成胶芯。

轴承总成胶芯可随钻具旋转,密封钻具与井口的环空,胶芯分为抗高温型和常规型,适用不同的环境温度,如图 10-14、图 10-15 所示。抗高温型工作温度范围为 $-20 \sim 120\,℃$,常规型工作温度范围为 $-20 \sim 60\,℃$。胶芯尺寸与适用钻具见表 10-2。

第十章 欠平衡钻井井控风险及防控

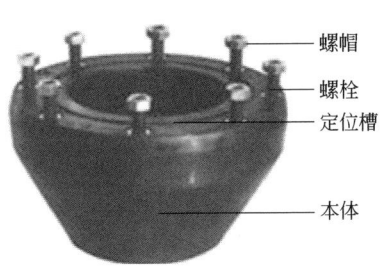

图 10-14 常规型轴承总成胶芯

图 10-15 轴承总成密封钻具

表 10-2 胶芯尺寸与适用钻具

胶芯尺寸（in）	$4^{13}/_{16}$	$4^{1}/_{8}$	$3^{1}/_{8}$	$2^{7}/_{8}$	$2^{3}/_{8}$
适用钻杆（in）	$5^{1}/_{2}$	5	4	$3^{1}/_{2}$	$2^{7}/_{8}$
适用方钻杆（in）	$5^{1}/_{4}$			$3^{1}/_{2}$	

胶芯应存放在温度（20±2）℃，湿度≤80%的环境中，避免提前老化和损坏，如图 10-16 所示。

图 10-16 不同尺寸的胶芯分类摆放

2. 专用节流管汇及其控制系统

欠平衡钻井过程中始终必须使用专用节流管汇，它的主要用途是：通过调节液动节流阀开关度的大小来保证立管压力不变，防止套管压力过大，同时排放钻井液，以满足欠平衡钻井工艺的要求。

节流管汇及其控制系统包括：节流管汇、节控箱、立管压力传感器、套管压力传感器、泵冲传感器和液控管线等，如图10-17、图10-18所示。

图10-17　节流管汇

图10-18　节控箱

欠平衡专用节流管汇具有通径大（103mm）、双液动节流阀的特点。

3. 专用液气分离器

欠平衡专用液气分离器能够将从井筒内返出的流体进行气、钻井液、钻屑、油等分离。分离器按照放置的形式分为立式和卧式两种，国内外大多采用立式。立式液气分离器主要由底座、罐体、折流板、支架、U形管、进液管线、出气管线等组成，如图10-19所示。

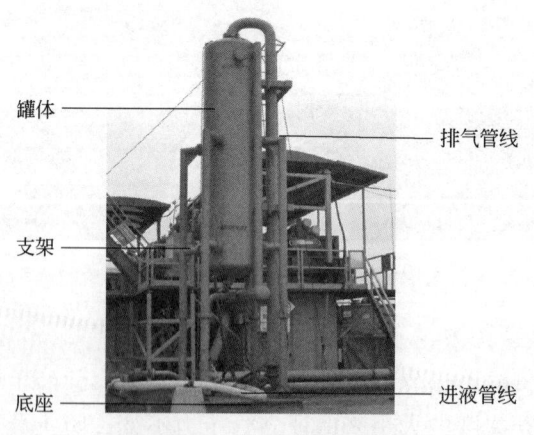

图10-19　专用液气分离器

第十章 欠平衡钻井井控风险及防控

4. 点火装置

点火装置对液气分离器所分离出来的气体实施点火,使天然气燃烧排空。按照点火方式分为手动和自动两种。手动点火装置结构简单便于操作,此处不再进行单独介绍。

点火装置由主火炬、电子点火系统(包括电控箱、阻火阀、高压电缆、油箱、油管和压缩空气管路等部分)组成,如图10-20所示。

图 10-20　点火装置实物图

点火方式是依据"文丘里喷射原理"进行点火设计,在引火燃烧器的混合室,设置有压缩空气喷嘴和燃油喷嘴,当压缩空气从喷嘴高速喷出,在混合室内形成局部负压,油箱内的燃油受到抽汲,通过油管从燃油喷嘴喷入混合室,与压缩空气混合成雾状喷入燃烧室,遇燃烧室内的电子打火头闪出的火花即被点燃,如主火炬口有可燃气体喷出即被点燃。

5. 空气压缩机、增压机和膜制氮

采用气相欠平衡钻井时,需要使用空气压缩机和增压机对气体进行增压才能注入井内。空气压缩机、增压机分别如图10-21、图10-22所示。

图 10-21　空气压缩机图

图 10-22　增压机图

膜制氮通常采用膜法空分制氮技术制取氮气，由空气处理装置、膜分离器装置、控制系统和辅助装置组成，如图10-23所示。

图 10-23　膜制氮图

三、欠平衡装置现场连接图例

1. 欠平衡钻井流程

欠平衡钻井流程如图10-24所示。

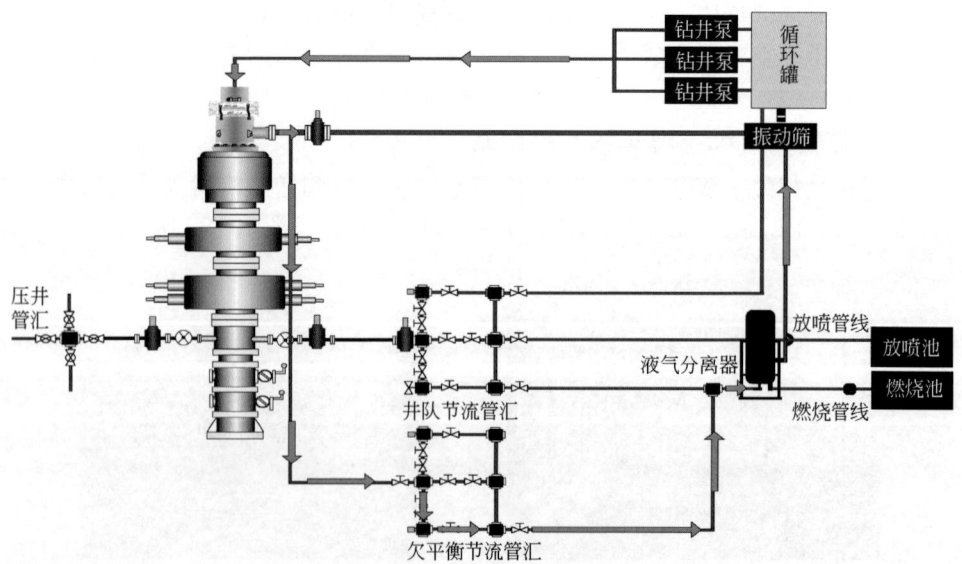

图 10-24　欠平衡钻井流程示意图

第十章　欠平衡钻井井控风险及防控

2. 充气钻井流程

充气钻井流程如图 10-25 所示。

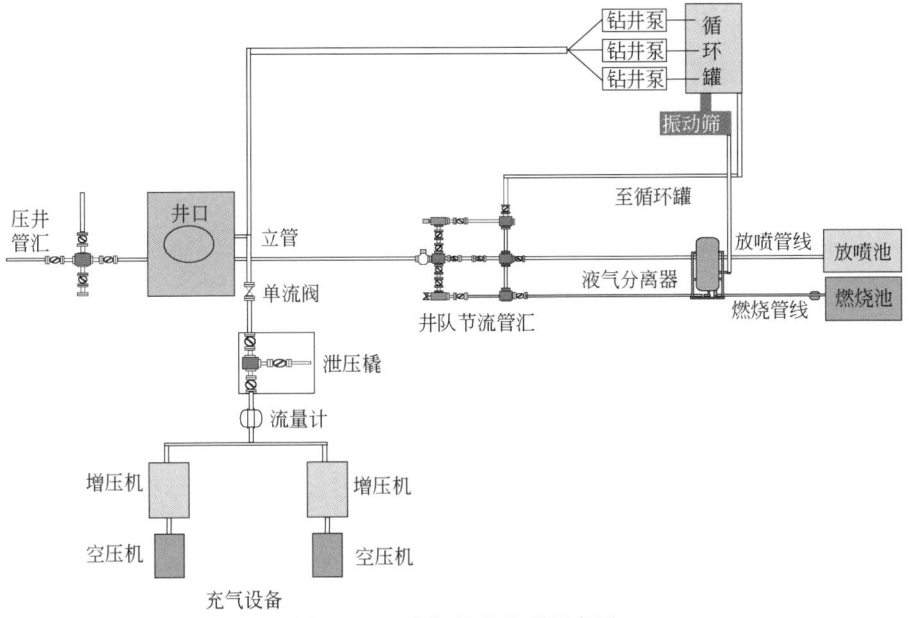

图 10-25　充气钻井流程示意图

第二节　欠平衡钻井岗位人员井控职责及井控要求

一、欠平衡钻井岗位人员井控职责

1. 欠平衡队长井控职责

（1）全面负责欠平衡钻井工艺技术措施的落实，现场管理。

（2）参加各种生产会议，协调各相关方关系。

（3）安排班组工作任务。

（4）处理作业过程中发生的一切复杂情况。

（5）现场欠平衡小队井控第一责任人。

2. 欠平衡监控岗井控职责

(1) 积极完成领导交给的各项任务，对队长负责。
(2) 组织各岗位执行工艺措施，完成本班作业任务。
(3) 负责欠平衡设备的安装、调试、检查、使用及维修保养。
(4) 欠平衡钻进时，观测各参数变化。
(5) 负责液动节流阀的操作。
(6) 负责正压式空气呼吸器的检查和保管工作。

二、欠平衡钻井井控要求

1. 欠平衡钻井井控设计要求

(1) 欠平衡钻井井控设计应以钻井地质设计提供的岩性剖面、岩性特征、压力剖面、地温梯度、油气藏类型、地层流体特性及邻井试油情况等资料为依据。

(2) 欠平衡钻井井控设计应纳入钻井工程设计，其井身结构、井控装备配套和井控措施等方面的设计应满足欠平衡钻井的特殊安全要求。

(3) 欠平衡钻井方式的选择和欠压值的确定应综合考虑地层特性、井壁稳定性、地层孔隙压力、地层破裂压力、预计产量、地层流体和钻井流体的特性、套管抗内压及抗外挤强度和地面设备处理能力等因素。油气储层不能实施空气钻井或以空气为介质的雾化钻井。

(4) 根据设计井深、预测地层压力、预计产量及设计欠压值等情况，选择压力级别匹配的旋转防喷器或旋转控制头。

(5) 油气储层欠平衡钻井需另外安装并使用一套独立于常规节流管汇的欠平衡钻井专用节流管汇，其压力级别不低于旋转防喷器或旋转控制头的额定工作压力。欠平衡钻井过程中不允许使用常规节流管汇。

(6) 选择钻机的底座高度应满足欠平衡钻井井口装置的安装高度要求。

(7) 钻具组合要求：转盘钻进使用六方方钻杆，使用达到一级钻具标准的18°台肩钻杆，在近钻头位置至少安装一只常闭式钻具止回阀。

(8) 燃烧管线或排砂管线应顺着季风方向延伸至距井口75m以远的安全地带，并修建燃烧池和挡火墙。燃烧池大小和挡火墙的高度应满足欠平衡钻井安全要求。燃烧管线上安装防回火装置，出口应安装自动点火装置，同时应备用其他点火手段。

(9) 应为欠平衡钻井配备综合录井仪。录井队和欠平衡钻井服务队伍的监测设备应满足实时监测、参数录取的要求。

2. 欠平衡钻井施工前的准备要求

(1) 由建设方组织相关施工单位成立现场欠平衡施工领导小组,明确岗位、职责及权限。该领导小组组织施工前现场办公和开工验收,落实施工作业各项准备工作、技术要求等事项,组织对所有作业人员进行技术培训和技术交底。

(2) 旋转防喷器或旋转控制头以及节流管汇的试压:在不超过套管抗内压强度80%和井口其他设备额定工作压力的前提下,静压用清水试压至额定静密封压力的70%,动压试压不低于额定动密封压力的70%,稳压时间不少于10min,最大压降不超过0.7MPa。

(3) 所有欠平衡钻井装备安装完毕和试压后,做欠平衡钻井循环流程试运转。运转正常,连接部位不刺不漏,正常运转时间不少于10min。

(4) 在开发井实施欠平衡钻井时,现场至少储备可用体积大于1.5倍以上井筒容积,密度高于设计地层压力当量钻井液密度$0.2g/cm^3$以上的钻井液;在探井实施欠平衡钻井时,现场至少储备可用体积大于2倍以上井筒容积,密度高于预计地层压力当量钻井液密度$0.2g/cm^3$以上的钻井液;现场还应储备足够的加重材料和处理剂。

(5) 在欠平衡钻井施工前,建设方组织相关施工作业单位按规定进行检查验收,不满足欠平衡钻井安全施工条件的,不得批准开钻。

3. 欠平衡钻井施工作业井控要求

(1) 在欠平衡钻井全过程中,钻井监督和井队干部应全天候井场值班。

(2) 严格按照设计及井控规定进行施工。若需对设计内容进行变更,现场领导小组研究后以书面形式上报,由建设方出具书面变更通知单后执行。对于危及人身、井下安全的紧急情况,现场应先行处理,控制险情,然后按规定程序补办设计变更手续。

(3) 欠平衡钻井中,当发现返出量明显增多或套管压力明显升高时,应关井求压,并根据地层压力重新确定合理的钻井液密度。

(4) 液相欠平衡钻井时,钻井队坐岗人员、录井队和欠平衡服务单位值班人员应根据职责分工,实时观察并记录循环罐液面、钻井参数、钻井液性能、气测烃值、返出量、火焰高度等变化情况,发现异常按规定及时报告值班监督和值班干部。

(5) 套管压力控制应以立管压力、循环罐液面和排气管出口火焰高度或喷出情况等为依据,综合分析,适时进行调整。

(6) 气基流体钻井时,如果钻具内压力无法正常泄掉,不允许卸开钻具,应进行压井处理。

(7) 每趟起钻前，应对半封闸板防喷器进行关、开检查；每趟下钻前，应对全封闸板防喷器进行关、开检查；并对控制系统进行检查。

(8) 带压起下钻期间，根据设备作业能力控制井口套管压力，专人观察、记录套管压力变化，发现异常应及时处理；当上顶力达到钻具浮重（去掉钻具在钻井液中承受的浮力后的重量）的80%时，必须使用不压井起下钻装置。

(9) 液相欠平衡钻井带压起钻作业期间，应及时向井内注入钻井液，注入量应与起出钻具体积基本相同，发现异常情况及时处理并报告。

(10) 每趟起钻时，应将已入井使用过的具有单向流动控制作用的阀（如浮阀等）卸下来，由专人仔细检查，确认功能完好后，方可再次入井。

4. 欠平衡钻井的终止条件

欠平衡钻井作业过程中，若出现以下情况应立即终止欠平衡钻井作业：

(1) 自井内返出的气体，包括天然气，在未接触大气之前所含硫化氢浓度等于或大于 $75mg/m^3$；或者自井内返出的气体，包括天然气，在其与大气接触的出口环境中硫化氢浓度大于 $30mg/m^3$。

(2) 实施液相欠平衡钻井时，自地层中溢出的油、气、水严重影响钻井液性能，并导致欠平衡钻井不能正常进行。

(3) 钻具内防喷工具失效。

(4) 欠平衡钻井设备不能满足欠平衡钻井要求。

(5) 井眼、井壁条件不满足欠平衡钻井正常施工要求时。

第三节　欠平衡钻井井控风险及防控

一、溢流防控处理措施

在欠平衡钻进过程中，随时观察各参数变化，如监测发现出口管钻井液流速加快，立管压力降低，钻井液罐液面升高，返出的钻井液中有油迹、气泡、硫化氢味，钻井液密度下降，钻井液黏度变化等溢流显示时，应停止钻进，钻头提离井底，及时调节节流阀开度，通过增加井口回压的方式逐渐增大井底压力，控制地层流体侵入量，排出受侵钻井液。在循环排气过程中，若井口回压达到3MPa，立即通知钻井队及各相关方做好应急处置准备，若井口回压达到5MPa，立即终止欠平衡钻井作业流程，转由钻井队控制井口。若

第十章 欠平衡钻井井控风险及防控

井口回压不再上升,在 2MPa 以内,可维持此井口回压继续钻进,实施"边喷边钻",燃烧管线持续点火,若井口回压在 5MPa 以内,可通过提高钻井液密度的方式逐步降低井口回压。

二、井漏防控处理措施

在欠平衡钻进过程中,如发现钻井液返出流速减慢、流量较少,钻井液罐液面降低等井漏显示,首先根据井漏情况,在能够建立循环的条件下,逐步降低钻井液排量或降低井口回压的方式,寻找压力平衡点,确定地层漏失压力。如果井口回压降为零时仍无效,降低排量继续漏失的情况下,找不到平衡点时,需要上报甲方,根据现场实际情况逐步降低钻井液密度,循环正常后恢复钻进。

在降低密度后仍然存在漏失的井,应结合储层特征,依据漏速大小,选择随钻堵漏、承压堵漏等工艺,进行堵漏作业,以减少钻井液漏失量,防止由漏转溢,保障井控安全。

如施工井产层为裂缝、溶洞型储层,可能发生置换气侵,大量钻井液进入储层,而储层中大量气体快速被置换到井筒,这时要尽可能争取连续循环、控压排出受侵钻井液,防止大段连续气柱形成;如果井口失返,要及早转入钻井队井控流程,确保安全。

三、井壁掉块防控处理措施

在欠平衡钻进过程中,若返出钻井液含有岩屑掉块,应立即采取措施,防止出现井壁坍塌。如为应力性井壁掉块,可通过增加井口回压的方式,抑制井壁掉块,井口回压增加至 5MPa 时,不能有效抑制井壁坍塌,逐步提高钻井液密度,降低井口回压,具体数值根据现场实际情况执行。如为水敏性掉块,重新调整钻井液性能,抑制井壁掉块,并增大循环排量,提高携带效率,满足井眼清洁的需要。

四、井口压力控制不当防控措施

由于气侵造成的井口压力升高极其危险,如井口压力控制过高,会造成井漏;如井口压力控制过低,会造成地层流体的连续大量侵入,引起井口压力持续升高,极易造成井喷。

在欠平衡作业过程中井口压力控制不当,极易造成井控风险,必须采取及时有效的防控措施：一是欠平衡作业人员监控到位，随时观察各参数变化，及早发现溢流，及时处理；二是正确操作节流阀，井口回压控制应以立管压力、循环罐液面和排气管出口火焰高度或喷出情况等为依据，综合分析，适时进行调整。当发现返出量明显增多或井口回压明显升高时，应关井求压，并根据地层压力重新确定合理的钻井液密度，降低井控风险。

五、旋转控制头轴承总成胶芯刺漏防控措施

在欠平衡钻进过程中，旋转控制头轴承总成胶芯刺漏，一是造成钻井液外溢，对环境造成污染；二是在更换胶芯的过程中容易造成地层流体的侵入，引起溢流；三是如果是在边喷边钻的情况下，旋转控制头轴承总成胶芯刺漏，更换胶芯会造成井口压力过高，处理不好极易造成井喷。

轴承总成胶芯是旋转控制头的核心部件，为确保胶芯的使用寿命需注意以下几点：一是胶芯本身的材质性能必须满足钻井液的性能，如选择不当，极易造成胶芯腐蚀及老化，胶芯过早地失效；二是密切观察胶芯的密封性能，出现漏失钻井液及时更换；三是胶芯不超寿命使用及时更换。

六、欠平衡钻井设备故障应急防控措施

1. 节流控制箱气源或气泵出现故障时的应急防控措施

使用手压泵开/关节流阀程序：

（1）把控制箱气源手柄扳至关位。

（2）确保手压泵的泄压阀处于关闭位。

（3）安装手压泵手柄。

（4）用手压泵打压，调节节流阀的开启程度。

2. 节流管汇液压系统出现故障时的应急防控措施

（1）根据需要使节流控制换向阀处于关/开位，或拔掉节流管汇上的液压管线，卸掉接头。

（2）将手动拨动杆插在节流阀刻度旁的小孔内，根据开/关程度的要求转动，可实现手动调节液动节流阀的开启程度。

3. 节流管汇法兰出现故障时的应急防控措施

（1）如果连接法兰刺漏，则用铜工具上紧连接螺栓保证不刺不漏。

（2）如果法兰密封垫环刺坏，则必须用重钻井液压井，重新更换密封垫环。

（3）如果由于套管压力过高导致节流管汇本体出现刺漏时，应迅速关闭

相应阀门,通过另一侧节流管汇循环放喷、排气、压井,重新更换节流管汇。

4. 旋转控制头设备出现故障的应急防控措施

(1) 如果旋转控制头法兰刺漏,则用铜工具上紧连接螺栓保证不刺不漏。

(2) 如果旋转控制头法兰或密封垫环已经刺坏,则必须用重钻井液压井后更换井口设备。

第四节 欠平衡钻井井控应急

一、套管压力迅速升高时的井控应急处置

(1) 欠平衡工程师应密切监控井口回压,正常工作时井口回压应控制在 1~3MPa,当回压较快上升至 3MPa 时,掌握各参数的变化,并立即通知值班监督或现场负责人,做好后期应急处置准备工作。

(2) 当套管压力继续升高到 4.5MPa 时,通知司钻停止钻进作业,上提钻具,关闭半封闸板防喷器,进行低套管压力节流循环排气,待套管压力恢复正常后钻进;如果套管压力继续升高,则应关井求压,重新确定新的欠平衡钻井液密度后,进行压井作业,待套管压力降低至安全范围后再钻进。

二、井喷应急预案

1. 发现井喷险情后应急程序

井场作业人员一旦发现井喷的险情,应立即报告当班司钻,司钻按照关井程序迅速控制井口,同时立即报告钻井工程师和钻井队应急领导小组和现场领导小组。

2. 听到报警信号后应急程序

听到报警信号后,钻井队应急小组迅速赶赴现场,落实关井情况,研究处理措施,营区其他人员迅速到集合地点待命。钻井队应急小组组长将情况通报各方监督和公司应急小组。并组织压井作业:

(1) 缓慢启动泵,调节节流阀维持套管压力等于关井套管压力,直到排量达到压井排量并保持排量不变,这时的立管压力接近初始循环总压力。

(2) 根据计算,泵入可以控制溢流的压井液,在压井液从地面到达钻头

期间，调节节流阀，使立管总压力从初始循环总压力降到终了循环总压力。

(3) 当压井液在环空上返时，调节节流阀保持立管压力始终等于终了循环总压力，直到压井液返出井口。

(4) 压井作业结束后，停泵关井。若立管压力、套管压力均不为零，则井内未建立压力平衡，须迅速计算出新的压井数据，并将数据及时上报给上级单位，经上级单位及甲方批准后，立即按前述步骤，依据计算结果组织新的压井作业。若立管压力、套管压力为零，则井内已建立压力平衡，开井，静止钻井液 2~4h 后循环，观测后效值，以判断压井液密度是否过高，并将结果上报上级单位，以确定后续施工中，应采用的钻井液密度范围。在钻井液静止及循环过程中，必须活动好钻具，若发现有阻卡情况，立即采取措施。

3. 发现有毒、有害气体的应急处置

1) H_2S 浓度达到 $15mg/m^3$

在欠平衡钻井作业过程中，当检测到井口硫化氢浓度达到 $15mg/m^3$ 时的应急处置：

(1) 监测人员立即向钻井队值班干部汇报。

(2) 停止欠平衡钻井作业。

(3) 由钻井队值班干部或其指定人员向钻井项目经理汇报。

(4) 值班干部根据风向、风速确定危险区，明确应急逃生路线和应急集合点。

(5) 发电工切断危险区的不防爆电源。

(6) 安排专人佩戴正压式空气呼吸器到危险区（循环罐、井口下风向井场边缘处等）检查泄漏点，采取关井等措施。

(7) 组织安排非作业人员向上风方向撤离现场。

(8) 继续监测危险区域硫化氢的浓度，依据监测结果，由现场总负责人确定安全进入的时间。

2) H_2S 浓度达到 $30mg/m^3$

在作业过程中，当检测发现井口硫化氢浓度达到 $30mg/m^3$ 及以上时的应急处置：

(1) 监测人员立即向值班干部汇报，值班干部或其指定人员立即向钻井项目经理汇报，钻井项目经理应立即向所在单位应急办公室汇报。

(2) 停止一切作业。

(3) 立即组织班组人员佩戴正压式空气呼吸器。

(4) 指派专人到主要下风口 100m、500m、1000m 处进行硫化氢浓度检测。

第十章　欠平衡钻井井控风险及防控

（5）按欠平衡钻井"四七"动作关井。

（6）组织安排非作业人员向上风方向撤离现场，清点现场人员，切断现场可能的着火源。

（7）通知救援机构，同时钻井队派专人向周边居民告知，做好撤离准备。

（8）迅速采取处理措施，如果硫化氢检测浓度变化不大或缓慢上升时，应立即采取循环加重、除硫、提 pH 值等措施，待检测正常后继续施工。

（9）在采取控制和消除措施后，继续监测危险区域硫化氢的浓度，依据监测结果，钻井项目经理确定安全进入的时间。

4. 井口设备故障应急处置

（1）如果井口法兰刺漏，首先关闭其上游的闸阀或合适的闸板，再利用工具上紧连接螺栓，如无效则更换相应设备。如果其上游无可关闭的闸阀或合适的闸板，则首先尝试利用工具上紧连接螺栓，如无效则必须用重钻井液压井后抢换相应设备。

（2）如果井口法兰或密封垫环已经刺坏，首先关闭其上游的闸阀或合适的闸板，抢换相应设备或密封垫环；如果其上游无可关闭的闸阀或合适的闸板，则必须用重钻井液压井后更换井口相应设备或密封垫环。

（3）如果井口套管头损坏，则必须用重钻井液压井后换套管头。

（4）如果防喷器闸板坏，若该防喷器下方还有其他可使用的闸板，则在关闭后，对坏闸板进行更换；若该防喷器下方无其他可使用的闸板，则可关闭其上部其他可用的闸板或环形防喷器，使用重钻井液压井后，再对坏闸板进行更换。

第五节　欠平衡钻井井控案例及实用操作

一、欠平衡钻井井控案例

1. 基本情况

某井为水平井，地层压力系数为 1.02。在进行欠平衡钻进过程中发生溢流。

2. 发生经过

××井在4月22日7:15进行欠平衡钻进至井深5206.63m,钻井液密度为0.98g/cm³,钻井液排量为15L/s,发现出口流量增加,钻井液罐液面上升,钻井液量增加0.4m³,全烃值从1%逐渐上升至85%,立管压力由19.5MPa下降至18.5MPa,立即停止钻进,上提钻具,调节节流阀开度,施加井口回压1.5MPa,节流循环排气,节流循环排气过程中井口回压最高3MPa,14:00解除溢流,井口回压降低1.7MPa,恢复钻进。

3. 原因分析

钻遇油气层,井底压力无法平衡地层压力。

二、实际操作

1. 更换旋转控制头总成及胶芯

1) 更换旋转控制头轴承总成

如有溢流,关环形防喷器,执行下述操作程序:

(1) 打开壳体上的泄压阀,泄掉旋转装置与环形防喷器之间的压力。

(2) 卸掉轴承总成上的连接管线,卸松卡箍上的安全螺栓。

(3) 将卡箍控制箱手柄放置开位,打开卡箍。

(4) 吊出大方瓦,用小绞车将旋转总成吊住。

(5) 操作环形调压阀手柄,慢慢降低控制压力至3~5MPa。

(6) 慢慢上提钻具,同时操作小绞车将旋转控制头总成和下一个钻杆接头提出转盘面,放上大方瓦,卡好钻杆吊卡。

(7) 操作司钻控制台环形调压阀,将控制压力调整为3~5MPa。

(8) 卸掉转盘上部的单根,并从旋转总成中拔出。

(9) 将旋转总成平放钻台面,更换轴承总成。

(10) 用小绞车将更换后的旋转总成吊起,并在卸掉的钻具下部外螺纹接头接引锥。

(11) 将装好引锥单根插过旋转总成内胶芯。

(12) 单根对扣紧扣。

(13) 上提单根,去掉吊卡和大方瓦,同时调好旋转总成上的方位标记,让其对准正前方。

(14) 操作司钻控制台环形调压阀,直至环形胶芯出现微漏为止。

(15) 慢慢下放钻具和旋转总成,让旋转总成重新坐入旋转壳体内。

第十章 欠平衡钻井井控风险及防控

（16）在监控台上操作，关闭液压卡箍，上紧安全保险螺钉，接好冷却和润滑管线。

（17）关闭旋转壳体上的泄压阀。

（18）慢慢降低环形调压阀的控制压力，并注意观察监控台上的压力表，当监控台上压力升至与节控箱套管压力值一致时，打开环形防喷器，恢复钻进或起下钻作业。

如无溢流，则执行下述操作程序：

（1）卸掉旋转总成上的冷却管线、润滑管线，以及旋转头卡箍上的安全保险螺栓。

（2）将卡箍控制箱手柄放置开位，打开卡箍。

（3）吊出大方瓦，用小绞车将旋转总成吊住。

（4）慢慢上提一柱钻具，同时操作小绞车将旋转控制头总成和下一个钻杆接头提出转盘面，放上大方瓦，卡好钻杆吊卡。

（5）卸掉转盘上部的立柱，并从旋转总成中拔出。

（6）将旋转总成平放在钻台面上，更换总成。

（7）用小绞车将旋转总成吊起，并在卸掉的钻具下部外螺纹接头接引锥。

（8）将装好引锥立柱插过旋转总成内胶芯。

（9）立柱对扣接好。

（10）上提立柱，去掉吊卡和大方瓦，同时调好旋转总成上的方位标记，让其对准正前方。

（11）慢慢下放钻具和旋转总成，让旋转总成重新坐入旋转壳体内。

（12）在卡箍控制箱操作，关闭液压卡箍，上紧安全保险螺钉，接好冷却和润滑管线，恢复钻进或起下钻作业。

2）更换轴承总成胶芯

（1）卸掉轴承总成下胶芯，让总成立于钻台平面上。

（2）卸掉轴承总成上盖吊耳，用专用大扳手卸掉总成上盖。

（3）吊出总成上部密封部件，安装上部密封胶芯。

（4）总成上部胶芯安装完毕后，将上部密封件对位装回总成。

（5）上紧总成上盖，安装总成下部密封胶芯，胶芯安装完成。

2. 欠平衡钻井过程中压力控制与节流阀调节

1）欠平衡钻井压力控制原则

欠平衡钻井过程中的井口回压控制以保持井底压力微欠为原则，视该井实际情况进行压力控制，回压值最高不得超过最大允许关井套管压力值。

2) 节流阀调节原则

(1) 开始欠平衡钻进时，节流阀全开，此时的立管压力值可作为立管压力参考值；在钻进过程中，如果未钻遇油气层，立管压力值将等于立管压力参考值。

(2) 随着井深增加，立管压力参考值应为原立管压力参考值加上由于井深增加段内的压耗与环空压耗值。

(3) 如果钻遇油气层，当地层油气进入环空后，将逐渐改变环空钻井液密度；气体上升至井眼中上部时，出口流量开始增加，立管压力逐渐降低，此时应逐渐调节节流阀，保持立管压力值约等于立管压力参考值。

(4) 要注意经常观察出口岩屑的携岩情况，根据实际情况控制机械钻速。

(5) 如在钻进过程中，产层溢流量（天然气、原油等）超过设备（液气分离器等）处理能力，且上升速度较快时，则应立即关井、压井。

3. 自动点火装置的安装与调试

1) 自动点火装置的安装

(1) 现场两名工作人员分别站在阻火阀两侧，使用吊带将阻火阀抬到与燃烧管线平齐处，并将法兰盘面与燃烧管线法兰盘面对准，另外一名工作人员将燃烧管线螺栓上紧，使阻火阀一端与燃烧管线连接紧固。

(2) 作业人员使用合适卸扣将钢丝绳套固定在主火炬上端吊耳处，并配合吊车将主火炬立起，使主火炬进口与阻火阀出口对齐，作业人员佩戴安全带上至主火炬顶部将钢丝绳套拆卸，将燃烧管线螺栓上紧，使用绷绳对主火炬四面固定。

(3) 使用气管线将井场压缩空气管网与主火炬空气进气口相连，并用喉箍紧固。

(4) 由专业电工负责连接井场与主火炬间的低压电缆。

(5) 井场至主火炬间的低压电缆和压缩空气需埋在地面下 200mm 的砂土中。

(6) 冬季环境温度低于 0℃ 时，需对电控箱内的加热器供电，由专业电工负责连接。

(7) 电缆和压缩空气软管穿越道路时须埋管穿线，以防被车辆或行人压坏。

第十章　欠平衡钻井井控风险及防控

2) 自动点火装置的设备调试

(1) 安装完后，打开电控箱门，合上总电源开关，检查电源电压是否达12V以上，电压不足需充电或更换备用电源。

(2) 检查点火工作状况，按下遥控器电源开关按钮，再按下遥控器的点火开关按钮，观察打火头是否放电，一切正常进行点火试验。向油箱内加入6.5L井场所用的柴油。

(3) 打开井场内压缩空气管线上的球阀，接通气源。

(4) 点火试验，按下总电源开关按钮，再按下分离器点火开关按钮，电控箱内的电磁阀开启，同时高压电子打火头放电打火，压缩空气经电磁阀后从引火燃烧的气喷嘴喷出，油箱内的柴油被吸入燃烧器的混合室与压缩空气混合以雾状喷入燃烧室被电火花点燃，点火试验完成。

(5) 放开点火按钮，关闭电源开关，停止点火。

(6) 当现场需采用液化气或天然气为引火燃料时，只需将通入压缩空气的管线通入液化气或天然气即可。

(7) 点火装置配置应有外接手动操作器，当遥控器失灵时，将手动操作器的接线头从电控箱下端孔穿入箱内，插入上方的插孔内，即可进行手动操作。

(8) 当钻入气层后，点火装置须每天检查油箱内的油量和电源电压及高压放电状况，并试点火一次。

第六节　精细控压钻井相关知识

一、精细控压钻井技术简介

1. 精细控压钻井定义

一种用于精确控制整个井眼环空压力剖面的自适应钻井过程，其目的是确定井下压力环境界限，并以此控制井眼环空压力剖面。

2. 精细控压钻井技术优势

(1) 钻井领域：解决窄密度窗口地层溢漏同层难题；及时发现并控制溢流与漏失，抑制井壁轻微掉块；精确控制井筒压力，避免井下复杂，延长水平井段钻井能力；降低钻井液密度，提高机械钻速；保障异常压力圈闭储层钻井时的井控安全。

(2) 勘探领域：发现和保护油气层；动态监测井筒压力。

(3) 开发领域：提高单井产量；降低后期开发成本。

3. 适用地层和油气藏

(1) 窄密度窗口地层。

(2) 异常压力圈闭油气藏。

(3) 压力敏感、易污染油气藏。

(4) 溢漏频繁的复杂地层。

(5) 高密度深井。

(6) 深海海底。

(7) 上部存在异常高压地层。

二、精细控压钻井系统构成

精细控压钻井系统特点是集恒定井底压力控制和微流量控制钻井功能于一体，可实现各种工况控压钻进，是最优化的钻井技术之一，该系统构成如下：

(1) 自动节流管汇系统。

(2) 回压泵系统。

(3) 液气控制系统。

(4) 监测及自动控制系统。

(5) 自动控制及应用软件。

技术特点：

(1) 可实现过平衡、近平衡和欠平衡控压钻井。

(2) 组合式控压钻井装备。

(3) 水力学模型、钻井工艺及智能监控的自动控制软件。

(4) 多策略、自适应、高速的自动控制系统。

(5) 钻井过程控制数据采集处理技术。

三、精细控压钻井装备

精细控压钻井系统装备由自动节流管汇系统、回压泵系统和控制中心3个主体部分组成（图10—26）。

第十章 欠平衡钻井井控风险及防控

图 10-26　精细控压钻井系统

1. 自动节流管汇系统组成

自动节流管汇系统主要由自动节流管汇、高精度液控节流控制操作台以及控制箱组成。可实现以下功能：

(1) 远程手动及自动模式、本地手动 3 种操作模式，精确控制井口回压。
(2) 不同钻井工况下，节流通道快速切换。
(3) 节流阀在线维护。
(4) 出口流量监测。

2. 回压泵系统组成

回压泵系统主要由一台电动三缸柱塞泵、一台交流电机驱动、一条上水管线、一条排水管线以及质量流量计组成。交流电机采用软启动器控制启动，由系统自动控制；上水管线装有过滤器、入口流量计，排水管线有空气包、截止阀、单流阀。

3. 控制中心房组成

控制中心房是地面压力控制装置的大脑，可实现数据采集的信息汇总、处理，实时水力计算以及控制指令的下达。精细控压钻井系统核心部分——自动控制系统放置在控制中心房内，其系统框架结构如图 10-27 所示。

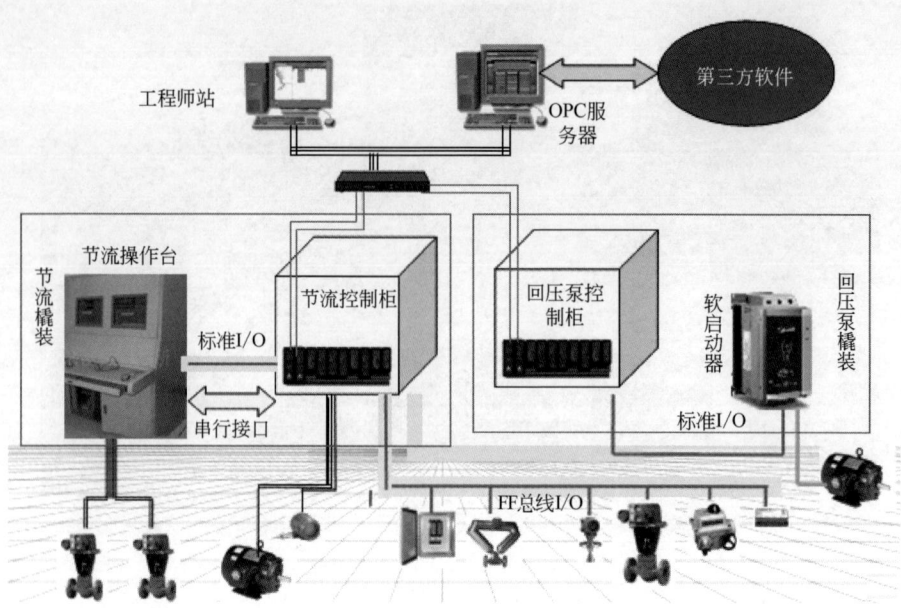

图 10-27 精细控压钻井自动控制系统

四、精细控压钻井工艺技术

1. 控压钻进工艺程序

（1）根据邻井资料的溢流、漏失情况及施工井预测地层压力系数、坍塌压力系数、破裂压力系数，确定初始钻井液密度、钻井液排量、井口回压值及其他钻井参数，尽量保持微过平衡钻进，可有效保护油气储层。初始钻进过程中实时监测扭矩、拉力、立管压力、井口回压、出口排量及返砂情况，如无异常，以此参数按照井底压力模式控压钻进。出现异常情况，根据现场实际情况，随时调整各参数。

（2）钻进过程中，记录井口压力、钻井液出口流量、入口流量、循环罐钻井液体积变化等重要参数。

（3）精细控压钻井过程中，高精度质量流量计检测到出口流体连续增加时，可能钻遇油气层，有油气侵入井筒，确认溢流后，立即根据实际数值情况调节自动节流管汇节流阀开度，通过增加地面回压立即或逐渐增加井底压力的方法，控制地层流体侵入量，排出受侵钻井液。

第十章 欠平衡钻井井控风险及防控

（4）精细控压钻井过程中，高精度质量流量计检测到出口流体连续减少时，确认出现漏失时，首先由控压钻井工程师根据井漏情况，在能够建立循环的条件下，逐步降低井口回压，寻找压力平衡点。如果井口回压降为零时仍无效，需要上报甲方，根据甲方指令逐步降低钻井液密度，待液面稳定，循环正常后恢复钻进。在降低钻井液密度寻找平衡点时，如果循环压力当量降至实测地层压力或设计地层压力时仍无效，可采取以下方式钻进：一是微漏形式钻进，二是微漏、微溢的形式钻进，具体措施依照指令执行。

（5）如施工井为裂缝、溶洞型储层，可能发生置换型漏失，置换型漏失将产生大量气体快速进入井筒，要尽可能争取连续循环、控压排出受侵钻井液，防止大段连续气柱形成；如果井口失返，要及早转入钻井队井控流程，确保安全。

（6）一旦溢漏同时发生，在保证井控安全的条件下，寻找微溢或者微漏条件下的钻进平衡点。根据现场实际情况选择以微溢或者微漏形式钻进。

控压钻进流程如图10-28所示。

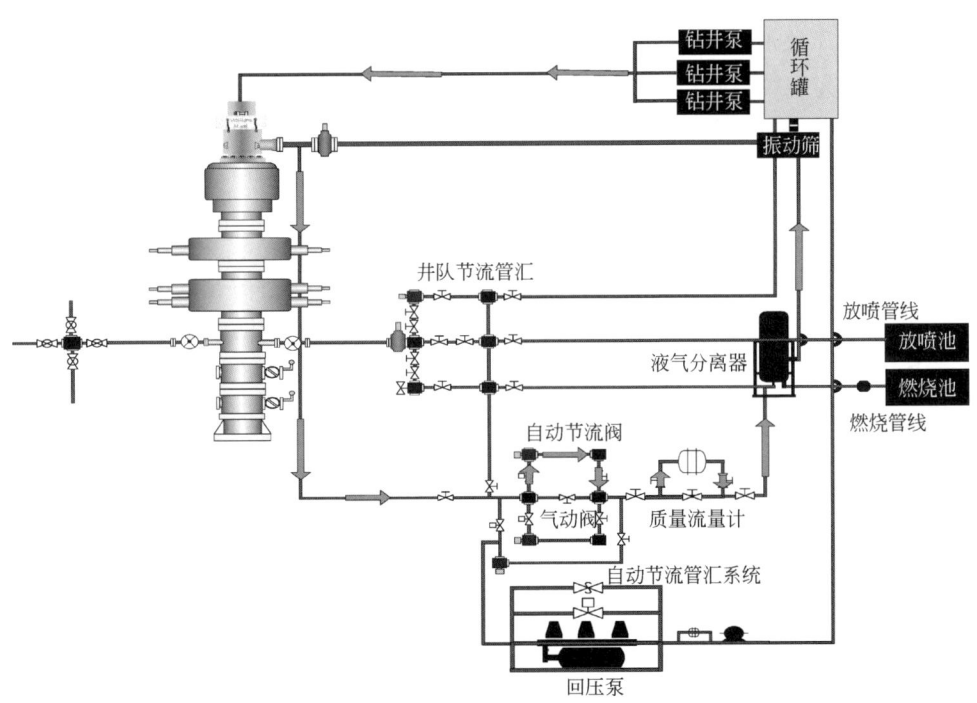

图10-28　控压钻进流程

2. 控压接单根作业程序

（1）钻完单根，停转盘，按照控压钻井排量循环 5~10min，缓慢上提到合适位置坐吊卡，准备接单根。告知数控房控压钻井工程师准备接单根。

（2）控压钻井工程师调整完毕回压泵阀门，然后根据地层压力预测值或实测值设定合理的井底压力控制目标值，确定停止循环状态下需要补偿的井口压力；按设定排量启动回压补偿装置，进行压力补偿。

（3）控压钻井工程师通知司钻停钻井泵后，司钻缓慢降低泵排量至零。

（4）泄掉钻杆和立管内的圈闭压力，确认立管压力为零后再卸扣接单根。

（5）单根接完后，司钻通知控压钻井工程师准备开泵，得到数控房确认后缓慢开泵，逐渐增加钻井泵排量至钻进排量。控压钻井工程师逐步调整井口压力，停回压泵。

（6）用锉刀将接头上被钳牙刮起的毛刺磨平，以免造成旋转控制头胶芯过早地损坏。

（7）循环下放钻具，恢复钻进。下放钻具要缓慢，避免产生过大的井底压力波动。

3. 控压换胶芯作业程序

（1）发现胶芯刺漏，立即停止钻进，上提钻柱，将回压泵和自动节流管汇转换到井口压力控制模式，以保持稳定的井底压力。

（2）司钻告知数控房控压钻井工程师准备停泵，控压钻井工程师通知司钻停钻井泵后，司钻缓慢降低泵排量至零，泄钻具内压力为零之后，卸方钻杆，通过回压补偿装置控压起钻至安全井段。

（3）由精细控压人员负责打开自动节流管汇至井队节流管汇的阀门。井队人员负责打开钻井队节流管汇前液动平板阀，关闭环形防喷器。再由精细控压人员负责关闭自动节流管汇与旋转控制头间的闸阀。

（4）接方钻杆，打开泄压阀泄掉旋转控制头内的圈闭压力，然后将环形防喷器的控制压力调节至可缓慢上提钻杆（试提钻具），井队配合精细控压人员拆旋转控制头的锁紧装置及相关管线，打开旋转控制头液缸，缓慢上提钻具，将旋转头提出转盘面。

（5）换旋转总成，缓慢下放旋转总成到位并装好旋转总成，关闭旋转控制头泄压阀，打开自动节流管汇与旋转控制头间的手动平板阀，将环形防喷器与旋转控制头之间的压力憋至井口回压值，然后打开环形防喷器，关闭钻井队节流管汇前四号液动阀。

（6）控压下钻至井底，启动钻井泵，停止回压补偿装置，将控压模式调

第十章 欠平衡钻井井控风险及防控

整至井底模式,恢复控压钻进。

控压换胶芯流程如图 10-29 所示。

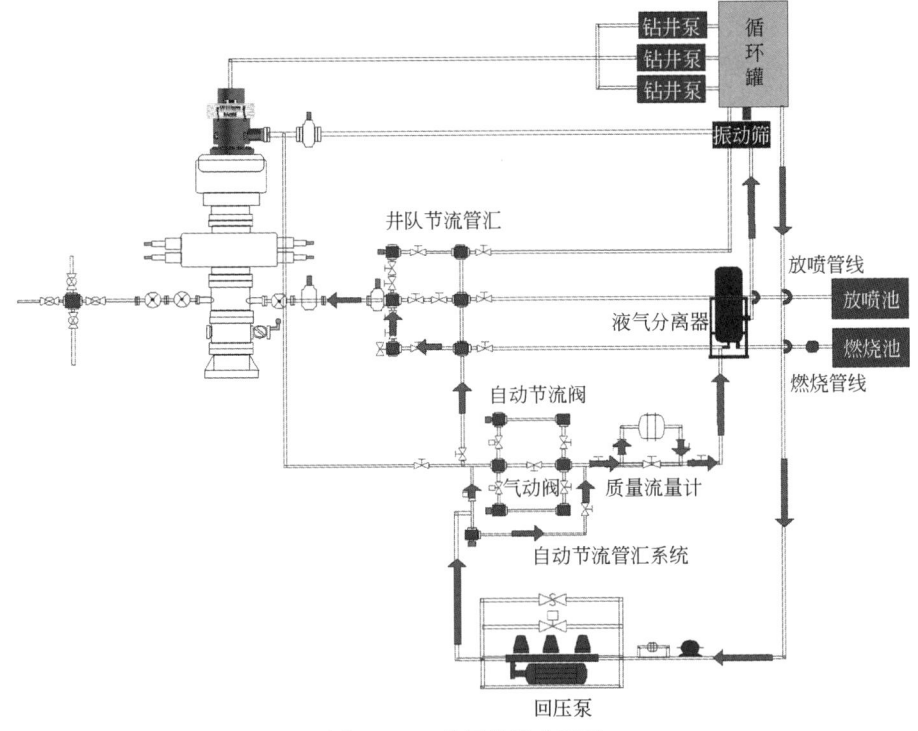

图 10-29 控压换胶芯流程

4. 控压起下钻作业程序

1) 控压起钻

(1) 控压钻井工程师和钻井工程师计算需要的钻井液帽深度、体积、密度。

(2) 充分循环,保证井眼清洁。在此期间活动钻杆时,工具接头通过旋转控制头的速度要低于 2m/min。

(3) 控压钻井工程师启动自动节流管汇和回压补偿装置,在井口压力控制模式下,保持井底压力。

(4) 司钻通知控压钻井工程师准备停泵,控压钻井工程师调节井口套管压力,保持稳定的井底压力,泄钻具内压力至零后,卸方钻杆。

(5) 通过回压补偿装置控压起钻至预定深度,期间起钻速度按照控压钻井工程师的要求操作,钻井液工核实钻井液灌入量,保证实际钻井液灌入量

不小于理论灌入量，否则应适当提高套管压力控制值。

（6）控压起钻至预定深度后，接方钻杆，开泵循环，确保上部钻井液无气体侵入。

（7）准备打入隔离液。启动钻井泵，然后停止回压补偿装置，控压钻井工程师调节井口套管压力，保证井底压力大于地层压力。

（8）隔离液顶替至预定深度，启动回压补偿装置，停泵，泄钻具内压力至零后卸方钻杆，控压起钻至隔离液段顶部。

（9）准备重钻井液，启动钻井液泵，然后停止回压补偿装置，控压钻井工程师确定井口压力降低步骤和顶替排量，保持井底压力连续稳定。如作业需要，控压钻井操作人员手动操作回压泵和自动节流控制系统。

（10）按照顶替方案注入重钻井液返至地面，井口套管压力降为零。要求返出的钻井液与设计的重钻井液密度偏差为 $0.01g/cm^3$，然后观察30min至井口无外溢之后，拆掉旋转总成，装上防溢管。

（11）按照常规方式起完钻，关闭全封闸板。期间钻井液工核实钻井液灌入量，发现异常立即汇报司钻。

2）控压下钻

（1）下钻之前，钻井工程师和控压钻井工程师计算所需控压钻井液体积。控压钻井工程师计算顶替钻井液时井口压力提高步骤和顶替体积量。钻井液工程师准备钻井液罐回收钻井液。

（2）确认套管压力为零之后，打开全封闸板防喷器。

（3）按照控压钻井工程师和定向井工程师的指令，连接并下入控压钻井和定向井钻具组合，并对工具进行浅层测试。

（4）常规下钻至隔离液段底部。按照控压钻井工程师要求的速度下钻，以减少激动压力。

（5）拆防溢管，安装旋转制头轴承总成。接方钻杆，准备循环控压钻井液。

（6）按照顶替方案泵入控压钻井液替出重钻井液。期间按照计算的井口压力提高步骤和顶替体积量的关系，逐渐提高井口套管压力。

（7）顶替结束后，启动回压补偿装置，停止循环，保持合适的井口压力，泄钻具内压力为零之后卸方钻杆。

（8）通过回压补偿装置及自动节流管汇控压下钻至井底，接方钻杆，启动钻井泵，停止自动回压补偿装置，将自动节流系统转换至井底压力控制模式。

（9）下钻期间，每下入10柱，向钻具内灌满钻井液一次，钻井液工记录钻井液的返出量，要求钻井液实际返出量不大于理论返出量，发现异常立即

第十章 欠平衡钻井井控风险及防控

向司钻汇报。装入旋转控制头之后，用锉刀将接头上被钳牙刮起的毛刺磨平，以免造成旋转控制头胶芯过早地损坏，并在胶芯内倒入肥皂水润滑旋转控制头胶芯。

控压起下钻流程如图 10-30 所示。

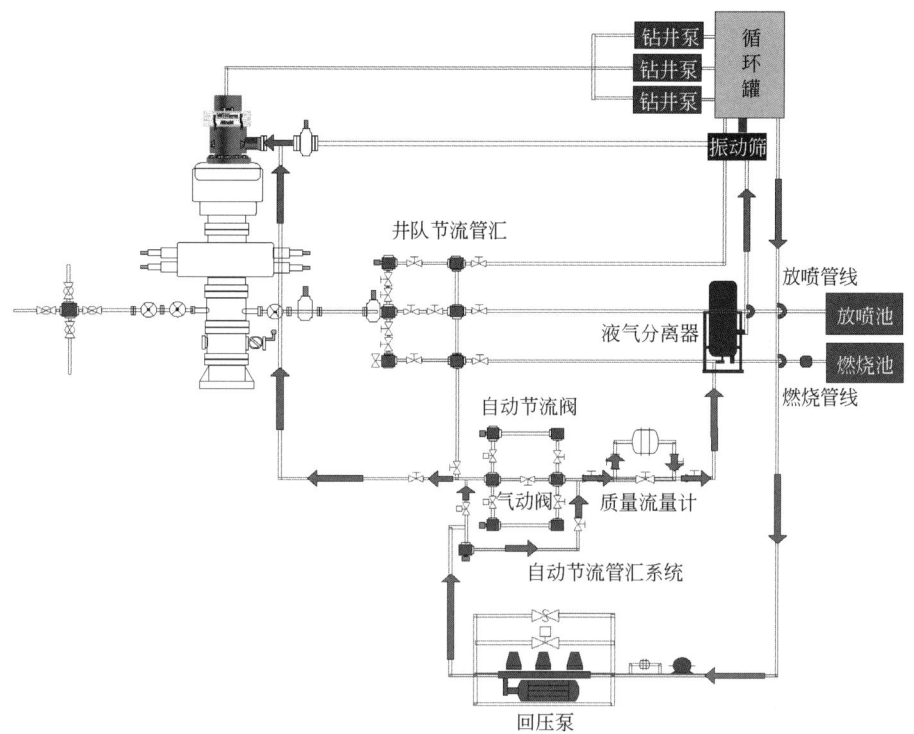

图 10-30 控压起下钻流程

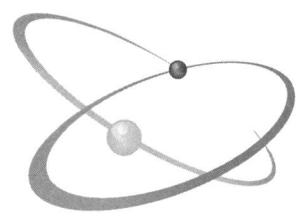

第五部分 其他作业

第十一章 固井作业井控

第一节 固井作业简介

　　固井是油气井钻井过程中的一个重要环节,是钻井施工的重要组成部分,包括下套管和注水泥两个作业过程。下套管就是在已经钻成的井眼中把设计好的套管柱下至预定位置;注水泥就是在地面上将配置好的水泥浆由固井设备通过套管柱内或管柱环空注入井眼与套管柱之间的环形空间中的过程。水泥将套管柱与井壁牢固地固结在一起,从而将油气水层及复杂层位封固起来以利于下步钻进或开采作业。做好固井作业过程中的井控工作,关系到油气井的寿命和对油气资源的保护。

一、套管柱类型

　　套管柱类型如图 11-1 所示。

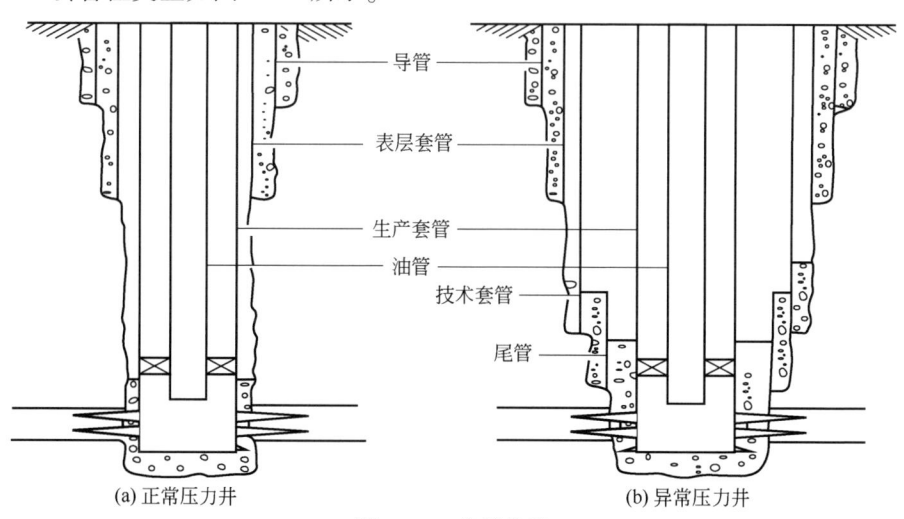

(a) 正常压力井　　　　　　　(b) 异常压力井

图 11-1　套管柱类

1. 导管

导管是在开钻前埋入，并注入水泥固结的一段管子，其作用是在钻表层井眼时将钻井液从地表引导到钻井液处理装置上来。这一层管柱其长度变化较大，在坚硬的岩层中仅用1~20m，而在沼泽地区则可能上百米。

2. 表层套管

表层套管是第一层开钻后下入的套管，其作用是用来防护浅水层污染，封隔浅层流砂、砾石层及浅层气，安装井控装置，并承载后续下入各层套管与井口装置的重量。表层套管下深一般在25~1500m。

3. 技术套管

技术套管是满足安全钻井要求而下入的套管，通常用来解决不同压力系统的钻井安全问题，此外也可用于隔离坍塌地层及高压水层，防止井径扩大，减少阻卡及键槽的发生，以便继续钻进，为井控设备的安装、防喷、防漏及悬挂尾管提供条件，对油层套管还具有保护作用。

4. 生产套管

生产套管的主要作用是为提供油气井的开采、注入等通道，满足生产过程中各种作业要求，达到油气井分层测试、分层采油、分层改造的目的。

5. 尾管

尾管是一段不延伸到井口的套管柱，分为钻井尾管和采油尾管。它的优点是下入长度短、费用低。在深井钻井中，尾管另一个突出的优点是在继续钻进时可以使用异径钻具。在顶部的大直径钻具具有更高的抗拉伸能力。尾管的缺点是固井施工困难。尾管的顶部通常要进行抗内压试验。需要时尾管可以回接，高压气井通常采用这种方法，并使水泥返到地面，以保持井筒的完整性。

二、注水泥工艺

在套管下入后，必须要用水泥车将水泥浆泵入井内，使其从套管鞋返回到套管与井壁之间的环状空间，并达到一定高度。这种作业即为"注水泥"。注水泥的主要目的是封隔油、气层和水层，或者封隔易坍塌及易漏地层。需要开采时，则通过在预定层位射孔将套管和水泥穿透，打开油层，诱导出油气流。

常规固井工艺是用水泥车、灰罐车及其他地面设备配置好水泥浆，通过前置液、下胶塞与钻井液隔离后，一次性地通过高压管汇、水泥头、套

第十一章　固井作业井控

管串注入井内，从管串底部进入环空，到达设计位置，以达到设计井段的套管与井壁间的有效封固。固井施工流程：注前置液——注水泥浆——压碰压塞——替钻井液——碰压——候凝。注水泥除常规的水泥浆从套管内注入并从环空上返外，还有一些用于特殊情况的注水泥方法。如双级或多级注水泥、内管注水泥、插入管的管外注水泥、反循环注水泥及延迟凝固注水泥等方法。

工艺要求：

（1）固井前严格贯彻通井措施，扩划井壁、消除遇阻点、破除台肩，对遇阻井段应采取短程起下钻划眼作业，对低压易漏井应提高地层承压能力。

（2）调整钻井液性能，降低黏切值及触变性，改善与水泥浆化学兼容性，并注意控制失水及滤饼厚度。

（3）合理设计环空浆柱结构，包括前置液用量、水泥浆返高，要求能有效避免钻井液与水泥浆直接接触发生严重化学干涉现象，造成固井事故，并且环空液柱压力能压稳显示层，阻止环空流体窜流。

（4）以平衡压力固井为原则，科学设计施工排量，固井前校核施工压力、裸眼段各关键层位环空液柱压力，防止偏大的排量压漏地层或是偏小的排量影响顶替效率。

（5）校核管串强度，合理设计扶正器的安放数量及间距。

（6）准确确定井底温度、压力，为水泥浆试验提供依据。

第二节　固井作业井控工作要求

固井作业应从设计、准备、施工和检验环节严格把关，加强过程管理和监督，确保固井质量，采用适应地质和油气藏特点及钻井工艺的先进适用固井技术，实现安全、优质、经济、可靠的目的。为保证井控安全，必须满足以下要求。

一、井身结构和套管设计满足的要求

（1）同一裸眼井段内，原则上不应有两个以上压力梯度差值过大的油气水层。

（2）探井、超深井、复杂结构井的井身结构，应充分估计不可预测因素，

留有一层备用套管。

（3）在地下矿产采掘区钻井，井筒与采掘坑道、矿井通道之间的距离不少于100m，表层套管或技术套管下深应封住开采层并超过开采段100m以上。

（4）套管下深要考虑下部钻井最高钻井液密度和溢流关井时的井口安全关井余量。

（5）表层套管下深应满足井控安全，并满足封固浅水层、疏松地层、砾石层的要求，且其坐入稳固岩层应不小于10m。

（6）技术套管的材质、强度、螺纹类型、管串结构应满足封固复杂井段、固井工艺、井控安全以及下一步钻井中相应地层不同流体的要求。

（7）生产套管的材质、强度、螺纹类型、管串结构应满足固井、完井、井下作业及油气生产要求。

（8）盐水层、盐岩层、复合盐岩层、盐膏层、含腐蚀性流体的地层等特殊地层必须用水泥封固。

二、水泥浆设计返深的基本要求

（1）表层套管固井的设计水泥浆返深应返到地面。

（2）技术套管固井的设计水泥浆返深应至少返至中性（和）点以上300m，遇到油气层（或先期完成井）时设计水泥浆返深要求与生产套管相同。

（3）生产套管固井的设计水泥浆返深一般应进入上一层技术套管内或超过油气层顶界300m。

（4）对于高危地区的油气井，生产套管固井的设计水泥浆返深应返至上一层技术套管内，且形成的水泥环面应高出已经被技术套管封固的喷、漏、塌、卡、碎地层以及全角变化率超出设计要求的井段以上100m。

（5）对于热采井和高压、高含酸性气体的油气井，各层套管固井的设计水泥浆返深均应返至地面。

三、管内水泥塞长度和人工井底的要求

（1）生产套管阻流环距套管鞋的长度不少于10m。

（2）技术套管（或先期完成井）阻流环距套管鞋长度一般为20m。

（3）人工井底（管内水泥塞面）距油气层底界以下不少于15m。

第三节 固井作业过程井控风险及防控措施

固井作业井控风险主要在于下套管作业、注水泥过程中的井漏和候凝期间的水泥浆失重。井漏后由于井内液柱压力会下降，如果不及时采取措施进行处理，会导致井喷或井喷失控事故的发生，同样候凝期间由于水泥浆失重，也会导致井内液柱压力下降不能平衡地层压力，诱发井喷的风险。

一、井筒稳定性

1. 地层强度试验

为了提高地层的承压能力，减少下套管及固井施工中的井漏风险，一般需在下套管前作地层承压试验。所需承压值应根据下套管和注水泥时的最大井底动态液柱压力、地层压力、地层破裂压力等确定。

目前承压试验方法有3种：
（1）关防喷器井口憋压法，观察套管压力值；
（2）根据不同井段地层的承压能力，分段提高井内钻井液密度法；
（3）大排量循环钻井液法，循环排量值由固井软件模拟固井现场施工确定（需要收集地层、钻井液、水泥浆性能等参数）。

2. 油气上窜速度

固井作业前必须压稳油气层，根据井下状况和油气藏条件将油气上窜速度控制在安全范围内。当地层漏失压力和孔隙压力差值很小容易发生井漏时，可以根据具体情况控制气井的油气上窜速度小于20m/h，控制油井的油气上窜速度小于15m/h。

3. 安全作业时间

起钻前井内钻井液循环时间应不少于2周，进出口密度差不大于$0.02g/cm^3$。短程起下钻检测油气上窜速度，钻井液液柱压力不能平衡地层压力或油气上窜速度不满足要求时，应适当加重钻井液并通过短起下钻进行验证，确认压稳油气层。只有当油气上窜到井口的时间加安全附加值大于下套管的预计时间时，才能进行下套管作业。

下套管前必须进行通井作业，通井过程中如发生井漏应进行堵漏作业，条件具备时应验证地层承压能力。对阻、卡井段应认真划眼。一般通井钻具组合的最大外径和刚度应不小于原钻具组合。对于深井、大斜度井和水平井，通井钻具组合的最大外径和刚度应不小于下入套管的外径和刚度。

使用专用设计软件对固井施工过程进行模拟，根据井下具体情况对施工参数进行优化，根据不同地区的特点及具体井况确定适宜的环空流体流态。使用专用软件对管柱在井眼中的通过性做出预测，根据环空返速、地层承压能力等计算管柱允许下放速度和下放阻力，制定相应的下套管措施。

4. 钻井液性能

（1）钻井液性能原则上在完钻时的性能基础上不作大范围调整，如需调整，则应满足井眼的稳定性要求。

（2）对于具有良好油气显示及目的层井固井作业，应在下套管前按钻井设计要求储备足够的加重钻井液、加重剂和其他处理剂。

（3）周围有注水井，在固井施工及候凝期间应停注。

二、设备准备

（1）下套管前应更换与所下套管尺寸匹配的防喷器闸板，并按要求试压。

（2）下尾管作业如不换装防喷器闸板，则应准备好相应的防喷单根。

（3）准备好能迅速连接方钻杆与套管螺纹的配合接头，能有效处理井涌等复杂情况。

（4）浮箍、浮鞋、分级箍、水泥头等固井工具附件各项性能满足固井要求。

（5）水泥头应每井次保养一次并定期试压、探伤。

（6）水泥头的额定工作压力应达到以下要求：公称直径508mm和339.7mm的水泥头试压21MPa；公称直径244.5mm和177.8mm的水泥头试压35MPa；公称直径小于177.8mm的水泥头试压49MPa。

（7）水泥头的螺纹应与所连接套管、钻具的螺纹一致，所有阀门应开关灵活。水泥头内的胶塞应装配合格，胶塞挡销应能够灵活打开。

三、下套管作业过程中的井控技术要求

（1）严格控制下放速度，一般不超过0.5m/s，在通过低压渗透性井段，带有浮箍、扶正器等工具附件时，下放速度控制在0.25~0.3m/s。因为高速下放套管，环空回流速度往往超过钻井上返流速1~3倍，这样将会压漏地层。

第十一章 固井作业井控

允许最大下放套管速度为：

$$V_{上返} = \frac{V_{下}\, q_{外}}{q_{环}} + \frac{V_{下}}{2} \quad (11-1)$$

$$V_{替} = \frac{Q}{q_{环}} \quad (11-2)$$

$$V_{上返} < V_{替} \quad (11-3)$$

$$V_{下} < \frac{2V_{替}\, q_{环}}{2q_{外} + q_{环}} = \frac{2Q}{2q_{外} + q_{环}} \quad (11-4)$$

式中　$V_{上返}$——下套管时环空上返速度，m/s；

$V_{替}$——替浆时环空上返速度，m/s；

$V_{下}$——下套管速度，m/s；

$q_{外}$——每米套管外容积，m^{-1}；

$q_{环}$——每米套管环空容积，m^{-1}；

Q——替浆排量，s^{-1}。

（2）正常的硬地层及不易漏失井段，也应控制下放速度。一般下放速度为300m/h，最多不超过500m/h。当井身质量或钻井液性能欠佳时，应将下入速度控制在180~200m/h内。

（3）严格按照下套管技术规范进行下套管作业，一般下10~15根套管即灌满钻井液，有条件可采用连续灌浆的方式。出上层套管鞋时灌满钻井液，裸眼段在长时间灌钻井液时要活动套管防黏卡，套管下完后必须灌满钻井液再小排量开泵循环。

（4）下套管时指定专人全程观察并记录灌入量、返出量，并计算两者的差数，及时发现井漏、溢流及其他异常情况。

（5）下套管过程中应注意对套管浮箍的保护，下套管应平稳操作，防止产生过大压力激动，记录观察悬重和钻井液灌入与返出量，严防浮箍失效，引发井控风险。

（6）准备好与套管、钻杆连接的循环接头。遇到溢流后，抢接循环接头与防喷单杆，按关井程序进行关井。

（7）下套管时发生井漏，若液面在井口附近，则继续下入；若出口失返，液面不在井口，立即吊灌钻井液至井口，如漏失严重，向上级请示下步措施。

（8）根据环空返速、地层承压能力、钻井液性能等参数确定和控制套管柱下放速度。

（9）控制套管掏空深度处于安全范围内。合理的套管掏空量根据浮动装置的承压能力、套管承载能力以及灌满钻井液所需时间综合确定。

（10）使用普通型浮箍（浮鞋）时，下套管过程中应及时、足量灌满钻井液。使用自灌型浮箍（浮鞋）时应随时观察，发现自灌装置失效后应及时、足量灌满钻井液。对于管柱下部装有漂浮接箍的井，无异常情况中途不应循环钻井液。

（11）下套管过程中应尽量缩短静止时间。静止时间超过5min时应活动套管，活动距离不小于套管柱伸缩量的2倍。

（12）下完套管灌满钻井液后方可开泵循环。应控制循环排量由小到大，确认泵压无异常变化和井下无漏失后再将排量逐渐提高到固井设计要求。

四、注水泥工艺作业井控技术要求

1. 注水泥过程中的井控风险及防控措施

1）井控风险

在水泥浆上返过程中可能发生漏失，其原因是在水泥封固段有低压层存在。水泥浆密度一般都大于钻井液密度，冲洗液密度小于钻井液密度，当三段液柱压力之和大于地层压力时有可能发生漏失。水泥浆漏失后，水泥面返不到预计深度，不能按设计要求封隔地层，造成产层和水层互窜。或者漏层就是产层，水泥浆漏入产层，会对产层造成极大的损害。如图11-2(a)所示，为漏失层在油气层以下，水泥漏失后，封不住油气层。图11-2(b)所示，为漏失层在油气层以上，但与油气层距离很近，水泥漏失后，封固高度不够，不符合质量要求。

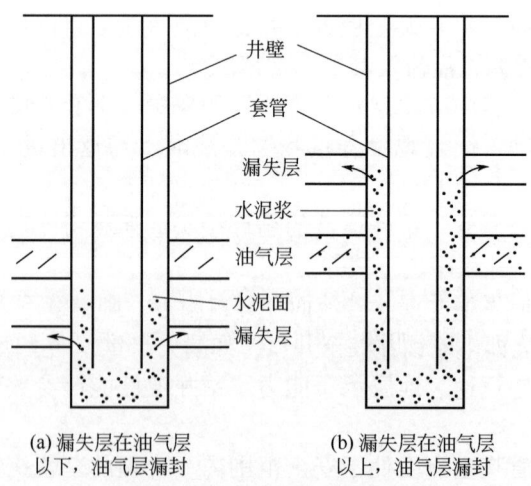

图11-2　水泥浆漏入低压层

第十一章　固井作业井控

2）防控措施

对于低压层固井，首先要了解地层孔隙压力和破裂压力，以此作为固井设计的依据，进行水泥浆设计并进行注水泥过程的流变学设计，控制作业全过程在高于地层孔隙压力和低于地层破裂压力的情况下进行。根据漏失层压力的大小，可以采取如下的办法固井：用低密度水泥浆固井、双级或多级固井、先期完成（裸眼完成法、衬管完成法、尾管完成法）、气体平衡法固井、利用管外封隔器隔开漏层、正反注水泥固井、管外注水泥固井、反循环注水泥固井等。这里就不一一介绍了。

（1）注水泥前应以不小于钻进时的最大环空返速至少循环2周。应控制钻井液黏切，钻井液密度<1.30g/cm³时，屈服值<5Pa，塑性黏度10~30mPa·s；钻井液密度1.30~1.80g/cm³时，屈服值<8Pa，塑性黏度22~30mPa·s；钻井液密度>1.80g/cm³时，屈服值<15Pa，塑性黏度40~75mPa·s。

（2）注水泥应按设计连续施工，施工中停时间不大于30min，水泥浆密度应保持均匀，平均密度与设计密度误差不超过0.025g/cm³。

（3）采用固井压力、排量、密度实时采集系统连续监控施工过程，为固井过程质量评价创造条件。

（4）注水泥施工过程中，专人观察井口返浆情况，及时发现井漏、溢流及其他异常情况。

（5）如在注替过程中发生漏失，则及时调整施工参数注替到位，再根据实际情况进行反挤水泥等补救措施。

（6）注替期间发生溢流，立即停止泵注并关井，及时汇报，根据情况制定下步措施。

（7）碰压前应降低替浆排量，避免大排量碰压。

2. 候凝期间井控技术要求

（1）水泥浆顶替到位后，要注意观察井口液面，如液面不在井口，可能是井下发生了漏失，这是一个危险的信号，漏就可能引起喷，此时就应采取控制井口的措施，一方面要向环空灌入钻井液，维持环空压力，不使油气上窜；一方面要观察井口动态，准备随时关井。

（2）候凝过程中应确保井筒液柱压力平衡，对于未发生井漏，能够进行井口憋压的井，应采取憋压候凝，憋压值应大于水泥浆凝固失重造成的液柱压力损失值。终凝时间未到，不应进行下步作业。

（3）候凝过程中观察记录套管压力值，其值大小应不大于井口套管头额定压力、井口额定压力、套管最小抗内压强度的80%这三者中的最小值，否则应采取措施泄压至允许范围内。

（4）表层套管及技术套管的候凝时间应保证水泥石抗压强度不低于3.5MPa。

（5）一般采用井口敞压方式候凝。当浮箍（浮鞋）失效时，应采用憋压方式候凝：控制套管内压力高于管外静压力2.0~3.0MPa，并有专人观察井口压力，按要求及时放压。

五、固井后发生井喷的井控风险及防控措施

1. 井控风险

凡是有高压油气层存在的情况下，固井碰压后2~4h之间有发生溢流的风险，主要原因是压力失衡。

（1）固井前油气层没有压稳，或固井施工过程中的某一阶段环空液柱压力（钻井液液柱压力+前置液液柱压力+先导浆液柱压力）小于油气层地层压力，导致油气活动。

（2）水泥浆在初凝时产生失重现象。

水泥胶凝期间，水泥浆柱传递给地层上的压力将逐渐下降，其压力梯度变化趋势如图11-3所示，水泥固结时，失去了传递液压的能力。

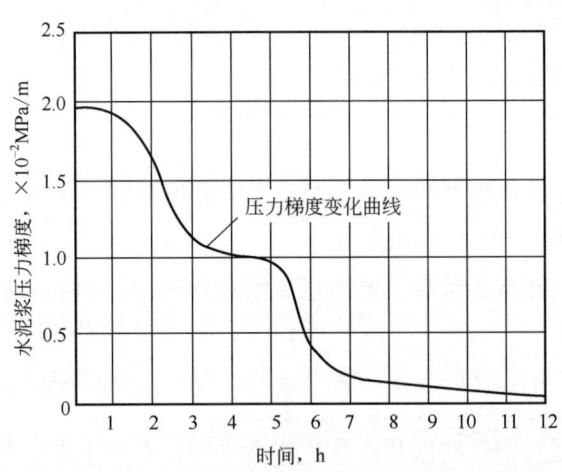

图11-3 水泥补凝时压力梯度下降曲线

水泥凝结时，如体积不发生变化，则液柱加于油气层的原始液柱压力不应该发生变化，但是水泥凝结时，体积要发生收缩，以致产生许多微细裂纹，

第十一章 固井作业井控

形成油气运移的通道,典型的水泥收缩如图 11-4 所示。

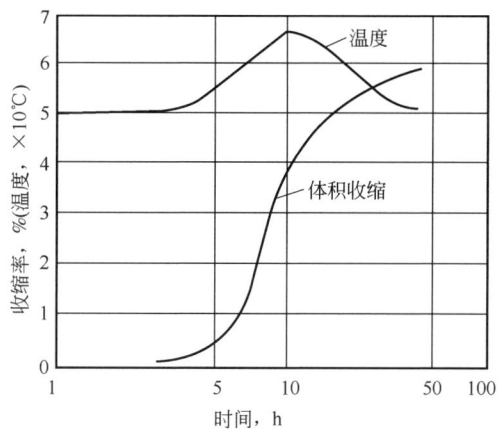

图 11-4 水泥初凝时体积收缩试验

水泥凝结时,要产生大量的自由水,这些自由水集中在微细裂缝和两个接触面处,如果上下连通,则井底所受的液柱压力仅是水柱的压力,大大低于水泥浆柱的液柱压力,如果井底压力低于地层压力,油气自然会沿此通道上窜。

(3) 固井时发生了漏失。无论是漏层在下还是在上,只要发生漏失,就要减少水泥环的高度,甚至使环空钻井液液面下降,减少了整个环空的液柱压力,当环空液柱压力小于地层压力时,油气就要外溢。

2. 防控措施

为了防止固井后发生井喷,应采取如下措施。

(1) 在高压油气层固井,要用膨胀水泥或在水泥中添加防气窜剂、锁水剂,维持水泥凝结时体积不变,不给油气上窜留下通道。

(2) 控制水泥浆中的自由水,降低水泥浆的失水量,不要使水泥浆在凝结时析出过多的水。因为由于密度关系,这些水是要向上流动的,以致互相串通,可以形成水道。

(3) 采用分段凝固的办法,即把水泥浆环分为缓凝段、常凝段和催凝段,当下部水泥凝结时,上部水泥浆仍保持液态,可以减轻失重现象,总的液柱压力要始终大于油气层压力,不让油气有活动的余地。设上段的水泥浆液柱压力为 pc_1,中段的水泥浆液柱压力为 pc_2,下段的水泥浆液柱压力为 pc_3,钻井液的液柱压力为 p_m,地层压力为 p_p,在水泥浆返至地面的情况下,$pc_1+pc_2>p_p$。如果水泥浆不返至地面,环空还有一段钻井液,则:$p_m+pc_1+pc_2>p_p$。

一般要大于地层压力10%，否则便有油气上窜的可能。

（4）采用分级注水泥的方法。其效果与分段凝固的办法相同。

（5）采用管外封隔器固井。可以根据不同的情况，采用不同的管外封隔器。

① 正常情况下固井。为了防止油气上窜，可将封隔器接于套管串中，设置在油气层顶部井径小而规则的井段，当注水泥结束碰压时，胀开封隔器，堵塞环空，隔绝了油气上窜的通道。

② 在下部有喷层上部有漏层的情况下固井。可把封隔器置于漏层下部，碰压时胀开封隔器，隔断喷层。

③ 在下部有漏层上部有喷层的情况下固井。如下部漏层不是油气层，可用砂石回填，也可以把封隔器置于套管串尾部，下完套管后，先打开封隔器，隔绝下部的漏层，同时打开循环孔，建立正常的循环通道，用正常方法固井。

（6）下套管前，要安装适合封闭套管外径的防喷器，固井结束碰压后，可从环空加压，以弥补水泥失重的影响。另外，万一发生井喷，也好控制井口，也可以从环空挤水泥。

（7）如在固井过程中，发生井漏，绝不可粗心大意，因为井漏往往是井喷的诱发因素，应从环空灌注钻井液，维持液柱压力，并观察井口动态，如发现井口外溢，应立即关井，并从环空反挤水泥压井。

（8）在油气层未压稳的情况下，不能进行固井作业。

第四节　相关井控案例

一、基本情况

2010年4月20日，BP公司位于墨西哥湾的"深水地平线"钻井平台发生井喷爆炸着火事故，造成11人失踪，17人受伤，大面积海域受到严重污染。

二、事故经过

该井是一口探井，作业水深1524m，离岸距离77公里。井型为直井，设计井深6096m，实际井深5596m，井身结构共有9层套管。

第十一章　固井作业井控

2010年4月19日下入 ϕ250.8mm+ϕ177.8mm 复合完井套管，固井并坐密封总成后，候凝16.5h，正向试压69MPa合格，反向试压10.3MPa。下钻至2454m后用密度为1.03g/cm³ 的海水替换原钻井液，在替换过程中发生强烈井喷失控事故。

三、原因分析

（1）该井完井钻井液密度约为1.92g/cm³，海水密度为1.03g/cm³，在替换过程中，隔水管内1544m的钻井液液柱替换为海水液柱，使套管环空上部液柱压力降低约13.47MPa，导致发生溢流。

（2）发现溢流后不能有效关闭防喷器是井喷失控的直接原因。

（3）固井方面的一些问题也是造成该井事故的一些间接原因：

① 该井曾发生过循环漏失，为了防止在固井中漏失，该井采用了充氮气低密度水泥浆，该水泥浆体系获得固井成功的难度很大。

② 8½in井眼内的小间隙固井也使得固井质量难以保证。

③ 候凝15h就进行套管试压，也有可能破坏了水泥胶结质量。

④ 该井在固井候凝16.5h后，就开始替海水作业，候凝时间短。

⑤ 固井后，没有按要求测固井质量。

⑥ 根据该井的井身结构图，完井套管固井水泥浆没有上返至上层技术套管内，完井套管固井水泥浆返高与上层技术套管之间存在裸眼段。

⑦ 该井在固井后，密封总成已坐封，但油气仍从套管环空喷出，说明密封总成坐封效果不好，没有起到应有的密封效果。

第十二章 定向井（水平井）井控

第一节 定向井（水平井）工艺简介

所谓定向井，是指设计目标与井口垂线偏离一定的距离，并采用定向工艺钻成的井。在实际应用过程中，定向井最初是为了解决油藏所处的地面不具备钻井条件而产生的技术，世界上第一口有记录的定向井是1932年美国在加利福尼亚亨延滩油田完成的。当时对海滩油田的开发是先搭栈桥再立井架钻井。一位承包商改变了这种做法，他选择在陆地上竖起井架，使井眼延伸到海滩下，由此降低了钻井成本。定向井钻井技术第一次与井控工作相结合，则发生在1934年，德国的克萨斯康罗油田一口井发生严重井喷，一位工程师提出用定向钻井技术来解决。在失控井附近钻一口定向井，井底与失控井相交，然后向井内泵入压井钻井液将失控井控制住。这是世界上第一口定向救援井。

定向井的井眼轨迹有很多种，常见的有三段制井眼轨迹和五段制井眼轨迹：

（1）直井段—增斜段—稳斜段三段制井眼轨迹。是最常用和最简单的井眼轨迹。造斜点较浅，靶点较浅。水平位移较大时常采用。因造斜段完成后井斜角和方位角变化不大，轨迹容易控制，一般井斜角为15°~45°。

（2）五段制剖面通常有两种：①直井段—增斜段—稳斜段—降斜段—稳斜段五段制剖面。常用于靶点较深、水平位移较小、入靶点有井斜要求的定向井及多目标井。②直井段—增斜段—稳斜段—增斜段—稳斜段双增式五段制剖面。由于在两次增斜段之间有一段稳斜段井眼进行调整和过渡，施工时可以根据工具造斜率和地层特性及时调整井眼轨迹，稳斜段的长度也便于调整造斜段的末端井深。这种剖面能够提供非常准确的中靶手段，特别是在对地层和钻具造斜率预测不清楚的情况下。

水平井也是定向井的一种，是指井眼（井斜角大于等于86°）沿与储层倾角相近的角度进入储层，并在目的层中延伸一定长度，以充分钻揭储层，

第十二章　定向井（水平井）井控

提高单井产量的井。水平井可以大幅度提高单井产量与开发效益，不只使油井增产，也增加了油田可采储量，可以改变多种油田开发情况，适用于多种油气藏，尤其在裂缝性及岩溶性等洞隙发育的油气藏中，增产效果尤为明显。水平井适用的油藏类型十分广泛，主要部署在地下油藏明朗的区块。

水平井根据从直井段向水平段转弯时的转弯半径（曲率半径）的大小，可分为长半径水平井、中半径水平井、短半径水平井。

（1）长半径水平井，造斜率一般为 $2°/30m \sim 6°/30m$，可以用常规定向钻井工艺技术、设备和工具完成钻井和完井。可以较好地控制井眼轨迹，也可提高机械钻速，达到较大的水平位移。缺点是造斜井段长，摩阻大，起下管柱困难。

（2）中半径水平井，造斜率一般为 $6°/30m \sim 20°/30m$，在增斜段要使用弯外壳井下动力钻具进行增斜，水平段可以采用转盘钻稳斜钻具，必要时可以采用导向钻井系统控制井眼轨迹。由于中半径水平井造斜段短，摩阻小，是目前被广泛采用的水平井钻井技术。

（3）短半径水平井，造斜率一般大于 $20°/30m$，短半径水平井主要用于老井侧钻，此类水平井造斜率高，要使用特殊的定向造斜工具和专用的柔性旋转钻井系统。由于中靶精度高，增产效果明显，因此应用越来越广泛。

第二节　定向井（水平井）井控风险及防控措施

定向井（水平井）井控的基本原理与直井一致，但是由于存在斜井段和水平段，导致溢流井喷的风险因素比直井要多，溢流现象的识别比直井更困难，压井施工等作业跟直井相比，也要困难得多。因此，井控的风险和防控难度比直井要大，具体体现在以下几方面。

一、岩屑床影响井控安全

跟直井相比，在定向井（水平井）的设计和施工环节中，井眼清洁都是需要重点关注的问题之一。在井斜角 $30° \sim 60°$ 的井段，携岩最为困难，岩屑极易沉淀形成岩屑床，而且岩屑床容易下滑，引起环空憋堵、卡钻及固井问题。在大斜度井段，层流状态下钻井液携岩能力弱，岩屑就会在低边沉淀并堆积起来，形成岩屑床，轻者使得摩阻增大、重者造成卡钻。

从井控安全的角度看，岩屑床的存在，在起钻时容易引起过大的抽汲压力，从而诱发井喷。下钻时则易产生过大的激动压力，容易引起井漏，造成井内液柱压力的降低，并进一步引发溢流等井控险情。在循环钻井液时，岩屑床的存在容易引起环空压耗过高，造成开泵循环时井内钻井液循环当量密度过大，容易导致井漏；突然停泵时，循环压耗的消失，容易导致井内压力不能平衡地层压力。甚至过高的循环压耗制约了钻井液密度的调整使用范围，并进一步影响井眼水平位移的延伸长度。

保持井眼清洁的重要环节就是破坏岩屑床。钻井作业现场破坏岩屑床主要有以下几种方法：

（1）增大钻井液排量，合理调整钻井液性能。用高流速、低黏度和高密度钻井液冲洗，容易携带岩屑，且不易形成岩屑床。

（2）控制提高钻井液的动切和初切数值于适当范围，以提高钻井液携岩能力。同时控制钻井液的固相含量，加强固控设备的使用是降低固相含量的有效手段。

（3）转动钻柱。水平井施工过程中，常使用滑动导向钻井和旋转导向钻井两种方式。滑动导向钻井通常包括动力钻具定向钻进和转盘与动力钻具一起钻进两种方式，这两种方式在施工中交替使用。要求转盘（或顶驱）钻进与螺杆钻进相结合，旋转钻进与滑动钻进交替进行，一般建议水平段开转盘的进尺不小于水平段总进尺的75%。

（4）注意短程起下钻。为了减小摩阻，破坏岩屑床，避免发生井下复杂情况，在水平段每钻进一段距离（如50m左右，尤其是定向纠斜井段），就应进行一次短程起下钻。

二、油层暴露面积大，更容易导致溢流发生

通常情况下，定向井（水平井）钻井就是为了增加油气层的暴露面积，达到增加产量及提高采收率的目的。在钻井施工阶段，过大的油气层暴露面积，增加了地层流体进入井眼内的通道，增加了井控工作的风险和难度。当地层流体是天然气时，情况会更严重。具体体现在以下方面：

（1）岩屑气侵更严重。当使用定向井钻井，特别是采用水平井钻井方式，在油气层钻进时，由于始终是在油气层中钻进，岩屑气侵的情况就会比直井更严重，因此要加强循环，天然气被循环到地面后，应进行地面除气，减小天然气对钻井液液柱压力的影响。同时地面加强观察和判断，正确判断区分

第十二章　定向井（水平井）井控

气侵和溢流，及时采取正确的处理方式。

（2）置换气侵发生的概率更高。使用定向井（水平井）钻井的目的之一，就是尽可能多地钻穿不均质裂缝油藏中的垂直裂缝。所以，在定向井或水平井的钻井施工中，一旦钻遇大裂缝或溶洞时，由于钻井液密度比天然气密度大，产生重力置换。天然气被钻井液从裂缝或溶洞中置换出来进入井内。

（3）扩散气侵更容易引发井喷。特别是在水平井中，由于油藏暴露面积较直井大许多倍，因此长时间静止后，井内的扩散气侵较直井会更严重。所以在定向井（水平井）施工中，空井或井眼长时间静止进行电测等其他作业时，要有专人负责观察井口；井内长时间静止后下钻时，要防止钻具将原本处于水平段的天然气顶替进入到直井段或斜井段，引发溢流或井喷，因此要注意核对返出量与钻具排替量之间的关系；下钻到底后，开泵循环时，要注意观察返出量的变化，防止后效引发井喷。

由于水平井的油气藏暴露面积大，发生溢流时，即使能迅速检测到并能迅速关井，其潜在的溢流量也比直井大得多，导致最终关井套管压力可能达到或超过最大允许关井套管压力。

三、溢流现象的判断更困难

通过上面的分析可以得知，定向井（水平井）钻井时，有可能在相对短的时间内，有大量的气体侵入井内，给井控带来很大的危害。钻遇大的溶洞或裂缝时，会产生放空现象，因此要将放空现象作为重要的溢流显示，此时，钻井液罐增量不明显或没有增量，因此并不能真实反映井下气体的侵入量。如果关井，关井立管压力、套管压力可能为零，即便有显示，其差值也不能像直井一样，反映溢流的严重程度；如果静止观察井口，由于气体处于水平段，其不运移不膨胀，即使观察的时间足够长，井口也可能观察不到钻井液外溢的情况。因此，只有采取循环观察的方式，注意观察返出量的变化，一旦发现返出量增加，立即关井。必要时要关井进行节流循环观察。

当侵入流体处于水平井段时，即便侵入流体为气体，水平段上下起伏，容易使气体圈闭在一个个小气顶中，不会自动向井口流动，其体积也不会发生变化，同样也不会进一步导致井底压力减小，造成检测溢流、井涌相对困难。

由于定向井（水平井）的特殊性，因此在现场施工中要特别注意，要结合钻井液量的变化综合判断溢流情况。

四、钻井液密度设计更复杂

在近平衡压力钻井中,钻井液密度的确定,以地层压力为基准,再增加一个安全附加值,来抵消抽汲压力对井底压力的影响。在选择附加值时,直井中主要考虑地层压力预测精度、地层的埋藏深度、地层流体中硫化氢的含量、地应力和地层破裂压力等因素。在定向井(水平井)中,由于实际井深与垂直井深的区别,相同的井深,钻井液产生的液柱压力与直井是不一样的,同时,定向井(水平井)起钻时的抽汲压力比直井更大,所以相同条件下,安全附加值的取值要比直井更大。

在定向井(水平井)施工中,有时需要钻穿多层系油气藏的数组油气层,提高采收率,如图 12-1 所示。由于各个目的层可能具有不同的压力系数,因此在钻井液密度设计时要综合考虑,必要时可结合井身结构设计,对已经钻完的目的层进行封隔。

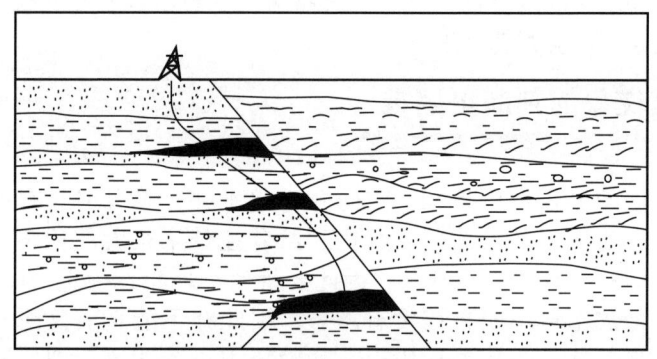

图 12-1 不同压力系数目的层

当在衰竭油气藏中钻水平井时,井漏的概率增大。一旦发生井漏,同样会引起溢流。另外,在定向井(水平井)施工中,过大的环空压耗也可能导致井漏。上述两个因素在一定程度上限制了钻井液密度的使用。

定向井(水平井)的井控工作,更强调一次控制的有效性。因为一旦进入二次控制阶段,很容易发生井下次生事故。所以准确的钻井液密度设计是非常重要的。除了在设计时综合考虑上述因素,准确确定钻井液密度之外,在施工过程中,要做好钻井液密度的监测工作,要特别注意钻时、背景气、后效等现象对钻井液密度的警示作用。随着水平段的延长,每次起钻前,都可以通过短程起下钻验证钻井液密度是否满足要求。

第十二章　定向井（水平井）井控

五、抽汲压力和激动压力更大

在定向井施工中，钻具组合中经常要使用几个扶正器，以产生增斜、稳斜或降斜效果。在水平井施工中，在大斜度井段，容易产生岩屑沉淀形成岩屑床。所有这些因素都会使环空间隙减小，导致起下钻时的抽汲压力和激动压力比直井更大，起下钻井控风险增加。特别是起钻时的抽汲压力，直接导致井底压力降低，且在现场不容易判断。很多井都是在起钻过程中发生井喷失控事故，特别是天然气井，一般大多是由于抽汲压力过大导致的。

除了常规的减小抽汲压力和激动压力的做法外，在定向井（水平井）施工中起下钻时还要注意以下几点：

（1）起钻前应充分循环钻井液，同时低速转动钻具。必要时要先进行短程起下钻，判断抽汲压力的影响。

（2）在水平段和容易形成岩屑床的大斜度井段，要控制起下钻速度，将抽汲压力和激动压力减至最小。

（3）水平井的油气层暴露面积大，起下钻时的后效会比直井严重。下钻后要注意排除后效后再钻进，若后效严重应节流循环。

（4）水平井中起下钻时，通过溢流监测有时并不能观察到是否有地层流体进入井内。必须认真核对起钻时的灌浆量和下钻时的返出量与钻具排替量是否相符，任何细微的差别都要引起充分的重视。

（5）对水平井来说，由于起钻抽汲导致少量天然气进入井内，其在水平段不会发生运移，不会影响起钻安全；下钻时被钻具推离水平段，才发生滑脱上升，容易诱发井喷，所以下钻时的井控工作同样重要。

（6）起下钻时要注意观察井口，判断溢流。

六、关井压力的数值与变化和直井不同

溢流关井后要读取和记录关井立管压力、关井套管压力、溢流量等关井参数。通过关井立管压力和关井套管压力的差值，借助溢流量的数值，可以判断溢流物的密度，并进一步判断溢流物的类型。关井立管压力与关井套管压力的差值在一定程度上也反映了溢流的严重程度。

在水平井中，溢流物处于水平段，影响关井压力，关井后会出现关井立管压力和关井套管压力相等或都为零的状况。此时，井下是否发生溢流、侵入流体的类型都无法通过关井立管压力、套管压力直接进行判断。但是钻井液罐液面升高可以判断是否发生溢流及溢流的严重程度。如果井下钻具是带

有螺杆的动力钻具组合，关井后可能会出现关井立管压力为零、关井套管压力不为零，或是关井立管压力、套管压力相等的情况。

当发生气体溢流，溢流物处于水平段时，关井后不会发生类似直井的滑脱上升或滑脱上升不明显，因此关井套管压力也不像直井一样持续地上升或上升那样明显。

当侵入流体离开水平井段后，井底压力就开始受其影响。侵入流体在水平井中运行的一般特征为：

(1) 水平井段的起伏，使气体形成圈闭的气泡。钻井液推动气泡移动，一旦气泡离开水平井段，气泡发生膨胀使得液柱压力减小。

(2) 侵入流体沿井眼高边上行，移动速度在大倾角井段可能加快。

(3) 大斜度井钻井液循环倾向于沿高边流动，由于通道面积小，井底钻井液返出比预期要快，同样气体到地面的时间可能比预期的也要快。

(4) 在水平井中，钻柱结构一般与直井正好相反，一般为底部钻具组合+斜坡钻杆+加重钻杆+钻杆。这样，井涌在井底附近，环空返速较小；而到上部地层时，由于环空间隙变小、环空体积减小，井涌拉长，环空返速迅速增加，环空静液压力迅速减小。

因此，气体处在水平段时，钻井液罐液面没有变化或变化不明显；在斜井段，钻井液罐液面变化比直井更加明显；气体向上运移至井口附近时，钻井液罐液面迅速上升，这点与直井一样。

七、压井作业的区别

1. 压井方法的选择

定向井（水平井）压井施工与直井没有本质区别，压井方法的选择应根据关井压力、井控设备情况、加重材料储备情况、地面和井眼状况等因素综合考虑，可以选择司钻法、工程师法或其他常规或非常规压井方法。如果单纯从井眼剖面类型来说，造斜点深、斜井段较短的水平井更适合采用工程师法，以便高密度的压井钻井液能够更快地建立液柱压力；造斜点浅或中深的、斜井段长的水平井更适合使用司钻法。

需要注意的是，对于关井立管压力和关井套管压力都为零的情况，不能像直井采取的方法那样，直接敞开井口循环，应根据实际情况判断采取节流循环或进行压井作业。如果判断出是由于抽汲导致的溢流，可采取司钻法循环出侵入流体，然后检查压力和返出量，如果无异常，可开井继续循环，循环时要慢慢转动钻具，以防止卡钻；如果判断是井内压力失衡导致的溢流，

第十二章　定向井（水平井）井控

则必须进行压井作业。

2. 压井时的压力控制

用工程师法压井，需预先作立管压力控制图。在直井中，压井液从地面沿着管柱到达钻头的过程中，立管压力由初始循环压力均匀降低至终了循环压力。在定向井（水平井）中的斜井段，立管压力的降低值要结合井眼垂深计算。另外，在水平井中，立管压力降低至终了循环压力的那一点为压井液刚好到达水平井段时，而不是像直井一样到达钻头时。如果把水平井像直井一样对待，会导致地面回压控制偏高，产生一过平衡压力值。当压井液刚到水平井段时，达到最大的"过平衡"压力值，水平井段越长，这个"过平衡"压力值越大。

3. 压井过程中的套管压力与钻井液罐液面变化

直井发生气体溢流时，侵入气体循环上移会逐步膨胀，钻井液被替出，导致钻井液罐液面上升，液柱压力下降，套管压力上升，这种现象持续到侵入气体上升到地面。油基钻井液的这种影响可能延迟到侵入气体接近地面时才会明显。

水平井压井作业中，侵入气体没有循环出水平井段前，不会影响钻井液静液柱压力，气体很少甚至没有膨胀，套管压力上升和钻井液罐液面上升很少甚至没有；侵入流体从水平井段进入斜井段，套管压力增加和钻井液罐液面上升也并不明显；当侵入气体循环进入直井段或到达井眼上部时，套管压力上升和钻井液罐液面变化才变得明显。

4. 压井钻井液密度的计算

在定向井（水平井）必须使用垂直井深计算压井钻井液密度。

5. 其他要求

压井循环时，水平段小排量循环时气体很难排出，在保证井眼安全的前提下，可选择较高压井泵速，保持井底压力不变的同时，循环较长时间。

第三节　相关井控案例

一、基本情况

某井定向钻进，打开油气层的情况下，在起钻过程中发生井喷失控着火事故，造成1人死亡，钻机及井场主要设备、设施被烧毁。

二、事故发生经过

某井用 φ241.3mm 的钻头，密度为 $1.14g/cm^3$ 的钻井液，定向钻进至井深1032m。已经钻开明Ⅱ段油层，因在1005m 和 1025m 分别见到两次气测异常，按有关要求，决定停钻循环，排除后效，然后再短起下钻15柱钻杆，测油气上窜速度。

边循环边活动钻具55min（地质迟到时间23min左右）。循环中，全烃含量由最高的18.67%降至0。卸掉方钻杆，准备起钻，但发现液压大钳有问题，于是修理液压大钳；同时上提下放活动钻具，用时23min。

起钻后每起出2柱钻杆向环空灌入一次钻井液。起到第11柱时，钻具上提拉力由420kN增至441kN，司钻判断为井下抽汲，决定继续起钻作业。起完第12柱（钻头井深790.72m），在上提钻具时出口槽有少量钻井液流出，现场的技术员决定接方钻杆循环，循环6min，观察井口反应。坐岗人员发现出口槽有溢流，立即通知司钻。司钻发出关井信号，技术员、副司钻向远程控制台跑去。司钻在上提方钻杆时，井口喷出钻井液将司钻击倒，刹把失控，发生顿钻。正在跑下梯子的工程技术员及副司钻听到碰撞声后，返回钻台将司钻救起，并发现水龙头提环与大钩脱钩。由于喷势增大，司钻等人撤离钻台，途中井口着火。由于风向影响，远程控制台被火焰包围，无法在远程控制台关环形防喷器，最终导致井喷失控着火，井架工沿绷绳滑到地面途中落入火中丧生。

三、事故原因分析

（1）在停泵条件下，23min长时间反复上提下放活动钻柱，因抽汲作用，导致地层气体浸入井筒。

（2）由于没有果断关井，致使溢流发展为井喷事故。

第十三章　取心作业井控

取心作业是石油天然气勘探和开发中的一项特殊钻井作业，是获得地层剖面原始标本的唯一途径，是真实了解地下岩层和储层的沉积特征、岩性特征、含油气水特征以及其他构造特征（如地层倾角、接触关系、断层层位等）的最佳手段。

近些年，随着石油天然气勘探开发的规模加大，区域纵深延长，取心作业的工作量也逐年增多，呈现出工作点多、工作面广、作业人员战线长的特点。由于取心作业频繁起下钻、在油层内作业、部分井作业周期长等原因，除容易引发井漏、卡钻等井下事故外，还容易引发溢流、甚至井喷等复杂事故险情，给井控工作带来较大风险。

第一节　取心基本知识

一、取心作业简介

钻井过程中，利用取心工具将地层岩石从井下取至地面，这一过程叫取心作业，取出的地层岩石称作岩心。

对岩心进行分析、研究，能够获取各项岩心资料，岩心资料是最直观地反映地下岩层特征的第一手资料。通过对岩心的分析、研究，可以达到以下目的：

（1）根据岩性、岩相特征，分析沉积环境。
（2）根据古生物特征，确定地层时代，进行地层对比。
（3）计算油气田地质储量。通过岩心分析获得储层的储油物性及有效厚度等资料。
（4）掌握储层的"四性"（岩性、物性、电性、含油性）关系。
（5）了解生油层的特征及生油指标。
（6）获得地层倾角，接触关系、裂缝、溶洞和断层发育情况等资料，为构造研究作准备。

(7) 检查开发效果，获取开发过程中必需的资料。

二、取心工具分类

目前国内取心工具的类型较多，按割心方式分类，分为自锁式取心工具和加压式取心工具；按取心长度分类，分为短筒取心工具与中长筒取心工具；按取心方式与取心目的不同分类，又分为常规取心工具和特殊取心工具。

按取心目的和工具结构分类时，取心工具分类、名称、代号如表13-1所示。

表13-1 取心工具分类、名称及代号

分类	名称	代号	
		分类代号	用途代号
常规取心工具	自锁式取心工具	QC	ZS
	加压式取心工具		JY
特殊取心工具	保形取心工具	QT	BX
	密闭取心工具		MB
	保形密闭取心工具		BM
	欠平衡钻井取心工具		QP
	气体钻井取心工具		QT
	大斜度井、水平井取心工具		SP
	岩心定向取心工具		DX
	绳索取心工具		SS
	保压取心工具		BY

三、取心作业流程

取心作业按其工艺流程主要分为：地面检查组装工具、井口检查、下钻、树心钻进、取心钻进、割心操作、起钻、出心等几个阶段。

第二节 取心作业井控风险及防控

井控风险贯穿于取心作业的全部施工环节，包括取心前的下钻、取心钻进、取心后起钻等。其井控风险产生的原因、作业过程中的防控措施等与常规钻井作业基本一致。由于井下钻具组合、钻进参数的变化，其井控风险也有一定特殊性。

一、激动压力和抽汲压力的影响

1. 下钻时激动压力过大会引起井漏

取心作业时，由于井下钻具组合中存在取心筒，其外径通常比钻铤外径大，下取心工具时的激动压力较下常规钻具时更大，更容易导致井漏的发生，因此，为减小激动压力过大带来的影响，应采用以下防控措施。

（1）在满足设计取心方式和目的的条件下，可选择外筒直径较小的取心工具。

（2）严格控制下钻速度，下钻速度应控制在 0.5m/s 内，下放钻具要平稳。将激动压力减至最小，并分段循环，缓慢开泵，降低由于钻井液由静止到流动所引起的过高循环压力损失。

（3）如有拐点、坍塌、缩径的井段时，应将下钻速度放慢至 3min 一个立柱。

（4）钻井液性能应符合钻井设计要求，钻井液一定要适应所钻地层，API 滤失量不大于 3mL，在大段泥岩井段应能抑制泥岩水化和井眼缩径。

2. 起钻过程中的抽汲压力过大可能引发溢流

由于取心工具外径较常规钻进时使用的钻铤外径更大，所以取心作业起钻时，抽汲压力较常规钻具组合产生的抽汲压力更大。起钻时抽汲压力很可能造成井底压力小于地层压力，并引起溢流。

取心后起钻时，为减小起钻因抽汲作用对井底压力的影响，保证井下安全，应采用以下防控措施。

（1）适当提高钻井液密度，维持钻井液液柱压力稍微高于地层压力（这种超出的压力叫作起钻安全值）。

（2）降低起钻速度，减小抽汲压力的影响。

(3) 使钻井液黏度、静切力保持在最佳水平。

(4) 用钻井液补充罐、泵冲计数器、流量计或钻井液罐液面指示器来计量罐液量，及时判断是否出现抽汲溢流。

二、取心钻进循环排量小，环空压耗减小导致井底压力降低

在取心钻进时，通常要求循环排量小于正常钻进时的排量，这就导致相同条件下，取心钻进时的井底压力小于正常钻进时的井底压力。因此在某些特殊条件下，正常钻进发现油气显示时，在钻井液液柱压力和环空压耗共同作用下，井底压力能够平衡地层压力，但是在取心钻进时，由于环空压耗减小，导致井底压力不能平衡地层压力。

做好取心钻进时的井控工作，除了采取与常规钻井同样的预防措施之外，还要注意以下几点：

(1) 取心作业前的井眼准备阶段，要通过短程起下钻判断钻井液密度是否满足钻开油气层的要求。

(2) 取心作业下钻到底后，取心作业前要充分循环，排除后效，并根据后效情况进一步判断钻井液密度是否满足要求。

(3) 在取心作业过程中，特别是在探井的取心作业过程中，要做好随钻压力监测工作，准确判断压力。现场可根据监测结果，及时调整钻井液密度和有关技术措施。

(4) 严格执行坐岗制度，保证及时发现溢流。确保在发现溢流后，井队能正确关井。

三、取心钻进时发生溢流，关井程序与常规钻进不同

在相关技术标准中，对取心钻进有如下要求："送钻要均匀，增压要缓慢，严禁溜钻；尽量做到不停泵、不停转、减少蹩钻和跳钻；迫不得已上提钻具时，应不得将钻头提离井底。"按照井控关井程序，钻进时发现溢流，要求将方钻杆提出转盘，然后再进行关井。

在实际施工中，取心作业同样必须服从井控安全。因此取心钻进发生溢流时，必须要实施关井程序。

对于硬地层取心，尤其是坚硬、致密、中等程度以上胶结且成柱性好的硬地层，当发生溢流时，首先可以考虑停钻、停泵，将钻头提离井底，按照常规关井程序进行关井处置，以确保井下安全。待井下情况正常后，再恢复钻进作业。但需要参照中长筒取心作业的有关要求执行。

第十三章 取心作业井控

如果发生溢流后无法拔断岩心、上提钻具,可以考虑用环形防喷器关井。关井后的压井作业与常规钻井一致。但此时需要注意以下几点:

(1) 环形防喷器密封四方方钻杆的可靠性低,必要时要提前更换使用六方方钻杆。

(2) 尽量使用工程师法压井。事先要准备足够的重钻井液和加重材料,能够迅速将钻井液密度调整到位,及时进行循环压井。无法实施工程师法压井,要采取司钻法及时循环处置,防止沉砂卡钻。

(3) 长时间关井后环形防喷器的密封胶芯可能失效,压井结束后要及时检查判断,必要时予以更换。

(4) 环形防喷器的额定工作压力有时比闸板防喷器低一个压力等级,关井和压井过程中井口压力有可能超过其额定工作压力,应急措施应事先制定出来。

第三节 相关井控案例

一、基本情况

某井为采气井,设计井深2180m,设计在石炭系见油气显示取心20m。该井在取心作业起钻过程中发生溢流。

二、溢流发生经过

由某钻井公司 30 钻机承钻,10 月 11 日二开井段取心钻进至1577.50m,取心进尺4.20m,钻时变慢,钻井液出口总烃已由峰值5.5%降为1.0%,地质方通知停止取心作业。04:20~05:35 磨心并循环洗井,钻井液密度为1.15g/cm³,循环洗井后总烃已降为0.5%并维持稳定,06:00开始起钻。10:00 起钻至219m 时,净化工发现从防溢管内涌出钻井液,立即上钻台准备向司钻汇报,此时发现钻井液已从防溢管涌到钻台面。司钻接到信号,立即发出长鸣喇叭,同时指挥内外钳工抢接旋塞,副司钻迅速赶往远控房,关闭防喷器,10:05 关井成功,完全控制井口,关井套管压力为4.0MPa。

三、原因分析

（1）在开发评价区块取心，地质资料较少，不能提供准确的地层压力，在取心井段气测值较高的情况下，使用的钻井液密度偏低，钻进时环空液柱压力（钻井液液柱压力+环空循环压力）可以平衡地层，起钻时无循环压力，并且抽汲作用造成环空液柱压力降低，井底压力不能平衡地层压力，导致溢流。

（2）未严格执行坐岗制度，坐岗人员在起钻过程中，未仔细核对钻井液的灌入量。起钻过程中，没有引起足够的重视，直到钻井液涌出井口才发现溢流。

第十四章 中途测试作业井控

第一节 中途测试基本知识

一、中途测试目的

中途测试又称为钻杆地层测试，或者 DST（Drill stem testing）测试。是指在钻进过程中发现了油气显示后，采用专业的装置、工具及工艺技术，使油气在可控状态下将其释放至专业工具内或钻具内直至地面的临时试井方式。目的是为了及时对新发现和新打开的油气层在未受钻井液严重污染的情况下，尽快证实其工业价值，并准确地对地层作出评价，为下步工作部署提供依据。测试施工中，井筒内的液柱压力小于地层压力，因此测试施工的井控安全至关重要。

二、中途测试原理及分类

中途测试原理是利用钻井整套设备，在测试井处于一次井控状态下，用钻杆将专业测试工具送入井中，先启动井下封隔器，隔断钻井液液柱压力对地层的压力影响，再通过井下开关阀（测试阀）的开启和关闭动作，对地层油气进行可控诱流、诱喷。如地层油气能流出钻杆自喷，再利用地面计量装置进行试产作业，进入二次井控状态。当达到测试目的后，启动井下压井循环阀使测试井重新恢复一次井控状态，最后提出所有入井管柱和专业测试工具。中途测试原理如图14-1所示。

中途测试按其封隔器坐封位置又分为：

（1）将封隔器坐封于裸眼井段中的称为坐裸测裸钻杆测试。

（2）将封隔器坐封于套管内的称为坐套测裸钻杆测试，如图14-2所示。

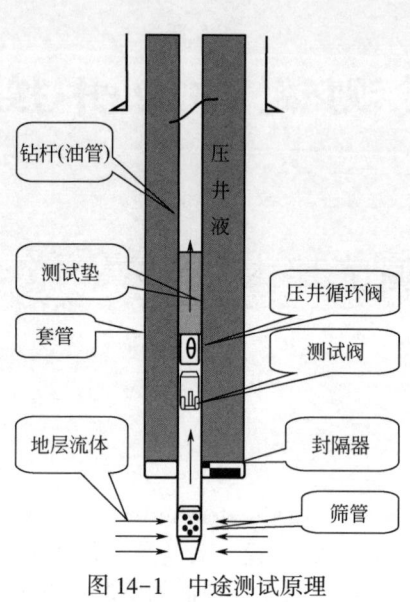
图 14-1 中途测试原理

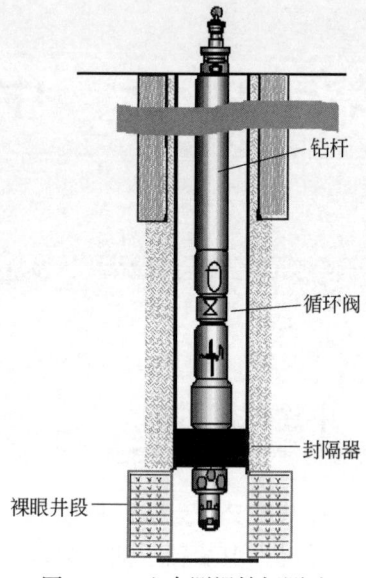
图 14-2 坐套测裸钻杆测试

三、中途测试作业准备

1. 测试施工设计

1) 中途测试施工前应准确收集的信息

(1) 基本数据：井号、井位、井别、井位坐标、海拔高度、防喷器型号及规格、开钻日期、井深、表层套管规格和下深、技术套管规格和下深、裸眼井段（井径、长度、层位）、井斜（最大井斜、初斜点、稳斜点、井底方位、井底位移）、钻井液性能（相对密度、失水、黏度、初切、终切、含砂、滤饼、氯离子含量）。

(2) 测试层信息：层位、电测数据（解释井段、厚度、电阻率、时差、自然电位、含油饱和度、孔隙度、岩性、解释结果）、油气显示综合描述、综合解释结果、邻井同一层位测试或试采资料、岩心分析资料（岩性、孔隙度、渗透率）。

(3) 测试要求及测试目的：

① 明确提出该层测试要达到的目的，录取资料的要求；

② 坐封位置，如坐封在套管内，要有套管接箍位置数据，如坐封在裸眼井段内，要有准确的坐封位置岩性强度数据；

第十四章 中途测试作业井控

③ 测试方式,明确测试类型及选用的测试工具和装置;

④ 测试时间,施工时间,开关井次数及时间分配。

2) 测试施工设计包含的主要内容

(1) 测试类型及管柱方案的设计。

在保障井筒及井口完全的前提下完成测试类型及管柱方案的设计。选择坐裸测裸类型时,须考虑当时的井眼条件,要求井眼质量好,钻井液中要加入防卡剂。特别是疏松的砂泥岩裸眼井段,尤其要谨慎。测试管柱的设计必须满足测试目的和测试要求,各入井工具及地面装置必须保证在恶劣的工况下性能可靠。

(2) 测试时间的确定。

中途测试的总时间主要依据裸眼井的井身质量及钻井液性能来确定,裸眼测试一定要首先考虑井眼安全,防止造成井下事故,对砂泥岩裸眼井,由于地层比较疏松,容易出现坍塌、黏卡等事故,测试时间应控制在钻具允许在井眼内静止停留的时间之内,除起下钻外,一般测试纯静止时间控制在6~8h,对碳酸盐岩地层进行的裸眼中途测试,时间可适当延长,但也要根据测试地层上部裸眼井段及钻井液性能而定。

(3) 测试压差及测试垫的确定。

中途测试最直接的目的就是将地层油气可控诱流入钻杆内,因此只有当测试管柱内的压力小于地层压力时,地层油气才能流入测试管柱,这个压力差就是测试压差。测试压差对不同的地层应不相同,测试压差过大会伤害地层,或环空液柱压力挤坏测试管柱;测试压差过小又可导致地层油气流不出,或对地层扰动小、资料反映不出地层特性。所以正确设计测试压差、确定测试垫的类型、测试垫量和测试压差动态控制是中途测试施工成败的重要环节。测试垫是为建立测试压差,向测试管柱内灌注一定密度和高度的液体或一定压力的气体。目前常用的测试垫方式有纯液垫、纯气垫、气液混合垫。

(4) 坐封位置的确定。

裸眼封隔器坐封位置:依据电测解释和取心结果,应选在地层岩性好、致密、坚硬且井径规则的井段,最好选在石灰岩或胶结致密坚硬的砂泥岩井段,坐封位置井段长度不小于3m,上封隔器坐封位置深度不能大于目的层顶界,但也不宜离目的层顶界过远,一般不超过15m,封隔器支撑尾管不超过80~100m。

套管封隔器坐封位置:距离套管鞋15~20m,同时避开套管接箍。

(5) 施工步骤。

中途测试施工步骤应明确整个施工过程所包含的内容,并须细化如何做、什么时间做,这是施工各方进行互相交流、沟通、配合的依据。

(6) HSE 应急预案。

该预案须包括中途测试全部施工过程中突发危及安全、人身健康、环境保护事件时的应急处置程序及各作业岗位职责的措施。

2. 井筒准备

(1) 通井、循环：划井眼至井底，保证井眼畅通，要求对井底探压300kN三次井底无下移。

(2) 电测：电阻率、时差、自然电位、含油饱和度、孔隙度、岩性、测双井径解释结果。依据电测结果确定封隔器封位。

3. 钻井液准备

充分循环钻井液并经振动筛过滤，含砂量小于0.3%，经24h井底沉砂小于1m。钻井液性能良好，控制API失水小于5mL，静止24h不黏、不卡。同时确保钻井液不溢不漏。

4. 测试装置和工具准备

(1) 专用装置包括：井口测试树（井口控制头）及管线、钻台管汇（油嘴管汇）、油气分离器、地面数据监控采集系统。

(2) 专用工具有封隔器、井下开关阀、压井循环阀、筛管。

(3) 测试工具须通过探伤、耐压检测，性能满足施工要求，工具功能状态良好。

(4) 测试装置中的井控装置须在有效期内，性能满足施工要求，性能状态良好。

第二节　裸眼井中途测试的井控要求

中途测试是在钻井中途通过钻杆将地层测试器下到待测层段对已钻开的油气层进行的裸眼测试。因此，所测层位以上存在裸眼井段，且在裸眼井段可能有不同压力和不同性质的油、气、水层。由于在测试中钻柱内的压力小于地层压力，为了测试期间的井控安全，必须做好以下几方面的工作：

(1) 中途测试施工前，根据钻井、录井和测井资料对工程施工进行风险性评价。施工前应进行设计交底，组织召开包括钻井、测试、录井等现场相关专业技术人员参与的施工协调会，还应组织开工验收会，并由测试分队提交应急预案和施工组织方案。

(2) 施工前应调整好钻井液性能，保证井壁稳定，油气层稳定。应循环钻井液观察一个作业周期，保证液柱压力略大于待测地层压力。在井下情况复杂、漏失严重、黏卡、溢流等情况存在时，不得进行中途测试。高压气井

第十四章　中途测试作业井控

一般不宜进行长裸眼中途测试。若对高压、高产井中途测试，应准备充足的压井材料，压井设备满足正循环压井、反循环压井要求。对易漏失层，还应储备至少满足一次施工使用量的堵漏材料。含硫井及高压、高产井测试时，现场还应准备压井备用设备。

（3）测试过程中密切观察环空液面的变化，发现溢流应立即关井。

（4）测试阀打开后如有天然气喷出，应立即在放喷口处点火燃烧，并控制回压，防止井壁垮塌。测试完毕解封前，若钻具内为纯气柱或混气液柱，应打开反循环阀，进行反循环压井及正循环完全脱气后方可起钻。在起钻过程中，要求每起3~5柱，环空必须进行补液。

（5）含硫气层测试，按要求启动应急预案，准备并检测好正压式空气呼吸器，组织无关人员撤离。所用的井控设备、钻具、测试工具及管材应满足防硫要求；对大气情况进行监测；人均一套便携式硫化氢监测仪、空气呼吸器、防护服、冲眼器和清洗液等。

（6）开井放喷测试之前应对防喷管线、分离器管线进行检查。放喷过程中一般采用针形阀（节流阀）控制放喷，严禁猛开猛放，防止因管线抖动和地脚螺栓松动而使放喷管线失去控制。对高压气井，应采取三级降压的措施进行测试、放喷，测试管线采取保温措施，防止冻结。

（7）采用明火火源或电子点火装置，应先点火、后放喷，避免点火伤人。对于含硫气井，点火人员应戴空气呼吸器，避免中毒。放喷过程中应有专人控制井口中，同时还应有专人观察放喷过程中的燃烧情况。在水、气同出时火焰易熄灭，一旦火焰熄灭，应立即点火。

（8）放喷过程中，非特殊情况下不能开套管压力放喷。加砂压裂后，放喷应连续进行，避免改变流态造成油管被砂子堵死。用油嘴控制放喷时，油嘴刺坏后应及时更换，防止油嘴刺坏后流速加大刺坏阀门。

（9）放喷过程中应进行有效的控制，避免阀门开得过大而引起环境污染。

（10）放喷过程中阀门的开关顺序为：开井为先内后外，关井为先外后内，并逐步开、关到位。操作人员在开关阀门时应站在阀门手轮的侧面。

第三节　中途测试井控风险及防控措施

根据中途测试的目的，从井控角度来看，中途测试整个施工过程就是人为打破该井一次井控状态使其进入二次井控状态，然后再恢复一次井控状态的施工过程。为方便识别中途测试过程中的井控风险，由中途测试施工特点，这里将其施工分为3个过程。

（1）测试管柱入井过程：由测试管柱进入钻台面开始，至封隔器坐封结束。

（2）测试试产过程：由井下测试阀开启开始，至井下测试阀关闭结束。

（3）循环压井、解封、起钻过程：由循环压井开始，至封隔器解封、起测试管柱出钻台面结束。

一、测试管柱入井过程中的井控风险及防控措施

中途测试管柱与钻井管柱相比较，最大的特点是测试管柱在入井整个过程中，管柱内与管柱外（环空）不连通，无常开状态的循环水眼。如果在入井期间发生溢流或井漏，须循环压井时，才能启动测试管柱中的压井循环阀进行反循环压井。一旦压井循环阀启动，就意味着中途测试施工终止。如需继续测试施工，就得提出管柱，重新再下。

中途测试施工步骤也有其独特性：在钻台面按测试管柱结构设计要求依次连接测试工具及钻杆，然后按规定速度进行下钻，在下管柱过程中按设计要求，每下入一定深度的管柱后，暂停施工，由钻台面向钻杆内灌注测试垫，灌满后再继续下，直至设计要求的灌测试垫高度。

综合中途测试管柱及施工的特点，其入井的井控风险如下。

1. 激动压力大

中途测试管柱中，封隔器是必不可少的专业工具，也是管柱中外径最大的工具。就最常用的裸眼封隔器而言，外径（通常指胶筒外径）的一般选用比井眼内径小25.4mm（间隙过小不容易顺利通过裸眼井段，间隙过大时胶筒密封性能降低，同时胶筒的承压能力也降低）。在大多数施工设计中为保证封隔器在恶劣工况下的密封可靠性，通常将两个裸眼封隔器串联使用，这就导致封隔器不仅外径大，长度也相应增加。因此，在下测试管柱过程中，下钻速度如控制不当，将产生较大的激动压力。较大的激动压力不仅可能导致井漏，也可能对测试管柱造成伤害，尤其是高压深井，这种风险尤为突出。发生井漏或管柱伤害后，现场最直接显示为管柱静止时，环空液面下降。

防控措施：避免猛提猛放、严格控制下钻速度，套管内下钻速度15柱/h，进入裸眼井段的下钻速度控制在10柱/h。

第十四章　中途测试作业井控

2. 作业时间较长，发生油气侵风险增大

中途测试管柱结构较钻井时钻具结构复杂，为避免生产过大激动压力，其下钻速度也较慢，下钻期间，管柱内还要按设计要求分段灌注测试垫，因此，下测试管柱作业总时间较常规钻井下钻超长 1 倍，这就大大增加了发生油气侵乃至溢流的风险。现场直接显示是管柱静止时井口溢流，间接显示是钻井液返出量大于入井管柱体积。

防控措施：下测试管柱前，充分调整好钻井液性能，掌握油气侵及上窜速度，保证下测试管柱期间不发生影响测试施工的油气侵。

3. 测试管柱内外压力失衡风险

下测试管柱期间，全井存在 3 种压力环境：原始地层压力、钻井液液柱压力、测试垫压力。其中地层压力与液柱压力处于平衡状态，管柱内测试垫压力与钻井液液柱压力存在测试压差，而随着管柱的逐渐下深，测试垫压力与钻井液液柱压力间的差值随之增大，测试工具及钻杆承受的压差越来越大，同时在叠加下管柱激动压力情况下，测试管柱压力失衡的风险增大，尤其是高压深井，风险更大。压力失衡的表现形式有，管柱密封失效发生刺漏、管柱挤坏。如发生管柱挤坏，现场直接显示是环空液面快速下降，管柱内测试垫喷出。这是最严重的风险，由于环空液面的快速下降，导致钻井液压力快速降低，裸眼井壁失稳坍塌，同时地层压力大于钻井液液柱压力，发生油气侵。

防控措施：所有入井工具须经过严格检验（包括无损探伤和耐压试验），合格后才能使用，所有入井钻具须认真经过性能检查，保证在最大测试压差下不刺不漏不被挤坏。所有连接扣涂抹密封脂，并按标准扭矩上扣。

二、测试试产过程中的井控风险及防控措施

当井下测试阀开启时，中途测试进入了测试试产过程，原先用于平衡地层压力的钻井液液柱压力被封隔器阻隔，失去对地层压力的影响。此时在测试压差作用下，地层油气进入管柱内，甚至流出井口自喷。在测试试产过程中，井控风险如下。

1. 环空溢流

由于下测试管柱作业时间较长，期间可能已经发生气侵，当封隔器坐封，测试阀开启，进入测试试产过程时，环空钻井液一直处于静止状态，气侵进入钻井液的气体会沿环空滑脱上升，导致井口溢流，气侵的严重程度决定了溢流大小，以及危害的大小。

防控措施：首先，测试施工前，钻井液性能的准备一定要充分，尤其是针对高压深井气层显示的井，尽可能降低气侵程度。其次，测试试产期间，严密观察环空液面高度，及早发现可能的溢流，便于及早分析、及早采取措施。

2. 井口测试装置泄漏

测试试产过程其实就是二级井控，这时候，井口测试装置的可靠性尤为关键，当地层气体产量大且压力高时，为保证持续可控试产，井口装置须保持一定的回压，并且承受着较高压力，因此存在井口测试装置泄漏风险。

防控措施：井口测试装置在测试试产前须进行耐压、密封现场试验，合格后才能进入测试试产过程。

三、循环压井、解封、起钻过程中的井控风险及防控措施

测试试产结束后，施工作业进入循环压井、解封、起钻阶段，从井控角度讲这是由试产时的二次井控恢复一次井控的过程，此过程包含的井控风险如下。

1. 抽汲压力

与下钻产生激动压力相反，起钻产生抽汲压力，其结果是降低了钻井液液柱压力，导致气侵的发生，抽汲压力越大，导致气侵的可能性越大。

防控措施：严格控制管柱在裸眼段内的起钻速度，并按规定及时灌满钻井液，尤其是高压气井。

2. 井筒圈闭气体

从中途测试管柱结构特点可以看出，虽然管柱中设计了压井循环阀，但其在测试阀顶部，位置较高，距离测试目的层较远，这就导致测试阀至筛管管柱内、封隔器至筛管环空内形成井筒圈闭气体。如果不将该圈闭气体因素消除，起钻过程就存在较大井控隐患。

防控措施：按设计施工步骤完成循环压井后，进行解封、提管柱动作，确认管柱能顺畅活动后，将管柱起至套管内（如裸眼段较长，也可起至井壁较稳定裸眼段内），观察一段时间后，再将管柱下放至距原循环位 4~5m 的位置，然后再开始反循环压井，观察出口后效，通过这种短起下方式可以将圈闭气体消除，为下步正式起钻提供参考依据。

第四节 中途测试作业溢流的发现、控制与处置

一、中途测试作业溢流的显示

现场直接显示是管柱静止时井口环空钻井液外溢，间接显示是钻井液返出量大于入井管柱体积。这里需特别注意两点：

（1）与钻井管柱不同，测试管柱内与管柱外（环空）不连通。因此下测试管柱时，钻井液返出量应是管柱整体体积。

（2）测试试产过程中，地层气体进入管柱内后，管柱内压力和温度会逐渐升高，高压导致管柱发生膨胀效应，高温导致管柱发生伸长效应，这两种效应的结果是环空钻井液被挤压由井口流出，产生溢流假象。其特点是当井口压力、温度稳定后溢流停止，井口压力、温度降低时、环空液面下降。

二、中途测试作业溢流产生的原因与预防控制

1. 下测试管柱过程中溢流产生的原因

（1）钻井液性能不合适，容易发生气侵。

（2）测试试产过程产生的圈闭气体未消除，气体滑脱上升导致溢流产生。

（3）起测试管柱产生的抽汲压力，发生气侵，气体滑脱上升导致溢流产生。

2. 预防措施

针对上述溢流产生的原因，相应的预防控制措施是：

（1）中途测试前，调整好针对施工特点的钻井液性能。

（2）针对圈闭气体产生的原因，用短起下结合循环压井等措施消除或降低圈闭气体影响力。

（3）控制下钻速度和起钻速度，降低激动压力、抽汲压力。

三、中途测试作业发生溢流后的处置

1. 起下测试管柱过程中发生溢流

立即启动施工设计中制定的应急预案，应急预案常规处置步骤为：
（1）立即停止下管柱施工，将管柱下放使吊卡坐至钻台面；
（2）关闭防喷器，记录套管压力数据变化；
（3）汇报、请示；
（4）确定压井方案；
（5）按压井方案实施压井作业。

2. 测试试产过程中发生溢流

立即启动施工设计中制定的应急预案，应急预案常规处置步骤为：
（1）立即实施测试阀关闭操作，中止试产；
（2）关闭防喷器，记录立（油）管压力、套管压力数据变化；
（3）汇报、请示；
（4）确定压井方案；
（5）按压井方案实施压井作业。

3. 起测试管柱过程中发生溢流

立即启动施工设计中制定的应急预案，应急预案常规处置步骤为：
（1）立即停止起管柱作业，将管柱下放使吊卡坐至钻台面，抢装井口旋塞阀；
（2）关闭防喷器，记录立（油）管压力、套管压力数据变化；
（3）汇报、请示；
（4）确定压井方案；
（5）按压井方案实施压井作业。

第五节　相关井控案例

一、基本情况

某井是一口详探井，设计井深2200m，钻探目的是了解奥陶系及下古生

第十四章　中途测试作业井控

界其他地层含油气情况。用 φ215.9mm 钻头钻至井深 1880m，奥陶系灰岩裸眼长度为 50.94m。在起钻准备进行中途测试期间，发生井喷失控事故。

二、事故发生经过

某井钻至井深 1880m 停钻循环钻井液，准备起钻进行中途测试。循环钻井液时间为 1h25min，未发现油气显示和漏失等异常情况。开始用一档起出 27 柱钻具，后改用二档车起钻，在井内只剩 7 根钻铤时，当班司钻和井口操作工发现井口外溢钻井液，但没有引起重视，又起了一个立柱，钻井液由溢变涌，当班司钻没有采取果断措施，而到宿舍叫来值班副队长。待值班副队长登上钻台时，井涌已变成井喷，钻具窜出，井喷高达 50m 左右，因井内喷出的石块碰击井架而引起着火，火焰高度约 50m，燃烧面积约 1000m^2，随后烧倒井架，造成井架工死亡，柴油机司助面部轻度烧伤，大火烧毁了井架、部分设备及材料、工具等。

三、事故原因分析

（1）在打开油气层情况下，起钻过程中，井底压力降低（因抽汲或没有及时灌钻井液）不能平衡地层压力是出现溢流的直接原因。

（2）发现溢流后没有及时关井是造成井喷的直接原因，石块碰击井架打出火星是造成井喷着火的直接原因。

（3）坐岗人员未能及时发现溢流；发现溢流后没有引起现场人员重视；溢流转变为井涌后，没有采取果断措施等体现了施工队伍人员井控意识和井控技能素质差。

第十五章 其他作业井控

第一节 更换井口作业井控风险及防控措施

更换井口前要认真检查、细致准备，制定科学详尽的实施方案及应急预案，实际作业时严格管理、周密组织，才能确保更换井口作业的安全。更换井口作业分为两种：拆卸防喷器换装采油树和拆卸采油树换装防喷器。

一、更换井口作业的井控风险

常规情况下，在拆卸防喷器换装采油树的更换井口作业时，一般是在固井结束后转入试油作业前，需要进行的作业，由于水泥浆在套管与地层之间已经形成了水泥环，如果固井质量合格，套管完好的情况下，在没有射孔前，是比较安全的，所以井控风险几乎不存在。但如果采用了筛管完井或裸眼完井等特殊完井方法，由于油气层与井筒处于连通，在完井作业时，卸掉防喷器组并安装采油树期间，会存在井口处于敞开状态，存在井控风险。

对于已经射孔的油气井，如需钻机进行侧钻或其他作业，在拆卸采油树换装防喷器的更换井口作业，也会使井口处于无控制的状态，存在井控风险。易漏易喷的碳酸盐岩地层更换井口作业井控风险极高，尤其是酸化压裂或加砂压裂后人为造就了高导流的人工裂缝，又沟通了缝洞发育系统，因此这两个因素使更换井口作业成为整个全井作业过程中风险最大的一道工序。在用原钻机试油过程中，如果更换井口时发生溢流，处置不当或处置不及时极易造成井喷失控事故。

二、更换井口作业的防控措施

1. 筛管完井或裸眼完井更换井口时的措施

与打开油气层起钻中防止溢流、井喷的技术措施相同：

第十五章　其他作业井控

（1）充分循环井内钻井液，使其性能均匀，进出口密度差不超过 0.02g/cm³。

（2）起钻中严格按规定及时向井内灌满钻井液，并做好记录、校核，及时发现异常情况。

（3）钻头在油气层及油气层顶部以上 300m 井段内控制起钻速度，不得超过 0.5m/s。

另外还要做好设备、工具及人员的准备，起钻完后立即进行更换井口作业。在拆卸防喷器组期间，如发现溢流应立即根据井口工作进度，采取相应防控措施，其原则是用最快的速度完成对井口的控制，如重新装回防喷器、抢装采油树等。

2. 采油树换装防喷器作业时的措施

更换井口前必须组织专题会议讨论技术实施方案及应急预案，确保更换井口作业的顺利进行。

1）压井作业技术方案的确定

一般采用循环法进行压井。对于易漏易喷的裂缝性储层更换井口作业是一项极高风险作业工序，选择挤压井或先挤压井、然后循环压井的方法进行压井。现场应根据漏失量、井下管柱结构等具体情况选择合适的压井方法。

2）安全作业时间确定

确认满足以下前提条件才能允许正式实施更换井口作业。

（1）可建立循环的井，用压井液循环节流压井 1.5 循环周以上，进出口压井液密度差不超过 0.02g/cm³，停泵关井立（油）管压力、套管压力为零，静止观察时间 12h，开井不发生溢流或关井井口立（油）管、套管不起压，为井下稳定，否则应适当调整压井液密度重新进行循环压井作业。循环测后效，采用"迟到时间法"计算油气上窜速度，满足油气上窜到井口的时间大于 2 倍更换井口所需时间，可进行更换井口作业。更换井口前必须再进行一次循环压井排气作业，循环结束后立即拆采油树，换装防喷器。

（2）无法建立循环的井，管柱内挤入 2 倍容积的压井液，静止观察时间达到换装井口所需时间的 2 倍以上，井口关井不起压，开井内外没有溢流，为井下稳定，否则应调整压井液密度重新挤压井。拆采油树前管柱内外同时挤入 1.5 倍容积的压井液，然后拆采油树，换装防喷器。

3）内防喷工具的配备

压井结束、更换井口前必须安装内防喷工具，保证在更换井口期间钻柱

（油管）内处于可控状态。同时，还要有一备用内防喷工具齐全到位，尺寸、扣型符合要求。

另外，还可采用新型试油井口装置，即"上钻台采油树"，避免井口无控状态出现。

4）更换井口前的其他准备工作

确认采油四通下法兰规格尺寸与套管头上法兰规格尺寸是否匹配，井口套管切割留高是否满足采油四通与套管之间的密封要求，确认采油四通与套管头之间、采油四通与防喷器之间的转换法兰是否满足连接要求，各法兰之间的连接密封垫环是否齐全并有备用件，采油四通与套管之间以及油管挂的橡胶密封、金属密封是否完好并有备用件，油管挂上下连接螺纹扣型、尺寸、正反扣及转换接头。

三、更换井口作业的注意事项

（1）油管挂下端使用0.5～1.0m的双公短油管与油管柱相连接，避免采用长度9.6m左右的双公整油管单根。

（2）确认钻杆旋塞阀性能可靠并在试压合格证有效期内，检查油管挂上端连接螺纹与旋塞阀之间的变扣接头，确保螺纹完好并进行一次上卸扣演练，确保发生紧急情况时可快速、正确地控制管柱内溢流。换装井口时将已连接好变扣接头的钻杆旋塞置于靠近井口、便于取用的地方。

（3）油层套管井口切割留高大于等于350mm，满足采油四通与套管之间金属密封安装要求；对于将进行裸眼完井试油作业的井，必须在钻井完井期间钻开水泥塞将地层与井筒连通前安装好采油四通并试压合格，按标准安装防磨套。

（4）换装井口前应组织专题会议讨论技术实施方案及应急预案。换装井口技术实施方案中必须有突发溢流、井口碰撞损坏、各种原因致使换装作业无法正常进行等情况下的应急处理预案，应急预案不落实不允许施工。准备工作完成后，经检查确认后，才能进行换装井口工作。

（5）勘探试油作业井所用采油树的采油四通与套管之间密封除常规橡胶密封外，还应具备金属密封。

（6）易漏易喷试油层的换装井口作业必须安排在白天进行，夜间不得进行该项作业。

（7）换装井口作业时监督必须在现场，重点井、复杂井的作业，相关专业技术主管部技术人员以及井控专业服务人员必须上井把关。

第十五章　其他作业井控

第二节　钻井井下事故处理井控风险及防控措施

钻井井下事故是指导致钻井过程中断的事件。钻井井下事故主要包括：卡钻、落物（断钻具、井下落物）、井漏、固井事故、测井事故等。井下事故的发生，大大降低了钻井效率和成功率，导致钻井成本大幅度增加，严重的钻井井下事故不仅会延迟油气田的勘探开发速度，甚至影响油气田的及时发现或破坏油气资源。井下事故发生后，必须及时处理，在处理过程中，如果措施不当，也会有诱发井喷的风险。这里只针对在处理落物事故、解除卡钻事故作业时的井喷风险及防控做简要介绍。

一、打捞作业

打捞断钻具的工具多种多样，主要根据鱼头的形状和管壁的厚薄进行选择，分插入式和套入式两种。如：公锥、捞矛、母锥、打捞筒等。这类打捞工具都是接在钻具的最下部，通过钻具下入，只是将正常钻进时的钻头，换成了打捞工具，所以井控风险等同于起下钻作业，防控措施也等同于起下钻作业，这里就不再叙述。但需要注意的是：在下入的钻具组合中应安装浮阀，如果有投球作业，应在地面测试相应规格及种类的浮阀能否顺利通过所投钢球；如果不能安装浮阀，则应将投入止回阀的联顶接头连接在入井钻具组合中，在打捞作业期间，如发生溢流等紧急情况可快速控制井口。

二、磨铣作业

井下有些小件落物，形状不规则，例如：钻头的牙齿、钳牙块等，在井下难以打捞的情况下，可以利用磨鞋在井底彻底磨碎，让它随钻井液的上返而携带出地面，或者挤入井壁，或者再用打捞工具打捞，这是现场使用最多的方法。

使用磨鞋进行磨铣过程时，同钻进时一样，只是将钻进时的钻头换成了磨鞋，转速、排量和钻压有一定的特殊要求，井控风险等同于正常钻进作业，防控措施也等同于正常钻进作业。

(1) 磨铣时必须安装方钻杆上旋塞、下旋塞，顶驱必须配备顶驱液压旋塞和手动下旋塞。

(2) 磨铣完成要充分循环洗井1.5~2周，停泵观察至少30min，无异常后方可进行下步作业。

(3) 高含硫化氢自喷井、高压气井入井管柱中，应在磨鞋上部接钻具止回阀。

(4) 在油层套管进行磨铣处理时，尽量避免油气层段套管磨损，一旦发现套管磨穿，应提高压井液密度，压稳油气层。

三、解卡作业

卡钻事故是钻井过程中常见的井下事故，卡钻可以由各种原因造成。在处理卡钻事故过程中，要注意突然解卡带来的井喷风险，特别是使用解卡剂来处理卡钻事故时，要进行安全校核。

(1) 如果使用的是与钻井液密度相近的解卡剂，或者确信井下没有较高压力层及浅气层存在，则不必进行安全校核。

(2) 如果井下有较高压力层及浅气层存在，而使用的又是低密度的解卡剂（如原油、柴油、煤油、清水、酸液、碱液），则必须进行安全校核。因为低密度解卡剂完全替入环空后，环空液柱压力降低，而且随着解卡剂液柱的上移，对不同压力的层位会有不同的影响，所以应对各压力层特别是浅气层要进行压力平衡校核，避免因浸泡解卡剂而诱发井涌、井喷等事故。

(3) 注入解卡剂前，特别是注入低密度解卡剂前，必须在钻柱上或方钻杆上接回压阀或旋塞阀。

四、套铣作业

发生卡钻事故后，用浸泡解卡剂或用震击器震击等办法无法解除时，只能用套铣的办法解卡。套铣工具主要是铣鞋、铣管，还有一些辅助工具。

套铣作业的井控风险在于套铣过程中和起下套铣管柱过程中，防范措施如下：

(1) 选用套铣管。选择套铣管时，井眼与铣管的间隙为12.7~35mm，铣管与落鱼的间隙最小为3.2mm。

(2) 下套铣管柱时，必须保证井下畅通无阻，不能用铣管划眼。在铣管与井眼的配合间隙很小时，应用 1 根试下，证明无问题时，再逐渐加长，特别是深井、复杂井、定向井更应注意，要防止井漏事故的发生。因为井漏是溢流发生的一个重要原因。

（3）套铣参数选择。整个套铣过程均以低转速为宜。排量要根据两个环形间隙来确定，如果铣管与落鱼间隙小而与井壁间隙大，则在泵压许可的范围内，尽量开大排量，但不能超过正常钻进时的排量。如果铣管与落鱼间隙大而与井壁间隙小，则要控制排量，防止憋漏地层。

（4）起套铣管柱时，由于套铣管外径与井眼间隙较小，尤其是铣管较长时，容易产生抽汲现象，所以要防止由于抽汲而诱发井涌、井喷事故。

（5）套铣前，在卡点以上接头处采取倒扣或爆炸松扣时，要确保钻具水眼内灌满钻井液，防止倒开扣时，环空钻井液倒返造成液柱压力降低，带来井控风险。

第三节 相关井控案例

一、基本情况

某井是一口评价性直井，设计井深 5900m，该井于 12 月 10 日开钻，转年 3 月 2 日完钻，3 月 7 日完井。井身结构为 ϕ244.5mm 套管×500.55m + ϕ177.8mm 套管×5591.77m，ϕ152.4mm 裸眼×5745.70m。井喷时井口安装了 70MPa 的环形防喷器和双闸板防喷器。

二、发生经过

3 月 10 日对 5591.77~5745.70m 井段进行酸化，注入 466m^3 酸液进行顶替时，油管挂双公短节螺纹断裂，导致油管落入井内 170 多米处。拆采油树，装防喷器组，经过四次压井，打捞油管成功，重新将油管坐在油管头上。13 日分别向油管及环空挤入一定量的钻井液压井，拆防喷器，当防喷器与油管头仅剩一个连接螺栓时，发现油管内返出大量钻井液，用方钻杆对接油管挂不成功，油管内冒钻井液趋势增大，15min 后发生井喷，喷高为 15~20m，现场只好停车、断电、人员撤离。

三、事故原因分析

(1) 对该井压井和换装井口的难度缺乏足够认识,施工方案存在疏漏。
(2) 压井作业没有为换装井口提供足够时间。
(3) 发现油管内冒钻井液后,处理措施不当。

参 考 文 献

[1] 《石油天然气钻井井控》编写组. 石油天然气钻井井控. 北京：石油工业出版社，2008.
[2] 孙振纯，夏腺，徐明辉. 井控技术. 北京：石油工业出版社，1997.
[3] 孙振纯，王守谦，徐明辉. 井控设备. 北京：石油工业出版社，1997.
[4] 张桂林，张之悦，颜廷杰. 石油作业井控技术. 北京：中国石化出版社，2006.
[5] 陈平，等. 钻井与完井工程. 北京：石油工业出版社，2005.
[6] 《录井井控技术》编委会. 录井井控技术. 北京：石油工业出版社，2016.
[7] 张发展. 录井作业井控培训教程. 北京：石油工业出版社，2015.
[8] 黄兵，石晓兵，李枝林，等. 控压钻井技术研究与应用新进展. 钻采工艺，2010，33（5）：1-4.
[9] 《测井井控技术手册》编委会. 测井井控技术手册. 北京：石油工业出版社，2018.
[10] 《钻井手册》编写组. 钻井手册. 2版. 北京：石油工业出版社，2013.
[11] 蒋希文. 钻井事故与复杂问题. 2版. 北京：石油工业出版社，2006.